最强大脑思维训练系列

优等生必玩的成语游戏

——从此出口成章

于雷 编著

清华大学出版社

北京

内 容 简 介

成语是中华文化的瑰宝并源远流长,在人们的各类活动中会经常接触到。每天玩几个成语游戏,既可以学习成语,又兼顾娱乐。

本书汇集了数百个成语游戏,通过接龙等方式寓教于乐。本书的成语绝大部分都是较常用的,因此应熟练掌握它们的用法。这些成语中大部分会关联一个故事或者典故,是中华民族文化的缩影,所以本书也是学习中华民族优秀传统文化很好的途径!

本书封面贴有清华大学出版社防伪标签,无标签者不得销售。
版权所有,侵权必究。举报:010-62782989,beiqinquan@tup.tsinghua.edu.cn。

图书在版编目(CIP)数据

优等生必玩的成语游戏:从此出口成章/于雷编著.—北京:清华大学出版社,2021.9
(最强大脑思维训练系列)
ISBN 978-7-302-57394-4

Ⅰ.①优… Ⅱ.①于… Ⅲ.①智力游戏-青少年读物 Ⅳ.①G898.2

中国版本图书馆CIP数据核字(2021)第018296号

责任编辑:张龙卿
封面设计:徐日强
责任校对:刘 静
责任印制:丛怀宇

出版发行:清华大学出版社
　　网　　址:http://www.tup.com.cn,http://www.wqbook.com
　　地　　址:北京清华大学学研大厦A座　　邮　　编:100084
　　社 总 机:010-62770175　　　　　　　　邮　　购:010-62786544
　　投稿与读者服务:010-62776969,c-service@tup.tsinghua.edu.cn
　　质量反馈:010-62772015,zhiliang@tup.tsinghua.edu.cn
印 装 者:北京嘉实印刷有限公司
经　　销:全国新华书店
开　　本:185mm×260mm　　　　印　张:11　　　　字　数:254千字
版　　次:2021年9月第1版　　　　　　　　　　印　次:2021年9月第1次印刷
定　　价:49.00元

产品编号:090834-01

前言

　　成语游戏是中华民族传统文化中的文字游戏,它历史悠久,玩法简单,有着广泛的社会基础,几乎每个人都可以对上几个成语,是老少皆宜的文化娱乐活动;同时成语又是中华文化的瑰宝,它们中的绝大多数都关联着一个故事或者典故,是中华文化的缩影。成语游戏不但有趣,而且可以在游戏中学会大量的成语及了解其背后的故事或典故,收益良多。

　　成语游戏规则多样,一般大家熟知的是同字接龙,规则是用一个成语的字尾,作为下一个要接的成语的字头,这样不断延伸进行接龙。例如"微言大义"的最后一个字是"义",下一个成语的第一个字必须是"义",可接"义无反顾",接下来接"顾影自怜"……这样一直延伸下去。当然,这种方法要求过于严格,有的时候我们很难找到合适的成语,所以就出现了谐音接龙,就是作为下一个成语开头的字可以与上一个成语的尾字谐音。如"草木皆兵"后面可接"冰天雪地",而且谐音允许音同而调不同。

　　除此之外,还有很多其他变化的游戏形式,比如数字接龙、动物接龙等。不管什么形式的成语接龙,都要求做到以下几点。

(1) 游戏主题元素必须由成语组成。

(2) 在同一条龙中的成语不得重复。

(3) 所用的成语必须是一般成语词典上能查到的成语。

　　想要成为成语高手,快来这里试一试身手吧!

编　者

2021 年 5 月

目录

第一部分　谐音与同字..................1
　　一、接龙游戏..................1
　　二、重点成语释义..................10
　　三、成语故事..................15

第二部分　特殊式接龙..................20
　　一、接龙游戏..................20
　　二、重点成语释义..................29
　　三、成语故事..................33

第三部分　虎踞龙盘..................38
　　一、接龙游戏..................38
　　二、重点成语释义..................47
　　三、成语故事..................53

第四部分　字母与数字..................58
　　一、接龙游戏..................58
　　二、重点成语释义..................66
　　三、成语故事..................71

第五部分　成语推理题..................76
　　一、成语推理..................76
　　二、重点成语释义..................92
　　三、成语故事..................96

第六部分　迷宫式接龙..................102
　　一、接龙游戏..................102
　　二、重点成语释义..................119
　　三、成语故事..................123

第七部分　看图猜成语..................130
　　一、猜成语..................130
　　二、重点成语释义..................139
　　三、成语故事..................141

第八部分　成语小游戏..................147
　　一、接龙游戏..................147
　　二、重点成语释义..................157
　　三、成语故事..................163

参考文献..................168

第一部分 谐音与同字

谐音接龙：不要求后一个成语的字头必须与前一个成语的字尾完全相同，只需声韵相同或相近，谐音也可。

同字接龙：要求后一个成语的字头与前一个成语的字尾必须为同一个字，不能有所改变。

一、接 龙 游 戏

1．完成图 1-1 所示谐音接龙，相通的两个字可以谐音。

屋 及
误 打
聋 作
共 俗

图　1-1

2．完成图 1-2 所示谐音接龙，相通的两个字可以谐音。

之 凿
谣 生
如 草
刀 杀

图　1-2

3．完成图 1-3 所示谐音接龙，箭头所指的文字可以谐音。

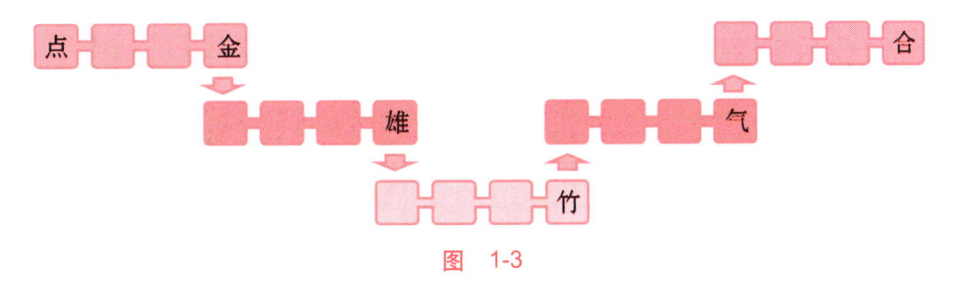

点　　金　　　　　　　　　合
　　　雄　　　　　　气
　　　　　　竹

图　1-3

优等生必玩的成语游戏 —— 从此出口成章

4. 完成图 1-4 所示谐音接龙，箭头所指的文字可以谐音。

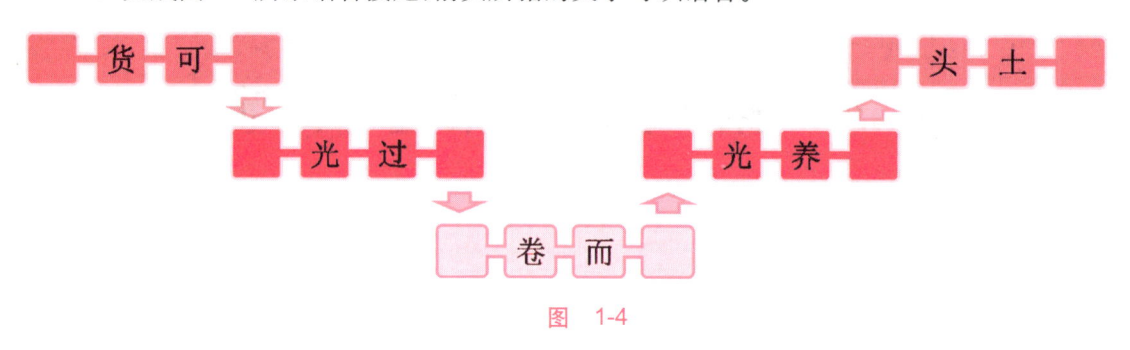

图 1-4

5. 完成图 1-5 所示谐音接龙，斜线两侧的文字可以谐音。
6. 完成图 1-6 所示谐音接龙。

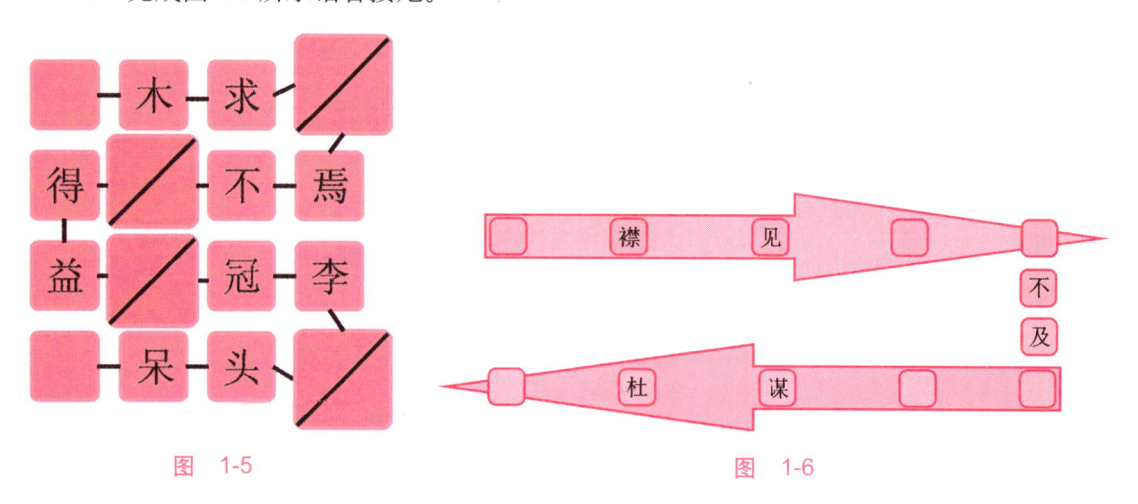

图 1-5

图 1-6

7. 完成图 1-7 所示谐音接龙。
8. 完成图 1-8 所示谐音接龙，相通的两个字可以谐音。

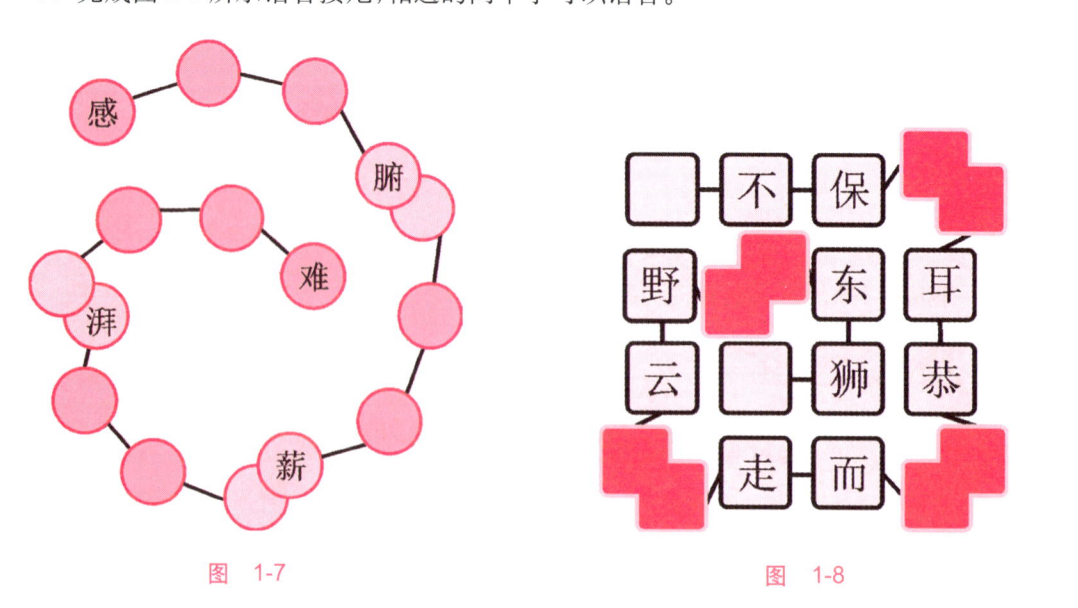

图 1-7

图 1-8

第一部分 谐音与同字

9. 完成图1-9所示谐音接龙,相通的两个字可以谐音。

图 1-9

10. 完成图1-10所示谐音接龙,斜线两侧的文字可以谐音。
11. 请将图1-11所示谐音接龙游戏的龙眼补齐,相连的两个字可以谐音。

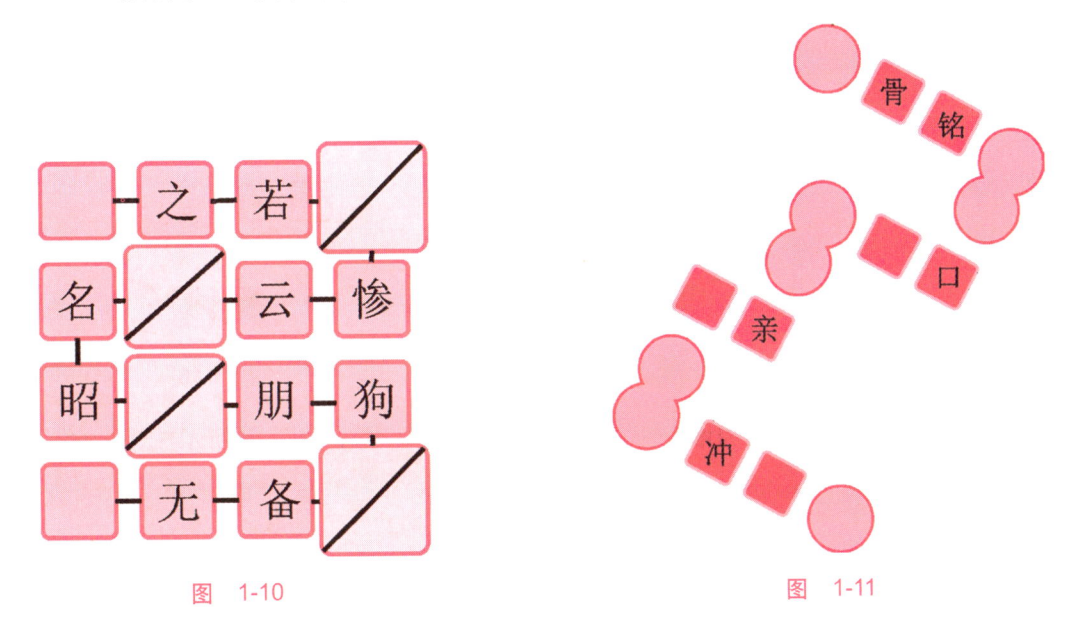

图 1-10

图 1-11

12. 请将图1-12所示谐音接龙游戏的龙眼补齐,相连的两个字可以谐音。
13. 完成图1-13所示谐音接龙,相通的两个字可以谐音。
14. 完成图1-14所示谐音接龙。

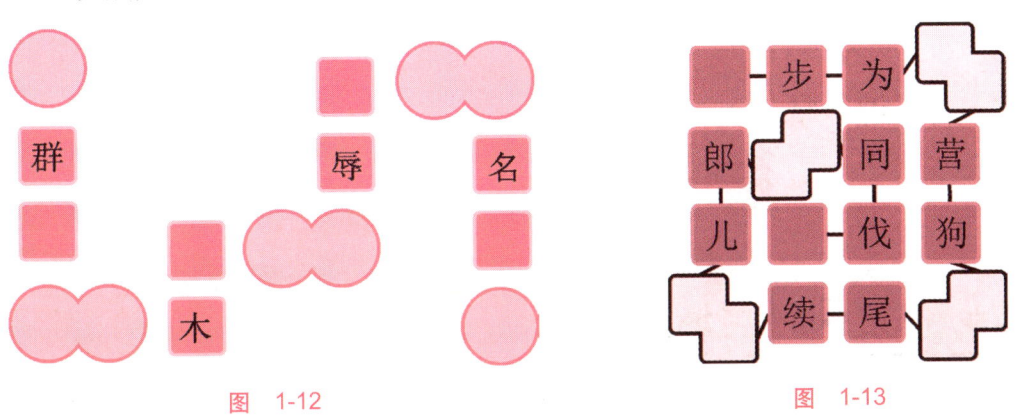

图 1-12

图 1-13

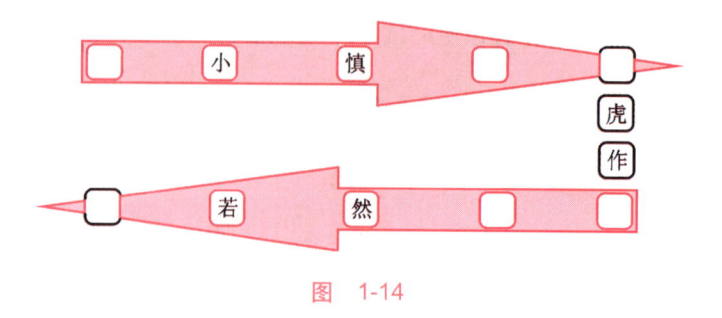

优等生必玩的成语游戏——从此出口成章

图 1-14

15．完成图 1-15 所示谐音接龙。

16．请将图 1-16 所示谐音接龙游戏的龙眼补齐，相连的两个字可以谐音。

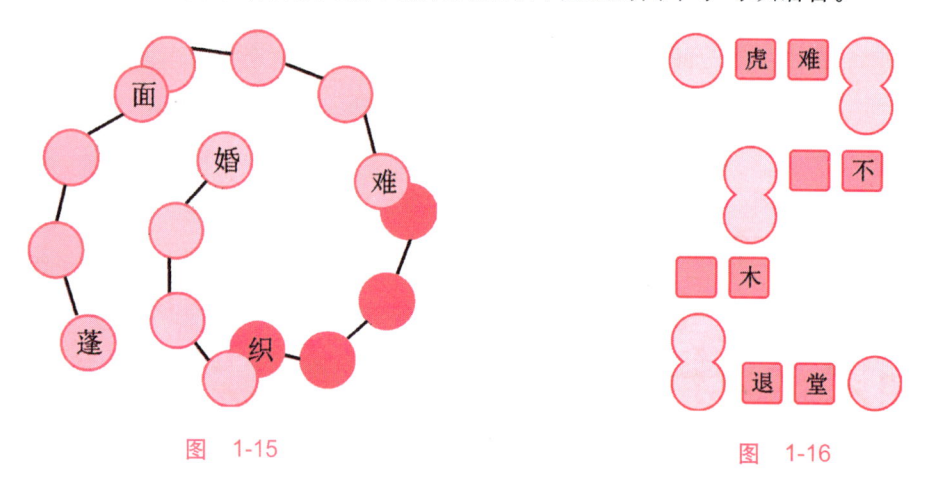

图 1-15

图 1-16

17．这是一个同字接龙和谐音接龙混合的接龙游戏，请把图 1-17 所示成语中的空白部分补齐。

18．完成图 1-18 所示的谐音接龙游戏补齐，箭头所指文字可以谐音。

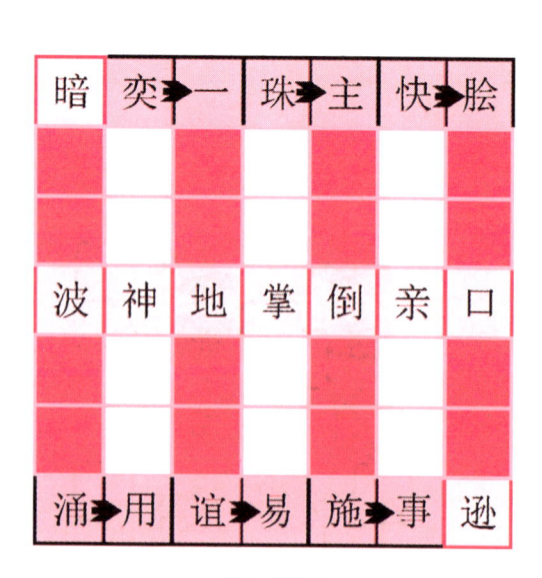

图 1-17

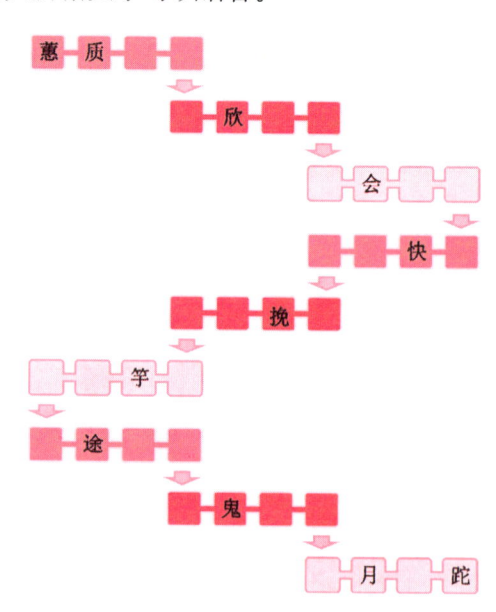

图 1-18

19．请沿开口的方向将图 1-19 所示接龙游戏的龙眼补齐。
20．从外向内沿顺时针方向将图 1-20 所示的成语接龙补齐。

图　1-19

图　1-20

21．请沿顺时针方向将图 1-21 所示接龙游戏补齐。
22．请沿开口的方向将图 1-22 所示接龙游戏的龙眼补齐。

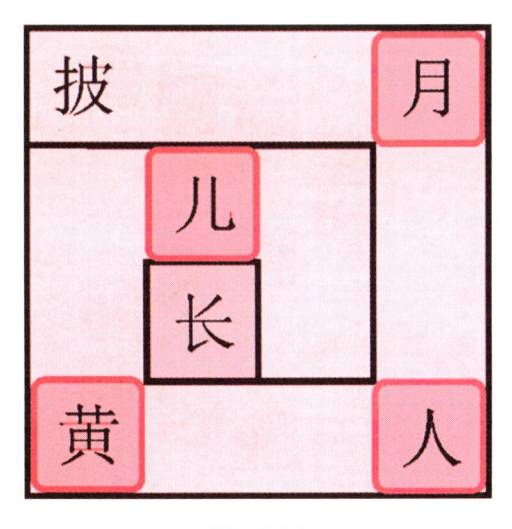

图　1-21

图　1-22

23．请沿开口的方向将图 1-23 所示接龙游戏的龙眼补齐。
24．从外向内沿顺时针方向将图 1-24 所示的成语接龙补齐。

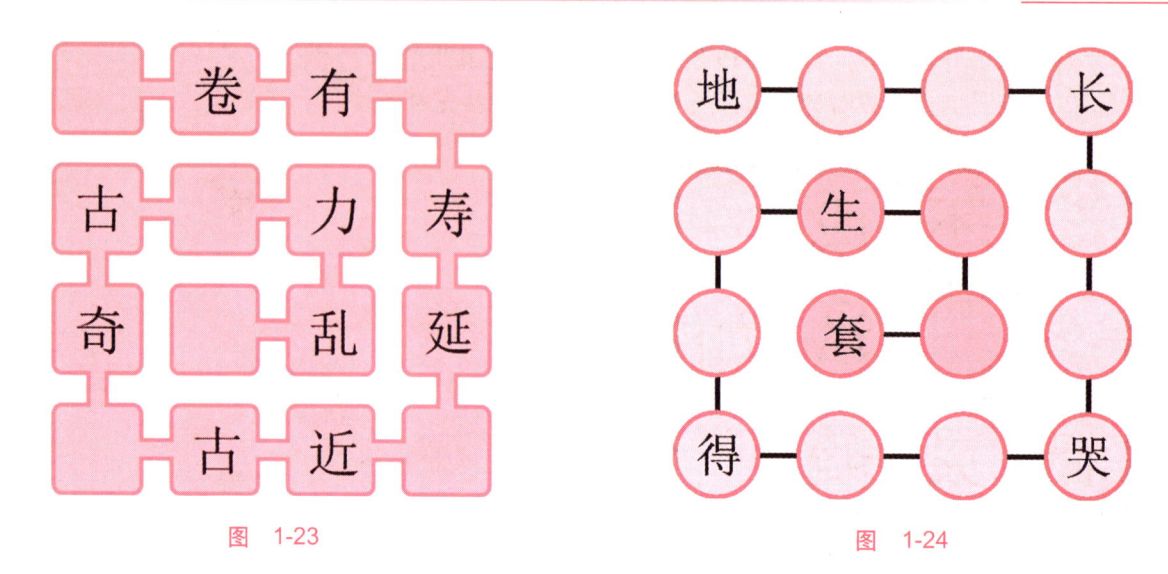

图 1-23

图 1-24

25．请沿直线方向将图 1-25 所示的成语接龙补齐。

26．从上到下将图 1-26 所示的成语接龙补齐。

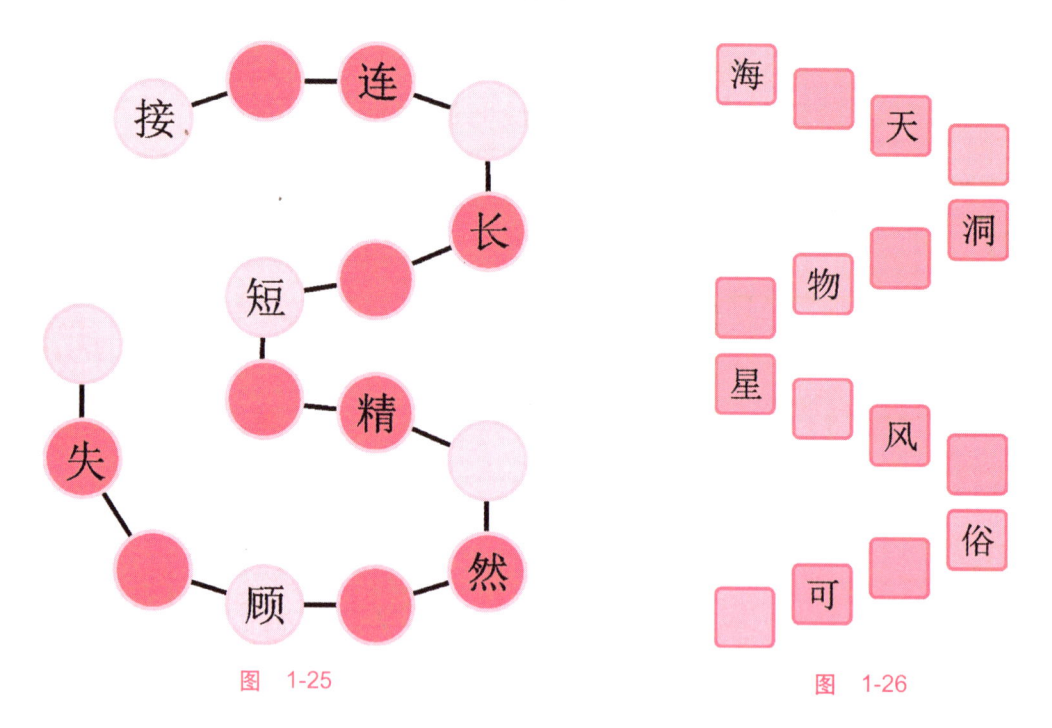

图 1-25

图 1-26

27．从"借"字开始，沿顺时针方向将图 1-27 所示的接龙游戏补齐。

28．从"长"字开始，沿顺时针方向将图 1-28 所示的接龙游戏补齐。

29．从外向内沿逆时针方向将图 1-29 所示的成语接龙补齐。

30．请将图 1-30 所示成语接龙的龙眼补齐。

01
第一部分 谐音与同字

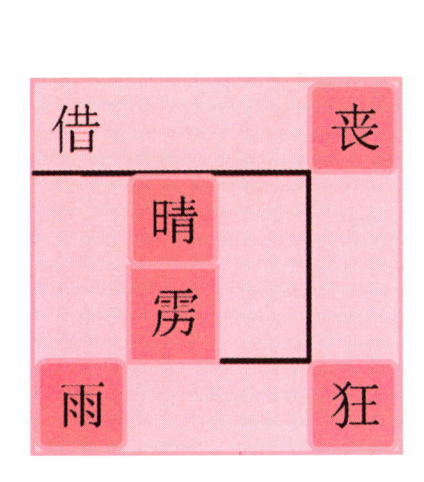

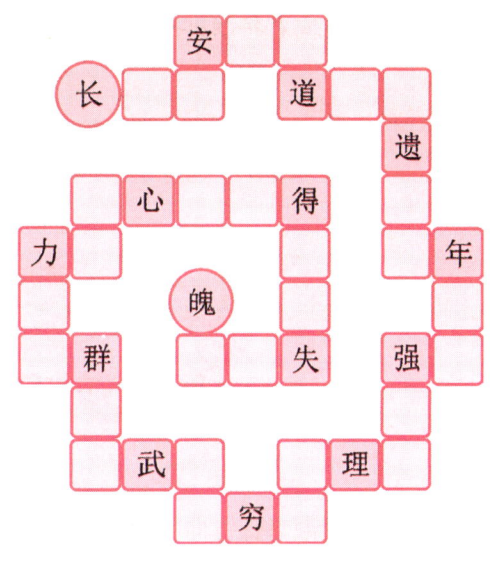

图　1-27

图　1-28

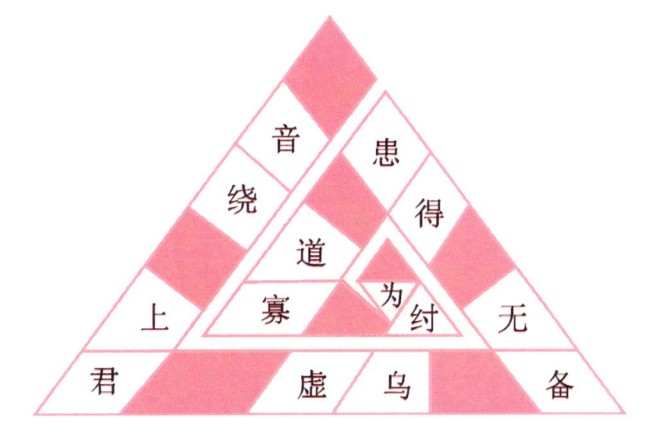

图　1-29

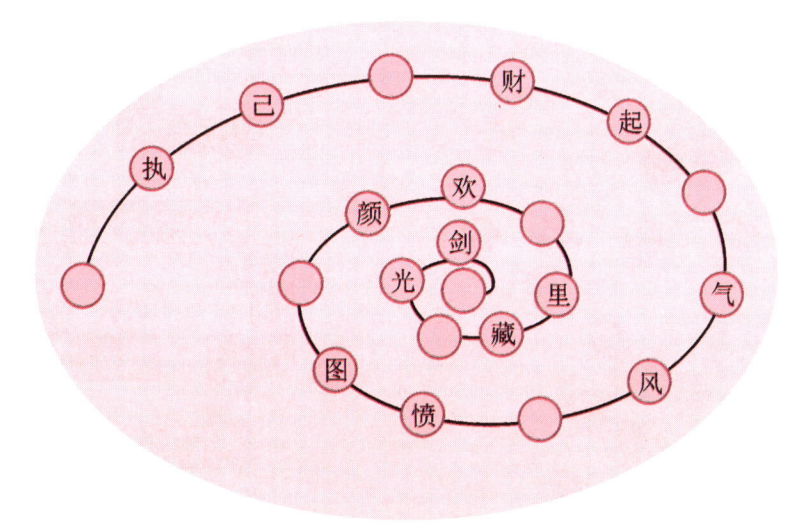

图　1-30

31．从左向右将图 1-31 所示的成语接龙补齐。

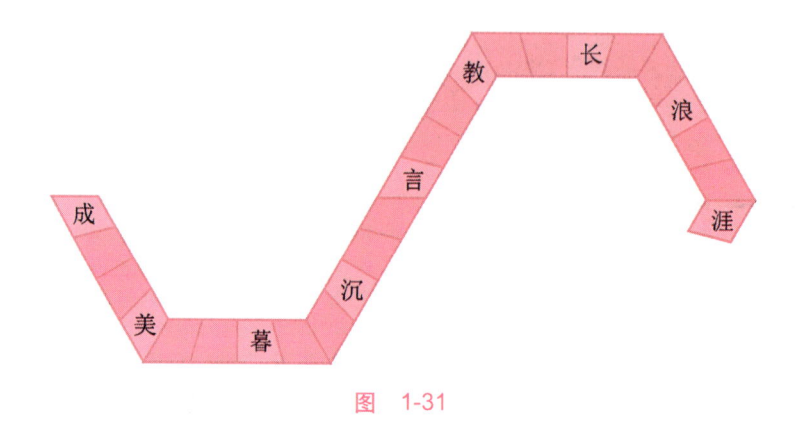

图 1-31

32．请沿顺时针方向将图 1-32 所示的成语接龙补齐。

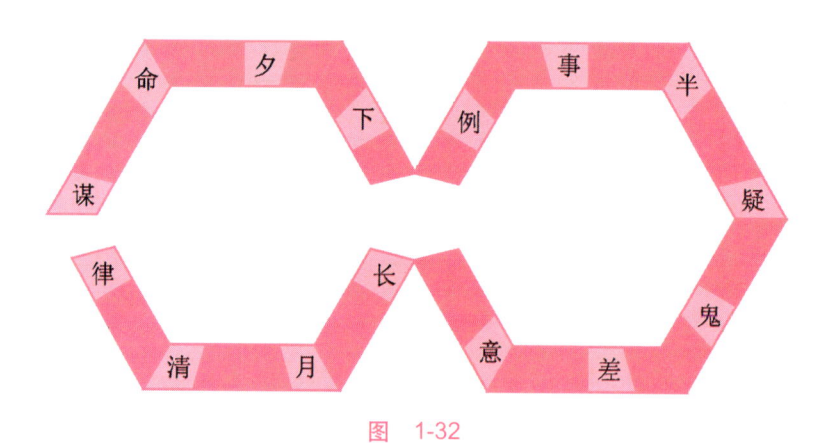

图 1-32

33．从星号开始,沿顺时针方向将图 1-33 所示的成语接龙补齐。

34．从"大"字开始,沿顺时针方向将图 1-34 所示的接龙游戏补齐。

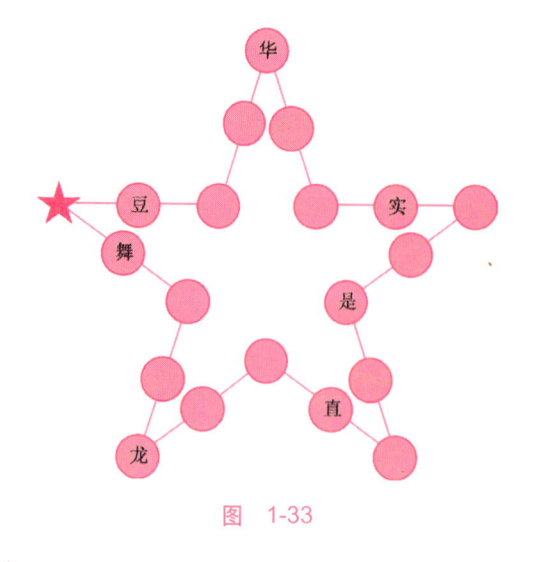

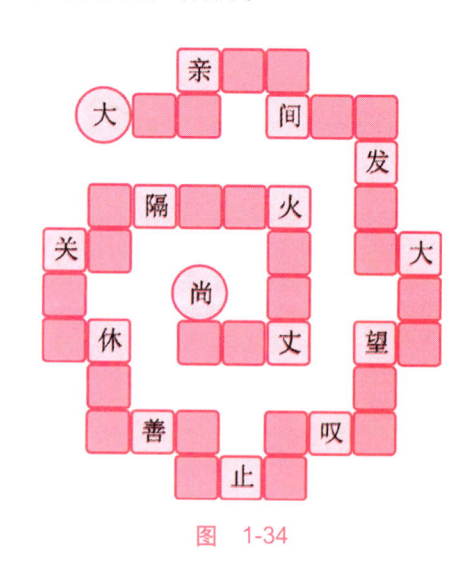

图 1-33

图 1-34

第一部分　谐音与同字

答案：

1. 爱屋及乌，误打误撞，装聋作哑，雅俗共赏。
2. 言之凿凿，造谣生事，视如草芥，借刀杀人。
3. 点石成金，巾帼英雄，胸有成竹，珠光宝气，起承转合。
4. 奇货可居，驹光过隙，席卷而逃，韬光养晦，灰头土脸。
5. 缘木求鱼，语焉不详，相得益彰，张冠李戴，呆头呆脑。
6. 捉襟见肘，骤不及防，房谋杜断。
7. 感人肺腑，釜底抽薪，心潮澎湃，排忧解难。
8. 朝不保夕，洗耳恭听，铤而走险，闲云野鹤，河东狮吼。
9. 作茧自缚，覆水难收，守口如瓶，平白无故。
10. 趋之若鹜，雾惨云愁，臭名昭著，猪朋狗友，有备无患。
11. 刻骨铭心，信口雌黄，皇亲国戚，气冲牛斗（气冲斗牛）。
12. 害群之马，麻木不仁，忍辱偷生，声名狼藉。
13. 步步为营，蝇营狗苟，狗尾续貂，吊儿郎当，党同伐异。
14. 谨小慎微，为虎作伥，怅然若失。
15. 蓬头垢面，勉为其难，男耕女织，指腹为婚。
16. 骑虎难下，瑕不掩瑜，榆木疙瘩，打退堂鼓。
17. 暗送秋波，波涛汹涌，用兵如神，神采奕奕，一败涂地，地主之谊，易如反掌，掌上明珠，主客颠倒，倒行逆施，事必躬亲，亲痛仇快，脍炙人口，口出不逊。
18. 蕙质兰心，欣欣向荣，融会贯通，痛快淋漓，力挽狂澜，滥竽充数，殊途同归，鬼鬼祟祟，岁月蹉跎。
19. 泣不成声，声如洪钟，钟灵毓秀，秀外慧中，中流砥柱。
20. 爱不释手，手不释卷，卷土重来，来龙去脉，脉脉含情，情不自禁。
21. 披星戴月，月下老人，人老珠黄，黄口小儿，儿女情长。
22. 笼络人心，心烦意乱，乱臣贼子，子虚乌有，有的放矢。
23. 开卷有益，益寿延年，年近古稀，稀奇古怪，怪力乱神。
24. 地久天长，长歌当哭，哭笑不得，得意门生，生搬硬套。
25. 接二连三，三长两短，短小精悍，悍然不顾，顾此失彼。
26. 海阔天空，空洞无物，物换星移，移风易俗，俗不可耐。
27. 借面吊丧，丧心病狂，狂风暴雨，雨过天晴，晴天霹雳。
28. 长治久安，安贫乐道，道不拾遗，遗臭万年，年富力强，强词夺理，理屈词穷，穷兵黩武，武艺超群，群策群力，力不从心，心安理得，得不偿失，失魂落魄。
29. 余音绕梁，梁上君子，子虚乌有，有备无患，患得患失，失道寡助，助纣为虐。
30. 固执己见，见财起意，意气风发，发愤图强，强颜欢笑，笑里藏刀，刀光剑影。
31. 成人之美，美人迟暮，暮气沉沉，沉默寡言，言传身教，教学相长，长风破浪，浪迹天涯。
32. 谋财害命，命在旦夕，夕阳西下，下不为例，例行公事，事倍功半，半信半疑，疑神疑鬼,鬼使神差,差强人意,意味深长,长年累月,月白风清,清规戒律。

33．豆蔻年华,华而不实,实事求是,是非曲直,直捣黄龙,龙飞凤舞。

34．大义灭亲,亲密无间,间不容发,发扬光大,大喜过望,望洋兴叹,叹为观止,止于至善,善罢甘休,休戚相关,关山阻隔,隔岸观火,火冒三丈,丈二和尚。

二、重点成语释义

爱屋及乌 因为爱一个人而连带地爱他屋上的乌鸦。比喻爱一个人而连带地关心与他有关的人或物。

误打误撞 指事先未经周密考虑。

装聋作哑 假装聋哑。指故意不理睬,只当不知道。

雅俗共赏 形容某些文艺作品既优美,又通俗,各种文化程度的人都能够欣赏。

言之凿凿 凿凿:确实。形容说得非常确实。

造谣生事 制造谣言,挑起事端。

视如草芥 芥:小草。表示看作泥土、小草一般轻贱。比喻极端轻视。

借刀杀人 比喻自己不出面,借别人的手去害人。

点石成金 比喻修改文章时稍稍改动原来的文字,就使它变得很出色。

巾帼英雄 巾帼:古代妇女佩戴的头巾和发饰,后借指妇女。指女子中的英雄。

胸有成竹 原指画竹子要在心里有一幅竹子的形象。后比喻在做事之前已经拿定主意。

珠光宝气 珠、宝:指首饰;光、气:形容闪耀着光彩。旧时形容妇女服饰华贵富丽,闪耀着珍宝的光色。

起承转合 起:开头;承:承接上文加以申述;转:转折;合:结束。泛指文章的做法;也比喻固定呆板的形式。

奇货可居 指把少有的货物囤积起来,等待高价出售;也比喻拿某种专长或独占的东西作为资本,等待时机,以捞取名利地位。

驹光过隙 指光阴易逝。

席卷而逃 指偷了全部贵重衣物逃跑。

韬光养晦 指隐藏才能,不使外露。

灰头土脸 指面容污秽。

缘木求鱼 缘木:爬树。爬到树上去找鱼。比喻方向或办法不对,不可能达到目的。

语焉不详 指虽然提到了,但说得不详细。

相得益彰 相得:互相配合、映衬;益:更加;彰:显著。指两个人或两件事物互相配合,双方的能力和作用更能显示出来。

呆头呆脑 呆:呆板,不灵活。形容思想、行动迟钝笨拙。

捉襟见肘 拉一拉衣襟,就露出臂肘。形容衣服破烂。比喻顾此失彼,穷于应付。

猝不及防 指事情来得突然,使人来不及防备。

房谋杜断 指唐太宗时,名相房玄龄多谋,杜如晦善断。两人同心济谋,传为美谈。

01 第一部分　谐音与同字

感人肺腑　使人内心深深感动。

釜底抽薪　釜：古代的一种锅；薪：柴。表示把柴火从锅底抽掉。比喻从根本上解决问题。

心潮澎湃　澎湃：波涛冲击的声音。心里像浪潮翻腾。形容心情十分激动，不能平静。

排忧解难　排除忧愁，解除困难。

朝不保夕　早晨不能知道晚上会变成什么样子或发生什么情况。形容形势危急，难以预料。

洗耳恭听　洗干净耳朵恭恭敬敬听别人讲话。请人讲话时的客气话，指专心地听。

铤而走险　铤：急走的样子；走险：奔赴险处。指在无路可走的时候采取冒险行动。

闲云野鹤　闲：无拘束。表示飘浮的云，野生的鹤。旧指生活闲散、脱离世事的人。

河东狮吼　比喻悍妒的妻子对丈夫大吵大闹。

作茧自缚　蚕吐丝作茧，把自己裹在里面。比喻做了某件事，结果使自己受困。也比喻自己给自己找麻烦。

覆水难收　倒在地上的水难以收回。比喻事情已成定局，无法挽回。

守口如瓶　守口：紧闭着嘴不讲话。表示闭口不谈，像瓶口塞紧了一般。形容说话谨慎，严守秘密。

平白无故　平白：凭空；故：缘故。指无缘无故。

趋之若鹜　趋：快走；鹜：野鸭。像鸭子一样成群跑过去。比喻很多人争着赶去。

雾惨云愁　指一种悲壮苍凉的气氛。

臭名昭著　坏名声人人都知道。

猪朋狗友　比喻好吃懒做、不务正业的坏朋友。

有备无患　患：祸患，灾难。表示事先有准备，就可以避免祸患。

刻骨铭心　铭刻在心灵深处。形容记忆深刻，永远不忘。

信口雌黄　信：任凭，听任；雌黄：即鸡冠石，黄色矿物，用作颜料。古人用黄纸写字，写错了，用雌黄涂抹后改写。指不顾事实，随口乱说或妄作评论。

皇亲国戚　皇帝的亲戚。指极有权势的人。

气冲牛斗　气：气势；牛、斗：牵牛星和北斗星，指天空。形容怒气冲天或气势很盛。

害群之马　危害马群的劣马。比喻危害集体的人。

麻木不仁　不仁：没有感觉。肢体麻痹，失去知觉。比喻对外界事物反应迟钝或漠不关心。

忍辱偷生　偷：苟且。忍受屈辱，苟且活命。

声名狼藉　声名：名誉；狼藉：杂乱不堪。表示名声败坏到了极点。

步步为营　步：古时以五尺为一步，"步步"表示距离短。表示军队每向前推进一步就设下一道营垒。形容防守严密，行动谨慎。

蝇营狗苟　比喻为了追逐名利，不择手段，像苍蝇一样飞来飞去，像狗一样不知羞耻。

狗尾续貂　比喻拿不好的东西补接在好的东西后面，前后两部分非常不相称。

吊儿郎当　形容作风散漫，态度不严肃。

党同伐异　伐：讨伐，攻击。指结帮分派，偏向同伙，打击不同意见的人。

谨小慎微	过分小心谨慎,缩手缩脚,不敢放手去做。
为虎作伥	伥：伥鬼,古时传说被老虎吃掉的人,死后变成伥鬼,专门引诱人来给老虎吃。表示替老虎做伥鬼。比喻充当恶人的帮凶。
怅然若失	怅然：形容不如意、不痛快。像失去什么似的烦恼不快。
蓬头垢面	头发蓬乱,脸上很脏。旧时形容贫苦人生活条件很坏的样子；也泛指没有修饰。
勉为其难	勉强去做能力所不及或不愿去做的事。
男耕女织	封建社会中的小农经济,一家一户经营,男的种田,女的织布。指全家分工劳动。
指腹为婚	在怀孕时就为子女定下婚约。
骑虎难下	骑在老虎背上不能下来。比喻做一件事情进行下去有困难,但情况又不允许中途停止,陷于进退两难的境地。
瑕不掩瑜	瑕：玉上面的斑点,比喻缺点；掩：遮盖；瑜：美玉的光泽,比喻优点。比喻缺点掩盖不了优点,缺点是次要的。
榆木疙瘩	坚硬的榆树根。比喻思想顽固。
打退堂鼓	原指封建官吏退堂时打鼓。现在比喻跟人共同做事中途退缩。
暗送秋波	旧时比喻美女的眼睛像秋天明净的水波一样。指暗中眉目传情。
波涛汹涌	汹涌：水势腾涌的样子。形容波浪又大又急。
神采奕奕	奕奕：精神焕发的样子。形容精神饱满,容光焕发。
地主之谊	地主：当地的主人；谊：义务。表示住在本地的人对外地客人的招待义务。
易如反掌	像翻一下手掌那样容易。比喻事情非常容易做。
掌上明珠	比喻接受父母疼爱的儿女,特指女儿。
倒行逆施	原指做事违反常理,不择手段。现多指所作所为违背时代潮流或人民意愿。
亲痛仇快	做事不要使自己人痛心,使敌人高兴。指某种举动只利于敌人,不利于自己。
口出不逊	逊：谦逊。表示说话极不谦虚。形容狂妄自大。
蕙质兰心	蕙、兰：都是香草名。表示蕙草样的心地,兰花似的本质。比喻女子心地纯洁,性格高雅。
欣欣向荣	欣欣：形容草木生长旺盛；荣：茂盛。形容草木长得茂盛。比喻事业蓬勃发展,兴旺昌盛。
融会贯通	融会：融合领会；贯通：贯穿前后。表示把各方面的知识和道理融化汇合,得到全面透彻的理解。
痛快淋漓	淋漓：心情舒畅。形容非常痛快。
力挽狂澜	比喻尽力挽回危险的局势。
滥竽充数	比喻无本领的冒充有本领的,次货冒充好货。
殊途同归	通过不同的途径,到达同一个目的地。比喻采取不同的方法而得到相同的结果。
鬼鬼祟祟	祟：古人想象中的鬼怪或鬼怪出而祸人。指行动偷偷摸摸,不光明正大。
岁月蹉跎	指无所作为地把时间荒废掉了。

第一部分　谐音与同字

泣不成声　哭得噎住了,发不出声音。形容非常伤心。
声如洪钟　形容说话或歌唱的声音洪亮,如同敲击大钟似的。
中流砥柱　就像屹立在黄河急流中的砥柱山一样。比喻坚强独立的人能在动荡艰难的环境中起支柱作用。
爱不释手　释：放下。喜爱得舍不得放手。
手不释卷　释：放下；卷：指书籍。表示书本不离手。形容勤奋好学。
卷土重来　比喻失败之后,重新恢复势力。
来龙去脉　本指山脉的走势和去向。现比喻一件事的前因后果。
脉脉含情　脉脉：两眼凝神,要向别人诉说心曲的样子。饱含温情,默默地用眼神表达自己的感情。
情不自禁　禁：抑制。感情激动得不能控制。强调完全被某种感情所支配。
披星戴月　身披星星,头戴月亮。形容连夜奔波或早出晚归,十分辛苦。
月下老人　原指主管婚姻的神仙。后泛指媒人,简称"月老"。
人老珠黄　旧时比喻女子老了被轻视,就像因年代久远而失去光泽的珍珠一样不值钱。
黄口小儿　黄口：儿童；小儿：小孩子。常用以讥讽别人年幼无知。
儿女情长　指过分看重爱情。
笼络人心　耍弄手段,拉拢别人。
心烦意乱　形容心情烦躁,思绪纷乱。
乱臣贼子　旧指不守君臣、父子之道的人。后泛指心怀异志的人。
子虚乌有　指假设的、并不存在的事情或人。
有的放矢　比喻说话做事有针对性。
开卷有益　开卷：打开书本,指读书；益：好处。表示读书总有好处。
益寿延年　指延长寿命,增加岁数。同"延年益寿"。
年近古稀　古稀：指七十岁。年纪将近七十岁。
稀奇古怪　指很少见,很奇异,不同一般。
怪力乱神　指关于怪异、勇力、叛乱、鬼神之事。
地久天长　时间长,日子久。
哭笑不得　哭也不好,笑也不好。形容很尴尬。
得意门生　得意：称心如意；门生：亲自授业的弟子或科举中试者对座师的自称,后泛指学生。该成语表示最满意的弟子或学生。
生搬硬套　生：生硬。指不顾实际情况,机械地运用别人的经验,照抄别人的办法。
短小精悍　形容人身躯短小,精明强悍；也形容文章或发言简短而有力。
悍然不顾　悍然：凶残蛮横的样子。表示凶暴蛮横,不顾一切。
顾此失彼　顾了这个,丢了那个。形容忙乱或慌张的情景。
空洞无物　空空洞洞,没有什么内容。多指言谈、文章极其空泛。
借面吊丧　意谓虚有其表。
丧心病狂　丧失理智,像发了疯一样。形容言行昏乱而荒谬,或残忍可恶到了极点。
狂风暴雨　指大风大雨；亦比喻猛烈的声势或处境险恶。

优等生必玩的成语游戏——从此出口成章

雨过天晴 雨后转晴；也比喻政治上由黑暗到光明。
晴天霹雳 霹雳：响雷。表示晴天打响雷。比喻突然发生意外的、令人震惊的事件。
长治久安 形容国家长期安定、巩固。
安贫乐道 安于贫穷，以坚持自己的信念为乐。旧时士大夫所主张的为人处世之道。
强词夺理 强词：强辩；夺：争。指无理强辩，明明没理硬说有理。
理屈词穷 屈：短，亏；穷：尽。表示由于理亏而无话可说。
穷兵黩武 穷：竭尽；黩：随便，任意。表示随意使用武力，不断发动侵略战争。形容极其好战。
武艺超群 武艺：武术上的本领，也指军事、战斗的本领。形容武艺高强，超出一般人。
群策群力 群：大家，集体；策：谋划，主意。指发挥集体的作用，大家一起来想办法，贡献力量。
得不偿失 偿：抵得上。所得的利益抵偿不了所受的损失。
失魂落魄 魂、魄：旧指人身上离开形体能存在的精神为魂，依附形体而显现的精神为魄。形容惊慌忧虑、心神不定、行动失常。
余音绕梁 形容歌声优美，给人留下难忘的印象。
梁上君子 窃贼的代称。现在有时也指脱离实际、脱离群众的人。
患得患失 患：忧患，担心。担心得不到，得到了又担心失去。形容对个人得失看得很重。
失道寡助 道：道义；寡：少。表示做事违反正义的人，一定得不到别人的支持和帮助。
助纣为虐 比喻帮助坏人干坏事。
固执己见 顽固地坚持自己的意见，不肯改变。
见财起意 见人钱财，动起歹念。
意气风发 意气：意志和气概；风发：像风吹一样迅猛。形容精神振奋，气概豪迈。
发愤图强 发愤：决心努力；图：谋求。表示决心奋斗，努力谋求强盛。
强颜欢笑 心里不畅快，但脸上勉强装出喜笑的样子。
笑里藏刀 形容对人外表和气，内心却阴险毒辣。
刀光剑影 隐约显现出刀剑的闪光和影子。形容环境充满了凶险的气氛。
成人之美 成：成就。成全别人的好事。
美人迟暮 原意是指有作为的人也将逐渐衰老。比喻因日趋衰落而感到悲伤怨恨。
沉默寡言 沉默：不出声；寡：少。表示不声不响，很少说话。
言传身教 言传：用言语讲解、传授；身教：以行动示范。既用言语来教导，又用行动来示范。指行动起模范作用。
教学相长 教和学两方面互相影响和促进，都得到提高。
浪迹天涯 浪迹：到处流浪。到处流浪，足迹遍天下。
谋财害命 为了劫夺财物，害人性命。
夕阳西下 指傍晚日落时的景象；也比喻迟暮之年或事物走向衰落。
下不为例 下次不可以再这样做。表示只通融这一次。

例行公事 按照惯例办理的公事。现在多指刻板的形式主义的工作。
事倍功半 指工作费力大,收效小。
半信半疑 有点相信,又有点怀疑。表示对真假是非不能肯定。
疑神疑鬼 这也怀疑,那也怀疑。形容非常多疑。
鬼使神差 使、差:指使。表示好像有鬼神在指使着一样,不自觉地做了原先没想要做的事。
差强人意 差:尚,略;强:振奋。表示勉强使人满意。
意味深长 意味:情调,趣味。表示意思含蓄深远,耐人寻味。
长年累月 长年:整年;累月:很多个月。形容经过了很多年月。
月白风清 形容幽静美好的夜晚。
清规戒律 原指佛教徒所遵守的规则和戒条;现比喻束缚人的烦琐及不合理的规章制度。
豆蔻年华 豆蔻:多年生草本植物,比喻处女。通常指女子十三四岁时。
华而不实 华:开花。花开得好看,但不结果实。比喻外表好看,内容空虚。
实事求是 指从实际对象出发,探求事物的内部联系及其发展的规律性,认识事物的本质。通常指按照事物的实际情况办事。
是非曲直 正确还是不正确,有理还是无理。
直捣黄龙 黄龙:即黄龙府,辖地在今吉林一带,为金人的腹地。表示一直打到黄龙府。指捣毁敌人的巢穴。
龙飞凤舞 原形容山势的蜿蜒雄壮,后也形容书法笔势有力,灵活舒展。
大喜过望 过:超过;望:希望。表示结果比原来希望的还好,因而感到特别高兴。
望洋兴叹 望洋:仰视的样子。表示仰望海神而兴叹。原指在伟大事物面前感叹自己的渺小;现多比喻做事时因无法胜任或没有条件而无奈叹息。
叹为观止 叹:赞赏;观止:看到这里就够了。指赞美所见到的事物好到了极点。
止于至善 止:达到;至:最,极。表示达到极完美的境界。
善罢甘休 轻易地了结纠纷,心甘情愿地停止再闹。
休戚相关 休:欢乐,吉庆;戚:悲哀,忧愁。忧喜、福祸彼此相关联。形容关系密切,利害相关。
关山阻隔 关隘山岭阻挡隔绝。形容路途艰难,往来不易。
隔岸观火 隔着河看人家着火。比喻对别人的危难不去援助,在一旁看热闹。
火冒三丈 形容愤怒到极点。
丈二和尚 摸不着头脑。指弄不清是怎么回事。

三、成 语 故 事

【奇货可居】

奇货可居是指把少有的货物囤积起来,等待高价出售;也比喻拿某种专长或独占的东西作为资本,等待时机,以捞取名利地位。

优等生必玩的成语游戏——从此出口成章

公元前267年,秦国太子去世,秦昭王把他的第二个儿子安国君立为太子。安国君非常宠爱一名妃子,名叫华阳夫人。她虽然得宠,但是膝下却没有一子。安国君还有一名不得宠的妃子,名叫夏姬。她育有一子,名叫异人,在安国君的二十多个儿子中排行居中。异人被秦国作为人质派到了赵国,之后秦国多次攻打赵国,于是赵国对异人自然也谈不上以礼相待了。所以,尽管异人出身王室家族,但人质的生活是很困窘的,他平时所乘的车马和日常的花费都不富足。

阳翟有个大商人名叫吕不韦,他往来各地,专门收集低价货物,然后再想办法高价售出,这样经营多年,积攒了千金家产。有一次,他到赵都邯郸做生意,遇见了异人,了解清楚异人的情况后,他对别人说:"异人就是一件'奇货',只要我把他'囤积'起来,当他涨价那一天,便是我高价出售的时候。"

第二天他就前去拜访异人,吕不韦一见到他便说:"我能帮助你光耀门庭。"异人笑道:"你先光耀自己的门庭,再来帮助我吧。"吕不韦说道:"只有你光耀了门庭,我才能沾你的光光耀我的门庭。"异人听出了他的话外之音,便邀他坐下一起深谈。吕不韦说:"秦昭王年老,安国君被立为太子,安国君宠爱华阳夫人,而华阳夫人无子女,现在能够指认谁做太子的人便是华阳夫人。你有二十几个兄弟,你排行在中间,现在还被软禁在赵国。将来等秦昭王死了,安国君继位,你有什么优势去和你的大哥,以及那些长期都和安国君生活在一起的其他兄弟来争夺太子之位呢?"异人苦恼道:"那我应该怎么办呢?"吕不韦回答道:"虽然你在做人质,身上也无多余的钱财,但是我可以帮你。我愿意拿出千金,让你去结交宾客,并且去秦国为你游说安国君和华阳夫人,说服他们立你为太子。"异人立刻叩拜:"如果将来我做了太子,我将愿意与你共享秦国。"

临走前,吕不韦拿出一千两黄金,五百两黄金给异人用来结交宾客和改善生活之用,另外五百两黄金则自己拿去买奇珍异宝,然后带着珍宝去秦国拜见华阳夫人的姐姐,让她把这些珍宝送给华阳夫人。他还让她和华阳夫人说:"异人聪明能干,结交了许多天下各地诸侯宾客,而且异人心里还把您当天神一般看待,每日都十分思念太子和夫人。"华阳夫人听后非常高兴。吕不韦还让华阳夫人的姐姐劝导华阳夫人:"现在太子能这么宠爱你,是因为你现在还有美色,一旦将来你年老色衰,那太子对你的宠爱也将会慢慢减少,继而失宠。你膝下无子,如果你能在太子的儿子中挑选一个真心孝顺你的人,立他为太子,那么等到将来太子死后,你就会因为继位的人而继续享受荣华富贵。异人聪明能干,但他的生母不得宠,所以他主动来依附你,只要你的一句话,如果立他为太子,以后你一生都将受人尊重。"

华阳夫人听完,觉得很有道理,于是她便与太子委婉地提到在赵国做人质的异人,说他是个很有才能的人,来往的人都称赞他。接着在太子面前哭泣道:"我一辈子有幸得到太子的宠爱,但不幸的是我却没有为太子生下一儿半女,我希望能立异人为继承人,以便我往后的日子里也有个依靠。"安国君答应了,并且和华阳夫人刻下玉符,立异人为继承人,而异人也改名为子楚。

吕不韦看上了一位姿色姣好又能歌善舞的女子,名叫赵姬,后来还和她住在一起。有一天,赵姬对吕不韦说自己怀孕了,吕不韦打起了心中的小算盘。他想自己为子楚破费了千万家财,虽说现在和将来都能享受荣华富贵,但是万一子楚死了怎么办?如果现在把赵姬献给子楚,那么将来赵姬生下的吕家孩子便能继位,到时候秦国的天下还不就是我吕家的天下吗?于是他设下计谋,让赵姬在一场宴会上出面勾引子楚,最终赵姬嫁给子楚,立为夫人。又过去几个月,赵姬生下一个男孩,取名叫政,他便是后来统一六国的秦始皇。

【滥竽充数】

滥竽充数的"滥"指与事实不符,"竽"是一种簧管乐器。成语意思是不会吹竽的人冒充吹竽行家,混在乐队中凑数。一般比喻没有本事的人冒充有本事的,或者是以次货冒充好货。但有的时候也用于自谦。

战国时的齐国君主齐宣王是一个爱好音乐的人,尤其痴迷吹竽。他便派人从各地搜寻一些能吹善奏的乐师,召集到宫中,组成一个三百人的乐队。每当他想听吹竽时,就让这三百人的乐队一齐为他演奏,场面震撼。

有一天,游手好闲的南郭先生听说了这件事,想到那优厚的待遇,便心生一计。他想每次齐宣王听吹竽时,都是三百人一起演奏,就算自己不会演奏,但是在里面充充样子,只要不被发现,就能赚钱。于是他跑去毛遂自荐,吹嘘自己的吹竽技术,能够感动众人,甚至连天上的鸟兽也会随着音乐翩翩起舞,地上的花草也会随着音乐摆动。齐宣王一听,都没有检验一下,就答应让他加入乐队。

之后,南郭先生观察身边乐师吹竽的动作,学他们如何捧着竽,如何摇摆身体,如何装作一副忘我的样子。他把那些动作做得惟妙惟肖,就好像他真的会吹竽,甚至技术一流,之后每次吹竽都让他蒙混过关。就这样,一过就是好几年,没有人看出南郭先生其实根本不会吹竽。南郭先生洋洋自得,认为自己没有真本事,一样和别人挣丰厚的薪水。

但是好景不长,不久齐宣王便驾崩了,他的儿子齐闵王继位。齐闵王和他的父王一样喜爱吹竽。但是他有一点和他父王稍有不同,他不喜欢听众人合奏,他认为那样太吵闹了,不如听独奏,那样更加逍遥。于是,齐闵王决定从中挑选独奏厉害的乐师。他让三百名乐师好好练习,之后听他们逐个单独演奏。乐师们听后,个个摩拳擦掌,都希望能得到齐闵王的肯定。只有一个人例外,那就是南郭先生。他听到这个消息后吓得直冒虚汗,眼看谎言就要被拆穿了,要是给他定一个欺君之罪,他可担当不起。为了保住自己的小命,他连夜收拾包袱,逃出了宫外。

【害群之马】

害群之马是指危害马群的劣马;现比喻危害社会或集体的人。

优等生必玩的成语游戏 —— 从此出口成章

黄帝是《史记》中的五帝之首，也是中国远古神话人物。

有一天，黄帝要去一个叫作具茨山的山上，拜见一位叫作大隗的人。传说这个人能把疑难问题一一化解，黄帝想去向他请教如何治理天下的办法。黄帝走到襄城原野时迷路了，正当他不知如何走时，突然看见有一个牧童在放马。他走上前问道："小孩，你知道哪条路通往具茨山吗？"

小孩热心地回答道："知道。"边说边用手上的马鞭往前指了指。

"那你认识一个叫大隗的人吗？"

"认识。"

"那你知道他住在哪儿吗？"

"知道。"

黄帝很吃惊，这个小孩居然知道大隗这个人，还知道他住在哪里。黄帝赞许他："你真是一个很聪明的小孩，既然这么聪明，就让我问你一个问题好了，你知道如何治理天下吗？"

小孩笑而不答。

黄帝又继续追问，小孩说道："几年前，我很喜欢到处游历，但是我患有头昏眼花的毛病，弄得我不能痛快地玩。后来我碰见一位长者，他教我日出而游，日落而息。后来我身体的毛病就渐渐好了，又能畅快地游历了。我想这和治理天下是一个道理吧。"

黄帝不解地问："这和治理天下有关系吗？你能说得再简洁明了一些吗？"

"这样说吧，治理天下的方法和我放马的方法有什么区别呢？当马群有了骚动，开始不听话，那么只要把里面引起骚动、危害马群的马牵出去就可以了。"

黄帝听完后恍然大悟，立即向牧童行大礼，并且尊称牧童为"天师"，向他再三拜谢后才离开。

【开卷有益】

宋朝的第二个皇帝宋太宗赵匡义从小就很爱读书。虽然他和他的哥哥宋太祖赵匡胤都是武将出身，但是他们都很信奉《史记》上所说的一句话："马上得天下，岂能马上治之。"于是在太平兴国二年（公元977年）三月，宋太宗召集朝中文臣，开始编写一套类似百科全书的书——《太平御览》。

《太平御览》历时六年多才完成。此书总共一千卷，分为五十五部。看到眼前

完成的书,宋太宗和大臣们说道:"从今天起,每天给朕拿来三卷书,让朕阅读。"大臣们纷纷劝他不要一天阅读那么多,因为皇帝每天的朝务繁多,再加上要看三卷书,实属辛苦,建议他酌情减少。

宋太宗不以为然地说道:"朕喜欢看书,只要打开书,就能发现里面无穷的乐趣,朕没有感觉到辛苦。而且朕相信只要把书打开,对朕总是会有益处的。每每可以从书中见到前代的兴衰,总会以此为鉴。这套书也才不过一千卷,假如朕每天看三卷,那么一年后朕就可以把这套书看完了。"

此后,他坚持一天读三卷书,就算被别的重要的事情耽搁了,他也会在之后的时间里补回来。正因为他孜孜不倦的阅读,涉猎甚广,让他与群臣讨论政务时格外得心应手。宋太宗的勤奋影响了一些以前不怎么看书的朝中大臣,让朝里朝外掀起了一股读书风潮。之后人们就用"开卷有益"来说读书总是有益处的,以它来勉励人们勤奋好学,奋发向上。

【披星戴月】

披星戴月是指身披星星,头顶月亮。形容连夜奔波或早出晚归,十分辛苦。

关于"披星戴月"还有一个美丽的传说。

在云南省丽江地区有一个古老的民族,叫纳西族。传说在很久以前,纳西族的族人在大山上过着安逸自给的生活,平淡而快乐。

突然有一天,一个叫旱魔的妖怪在天空中放上了八个太阳,加上已有的一个,九个太阳在天上残酷地烤热大地,一切生物都变得奄奄一息。纳西族的一个叫英姑的姑娘为了解救百姓,主动站出来,跑去找东海龙王求救。为了在去的路上不被太阳烤伤,她自制了一件"顶阳衫",用来遮挡阳光。"顶阳衫"是用鸟的羽毛编制而成的,英姑披着它向东海奔去。

经历了一番磨难,英姑终于走到东海,还没见到东海龙王,先见到了龙王的第三个儿子——东海三太子。两个人一见钟情,龙三太子决定陪她回去解除旱情。狡猾的旱魔设计了一个陷阱,等到三太子陷入陷阱之后,他便与英姑搏斗,两人来回争斗九天,已经筋疲力尽的英姑终于抵挡不住倒下了。龙三太子冲出陷阱,呼喊着英姑,也倒在了英姑死去的地方,变成了纵横丽江坝子的泉水。天庭上白沙三朵神连夜创造出一条雪龙,他让雪龙把天空中的七个太阳叼走,做成星星镶在英姑的顶阳衫上,然后再捂冷一个太阳,把它做成月亮,在夜间为人们照明。纳西族的族人为了纪念英姑,就在羊皮披肩上绣上日月和七颗星星,并且代代相传。这就形成了纳西族妇女"披星戴月"的传统服饰。

现在纳西族的女人也很勤劳能干,就像她们世代相传的羊皮披肩一样,肩负着日月和星星,这也成了她们勤劳善良品质的象征。

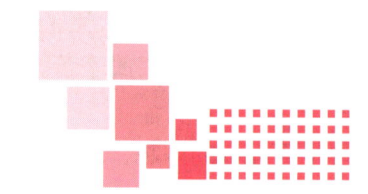

第二部分　特殊式接龙

特殊式接龙游戏有很多种,这里主要介绍二龙戏珠和回环接龙。

二龙戏珠:"两条龙"共用同一个字,或同字开头,或相互交叉。

回环接龙:要求接龙的最后一个成语的字尾与第一个成语的字头为同一个字,即整条龙首尾相接。

一、接 龙 游 戏

1. 两条龙以"清"字开始分别延伸,请将它们补齐。见图 2-1。
2. 两条龙以"含"字开始分别延伸,请将它们补齐。见图 2-2。

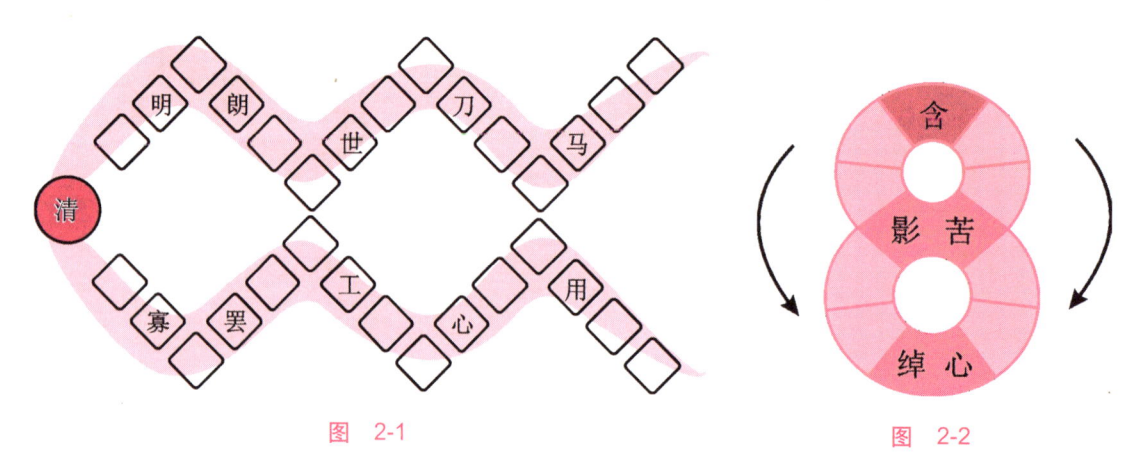

图 2-1

图 2-2

3. 两条龙分别延伸,请将它们补齐。见图 2-3。

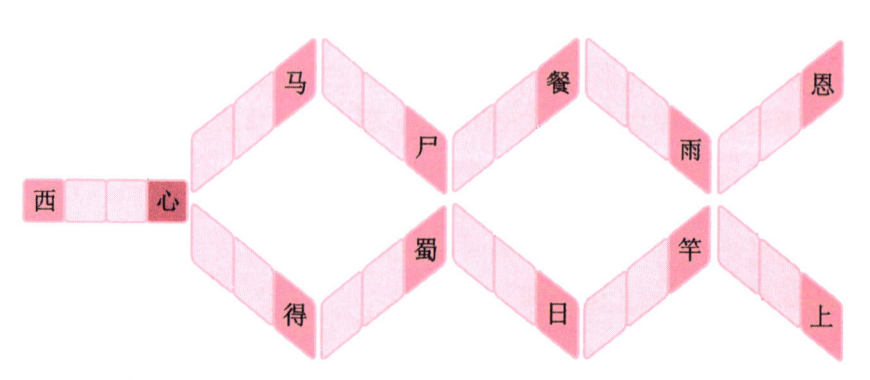

图 2-3

第二部分　特殊式接龙

4．两条龙以"柳"字开始分别延伸，请将它们补齐。见图2-4。
5．两条龙以"马"字开始分别延伸，请将它们补齐。见图2-5。

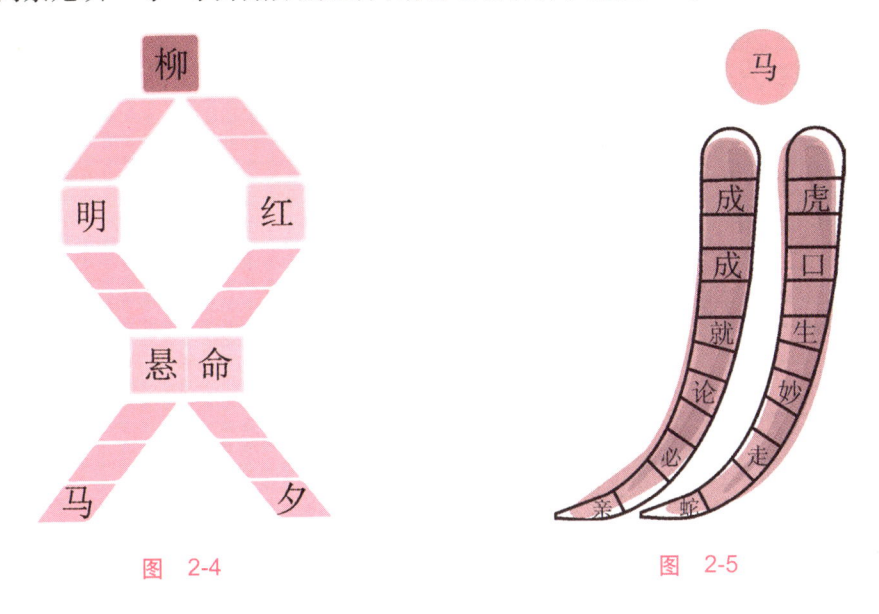

图 2-4

图 2-5

6．两条龙以"暮"字开始分别延伸，请将它们补齐。见图2-6。
7．两条龙以"恩"字开始分别延伸，请将它们补齐。见图2-7。

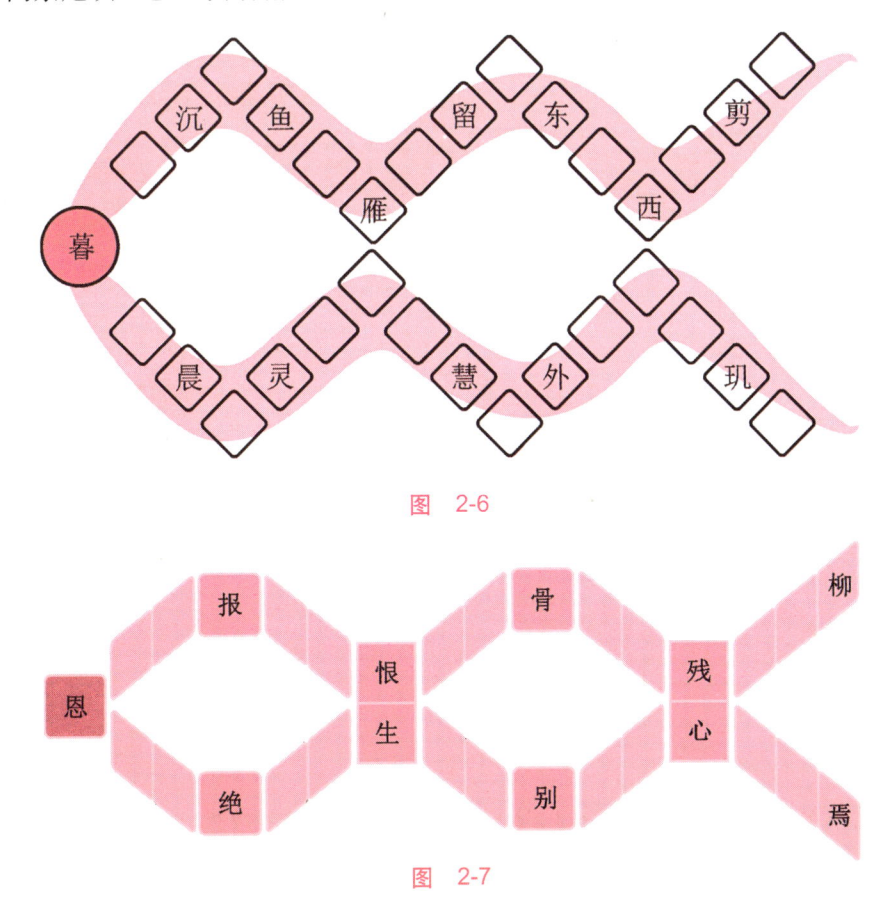

图 2-6

图 2-7

8. 两条龙以中间的字相互交叉，请将它们补齐。见图2-8。
9. 两条龙以中间的字相互交叉，请将它们补齐。见图2-9。

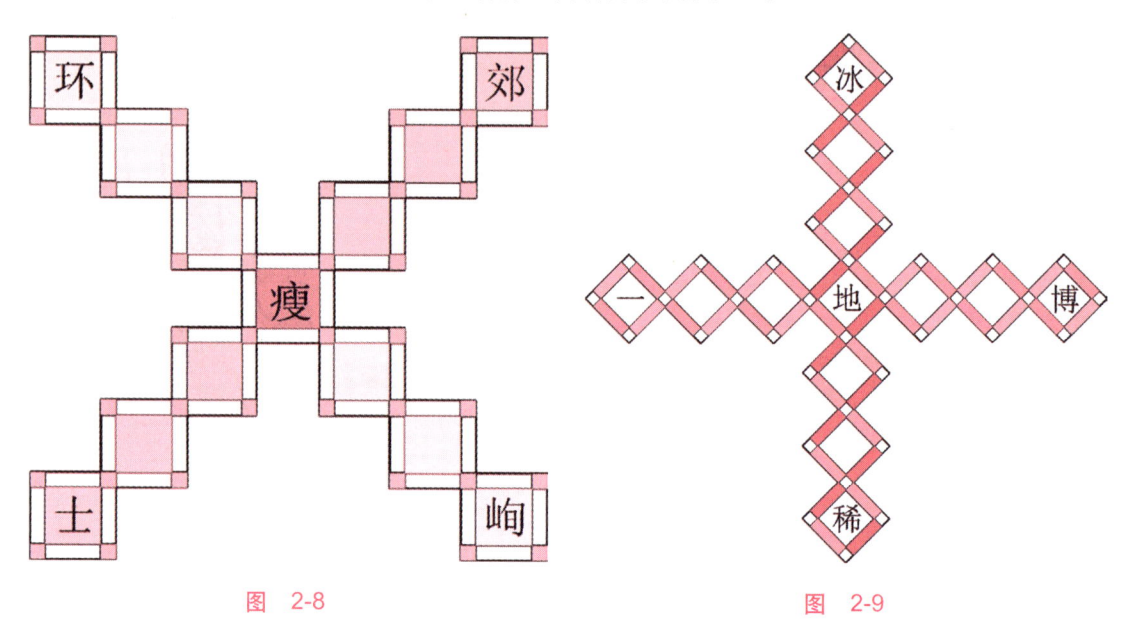

图 2-8

图 2-9

10. 请从左到右把这两条龙补齐。见图2-10。
11. 请从上到下把这两条龙补齐。见图2-11。

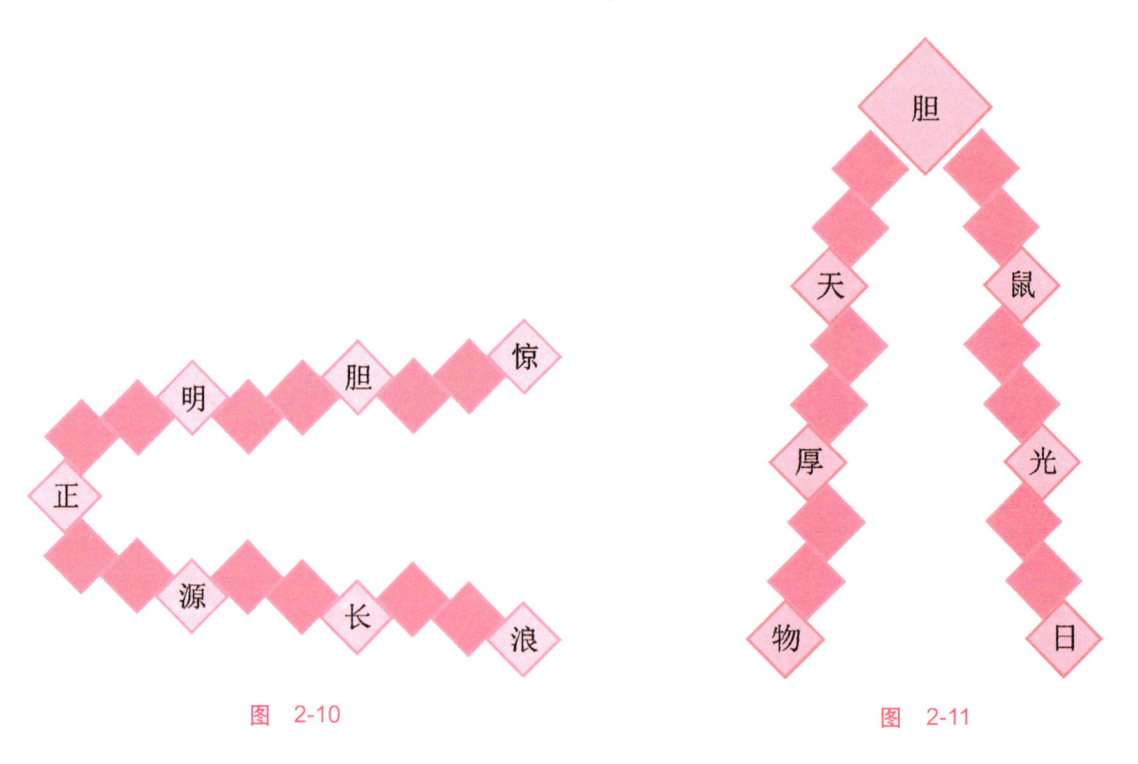

图 2-10

图 2-11

12. 两条龙以中间的字相互交叉，请将它们补齐。见图2-12。
13. 请从上到下把这两条龙补齐。见图2-13。

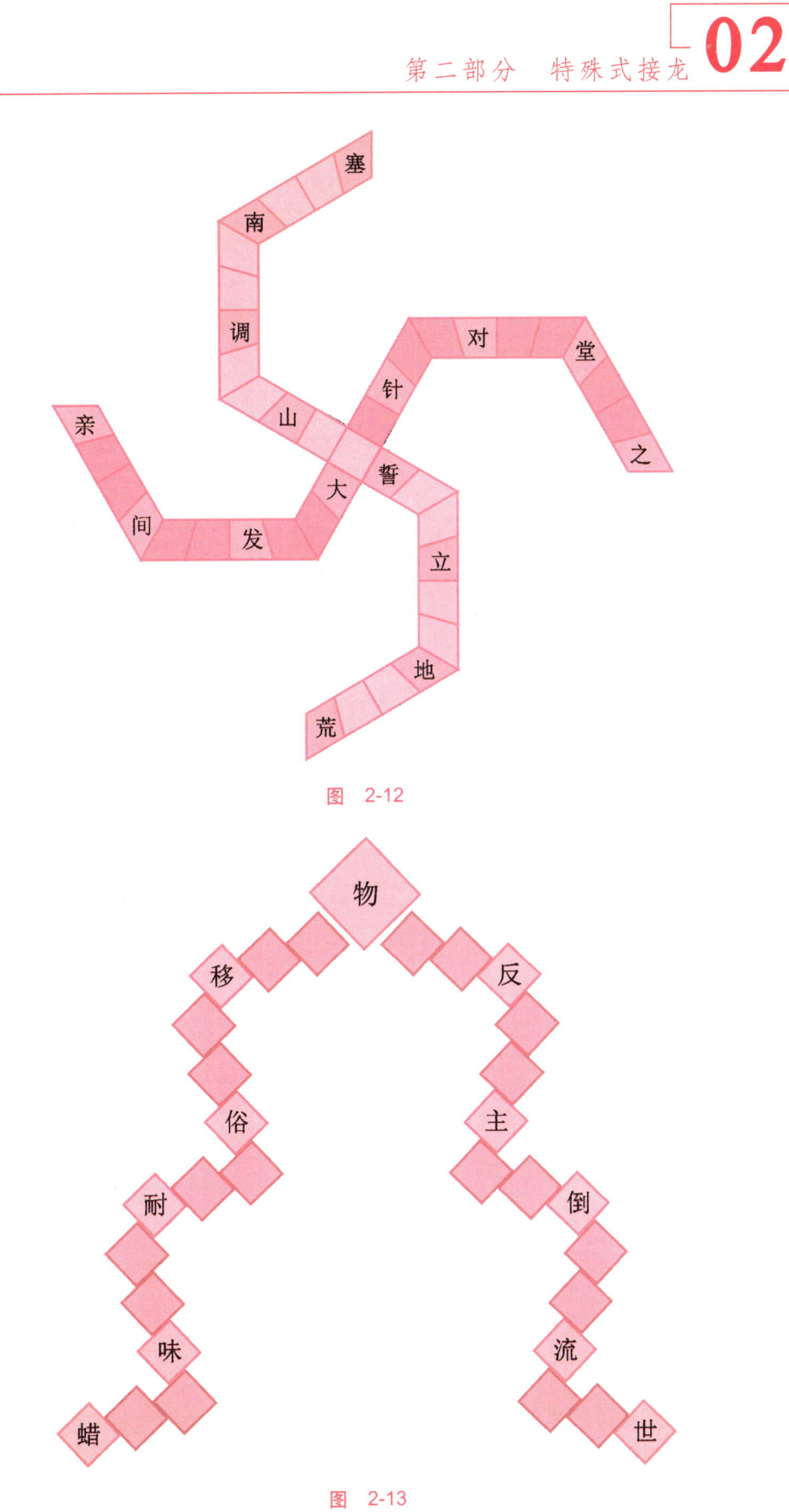

第二部分　特殊式接龙

图 2-12

图 2-13

14. 请补齐这个四词的回环接龙游戏（成语方向为顺时针）。见图 2-14。

15. 这是一个回环龙，即龙的首尾重合，请来完成它吧（成语方向为顺时针）。见图 2-15。

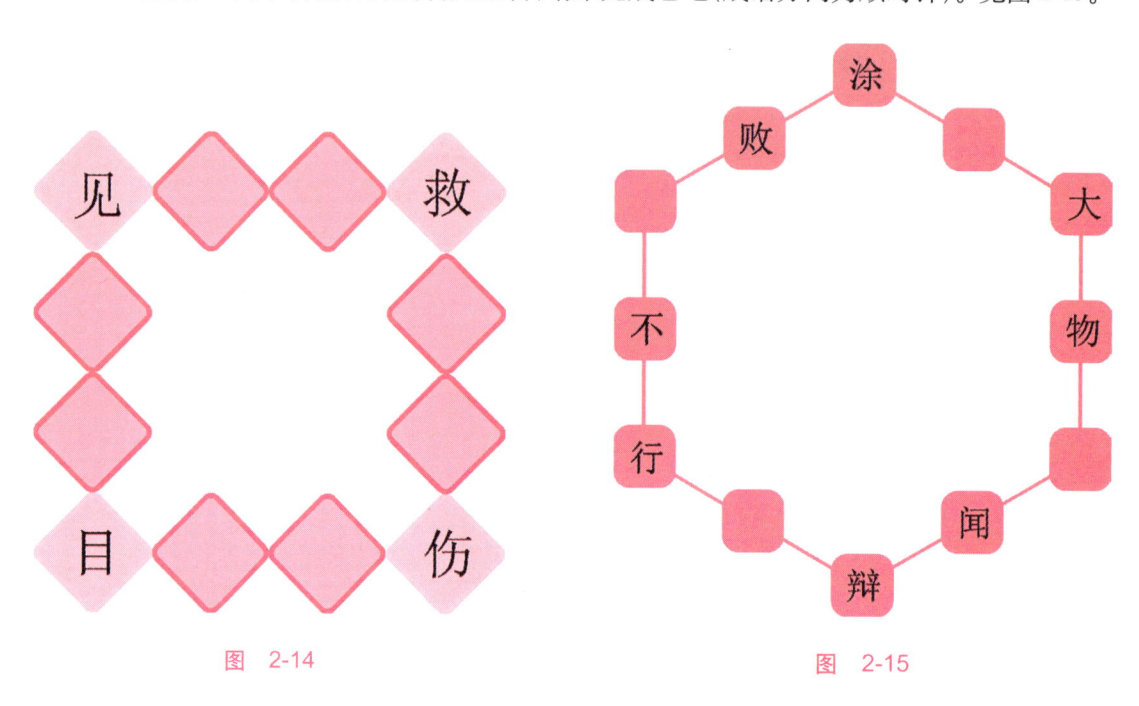

图 2-14

图 2-15

16. 请将图 2-16 所示的三个词的回环成语接龙游戏补齐（成语方向为顺时针）。

17. 这是一个回环龙，即龙的首尾重合，请来完成它吧（成语方向为顺时针）。见图 2-17。

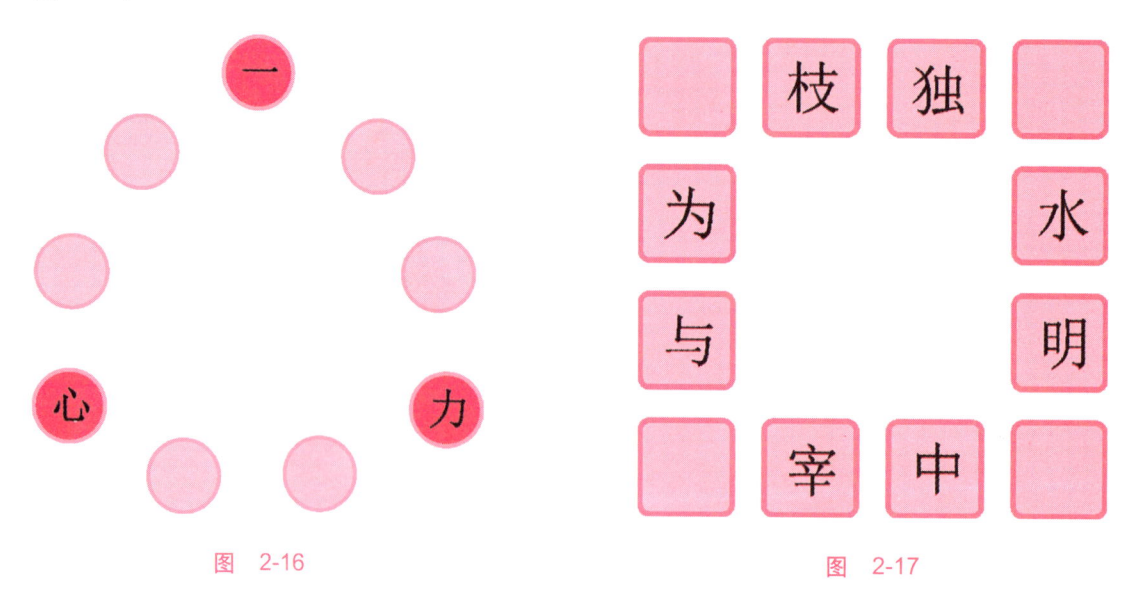

图 2-16

图 2-17

18. 这是一个回环龙，即龙的首尾重合，请来完成它吧（成语方向为顺时针）。见图 2-18。

19. 这是一个回环龙，即龙的首尾重合，请来完成它吧（成语方向为顺时针）。见图 2-19。

第二部分　特殊式接龙

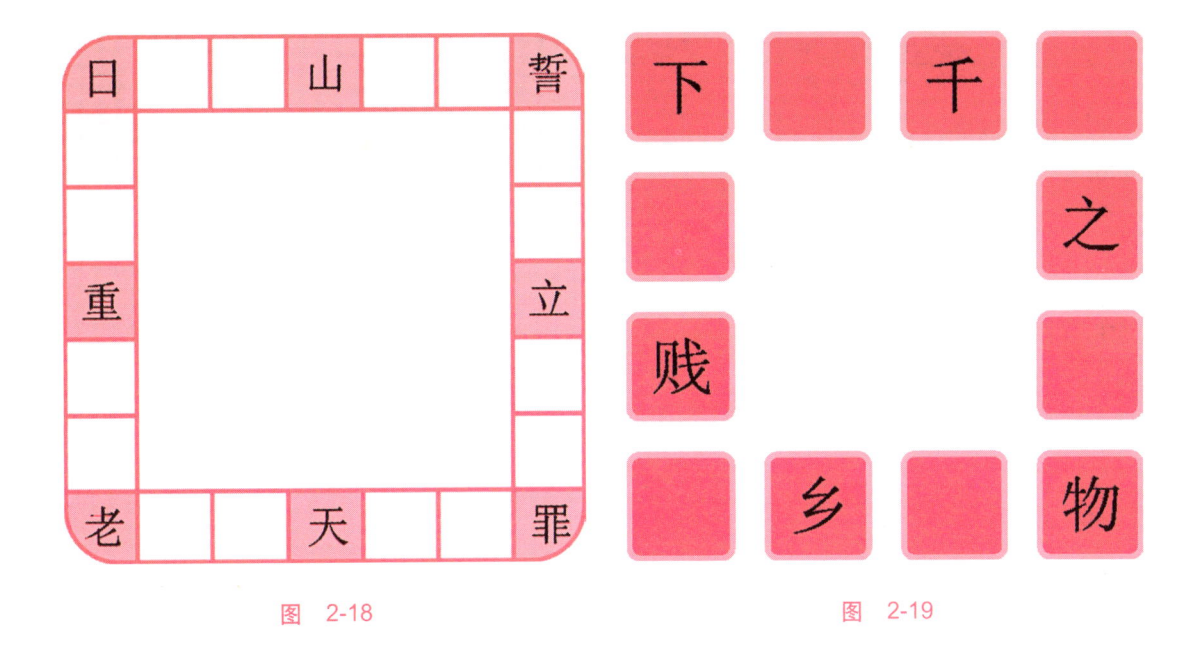

图 2-18

图 2-19

20．这是一个回环龙,即龙的首尾重合,请来完成它吧(成语方向为顺时针)。见图 2-20。
21．这是一个回环龙,即龙的首尾重合,请来完成它吧(成语方向为顺时针)。见图 2-21。

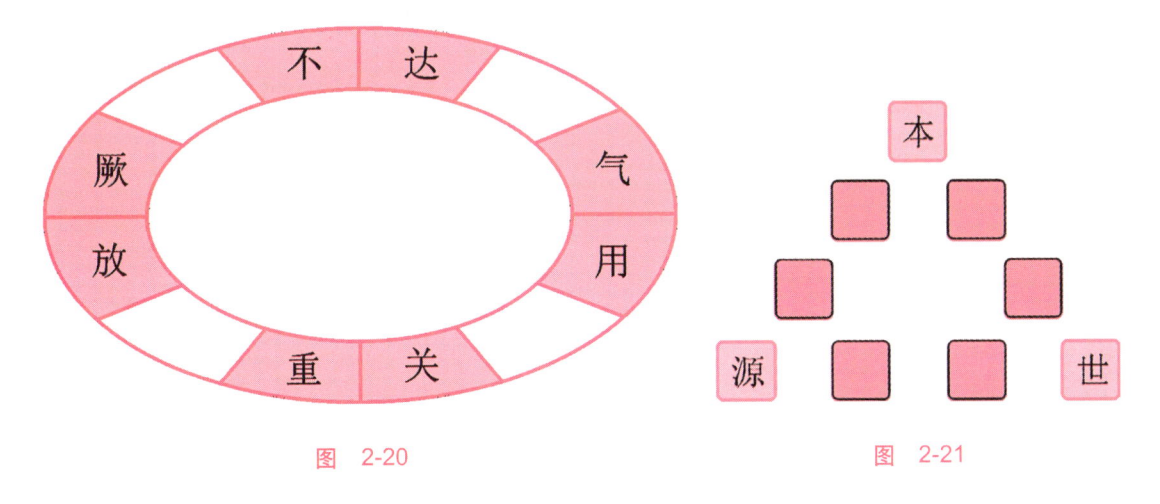

图 2-20

图 2-21

22．这是一个回环龙,即龙的首尾重合,请来完成它吧(成语方向为顺时针)。见图 2-22。
23．请补齐这个四词的回环龙（成语方向为顺时针）。见图 2-23。
24．请补齐这个八词的回环龙（成语方向为顺时针）。见图 2-24。
25．这是一个回环龙,即龙的首尾重合,请来完成它吧(成语方向为顺时针)。见图 2-25。
26．这是一个回环龙,即龙的首尾重合,请来完成它吧(成语方向为顺时针)。见图 2-26。
27．这是一个回环龙,即龙的首尾重合,请来完成它吧(成语方向为顺时针)。见图 2-27。
28．请补齐这个四词的回环龙（成语方向为顺时针）。见图 2-28。

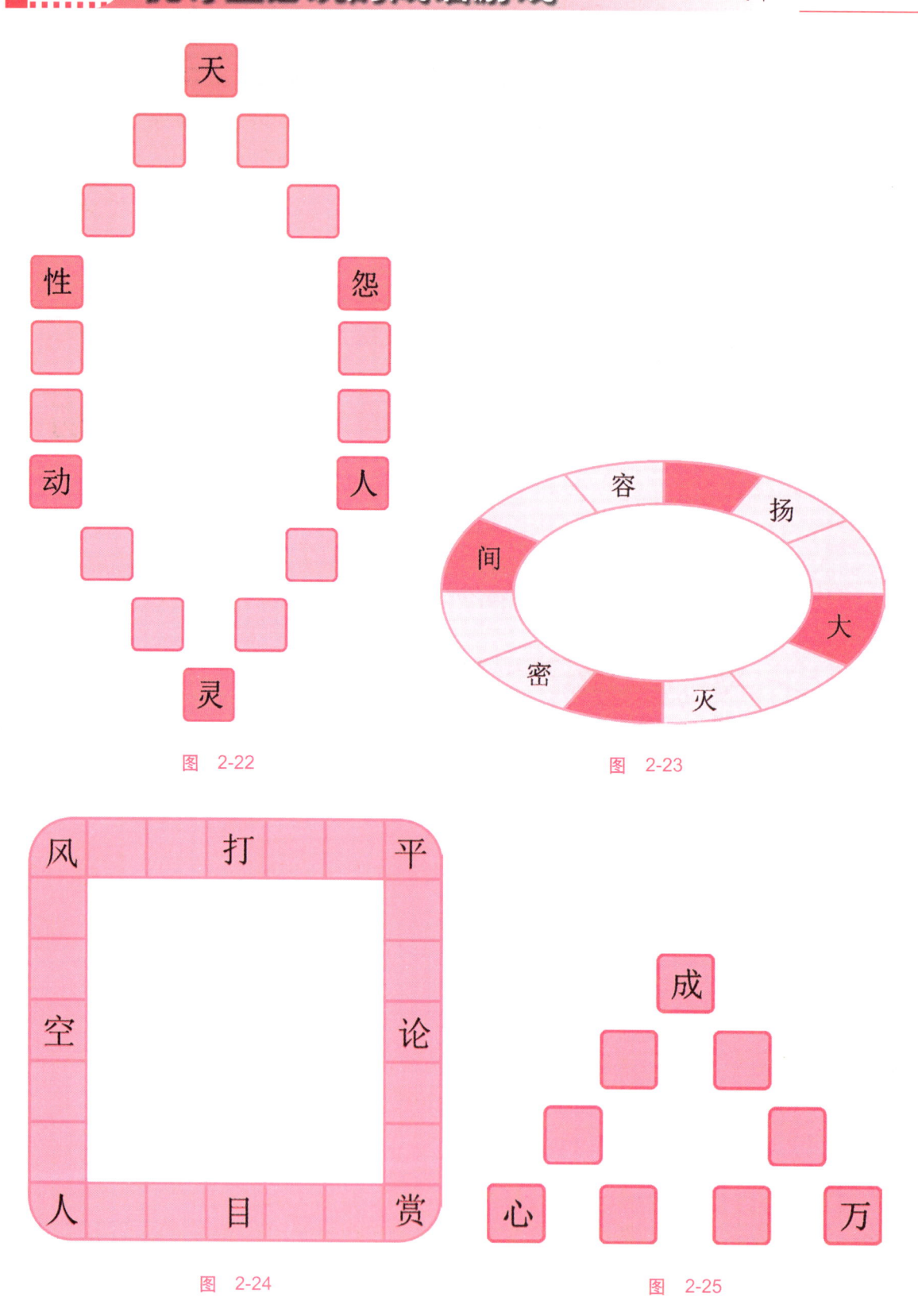

优等生必玩的成语游戏 —— 从此出口成章

图 2-22

图 2-23

图 2-24

图 2-25

第二部分　特殊式接龙　**02**

图 2-26

图 2-27

图 2-28

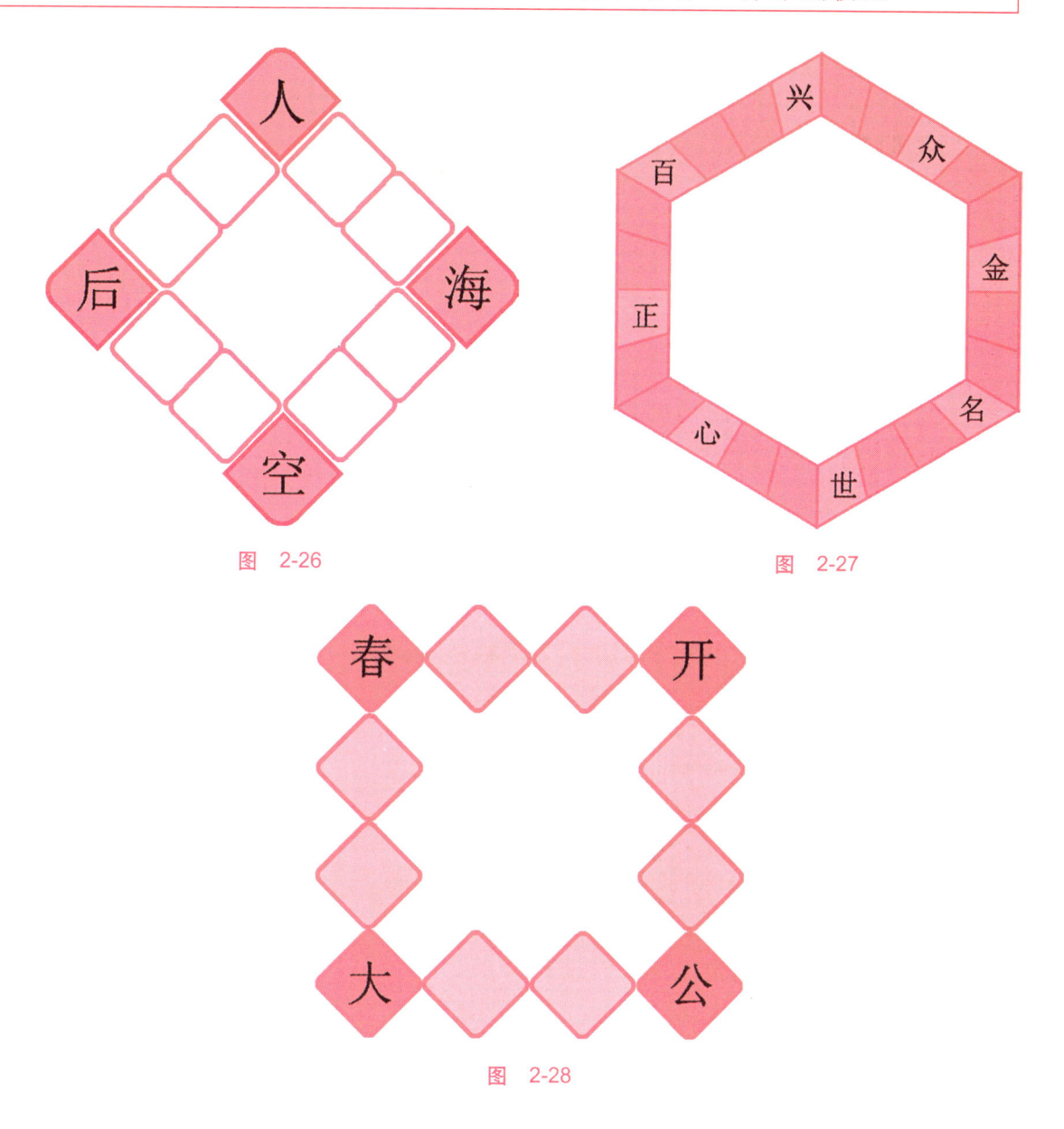

答案：

1. 清风明月，月朗星稀，稀世之宝，宝刀未老，老马识途。
   清心寡欲，欲罢不能，能工巧匠，匠心独运，运用自如。
2. 含沙射影，影影绰绰。
   含辛茹苦，苦口婆心。
3. 西子捧心，心猿意马，马革裹尸，尸位素餐，餐风宿雨，雨露之恩。
   心安理得，得陇望蜀，蜀犬吠日，日上三竿，竿头直上。
4. 柳暗花明，明镜高悬，悬崖勒马。
   柳绿桃红，红颜薄命，命在旦夕。
5. 马到成功，功成名就，就事论事，事必躬亲。

27

马马虎虎,虎口余生,生花妙笔,笔走龙蛇。

6. 暮气沉沉,沉鱼落雁,雁过留声,声东击西,西窗剪烛。
   暮鼓晨钟,钟灵毓秀,秀外慧中,中外合璧,璧坐玑驰。

7. 恩将仇报,报仇雪恨,恨之入骨,骨肉相残,残花败柳。
   恩断义绝,绝处逢生,生离死别,别有用心,心不在焉。

8. 环肥燕瘦,瘦骨嶙峋。
   郊寒岛瘦,瘦羊博士。

9. 一败涂地,地大物博。
   冰天雪地,地广人稀。

10. 正大光明,明目张胆,胆战心惊。
    正本清源,源远流长,长风破浪。

11. 胆大包天,天高地厚,厚德载物。
    胆小如鼠,鼠目寸光,光天化日。

12. 亲密无间,间不容发,发扬光大,大海捞针,针锋相对,对簿公堂,堂而皇之。
    塞北江南,南腔北调,调虎离山,山盟海誓,誓不两立,立足之地,地老天荒。

13. 物换星移,移风易俗,俗不可耐,耐人寻味,味同嚼蜡。
    物极必反,反客为主,主客颠倒,倒背如流,流芳百世。

14. 见死不救,救死扶伤,伤心惨目,目不忍见。

15. 一败涂地,地大物博,博闻辩言,言行不一。

16. 一臂之力,力不从心,心口不一。

17. 一枝独秀,秀水明山,山中宰相,相与为一。

18. 日薄西山,山盟海誓,誓不两立,立功赎罪,罪恶滔天,天荒地老,老成持重,重见天日。

19. 下笔千言,言之有物,物离乡贵,贵贱高下。

20. 词不达意,意气用事,事关重大,大放厥词。

21. 本枝百世,世外桃源,原原本本。

22. 天怒人怨,怨天尤人,人杰地灵,灵机一动,动心忍性,性命关天。

23. 间不容发,发扬光大,大义灭亲,亲密无间。

24. 风吹雨打,打抱不平,平心而论,论功行赏,赏心悦目,目中无人,人去楼空,空穴来风。

25. 心想事成,成千上万,万众一心。

26. 人山人海,海阔天空,空前绝后,后继有人。

27. 百废待兴,兴师动众,众口铄金,金榜题名,名垂后世,世道人心,心术不正,正经八百。

28. 春暖花开,开诚布公,公明正大,大地回春。

二、重点成语释义

清风明月　只与清风、明月为伴。比喻不随便结交朋友,也比喻清闲无事。

月朗星稀　皓月当空,星星稀少。

稀世之宝　稀世:世所稀有。世上稀有的珍宝。

宝刀未老　形容人到老年还依然威猛,不减当年。

老马识途　老马认识路。比喻有经验的人对事情比较熟悉。

清心寡欲　清:清净;寡:少;欲:欲望,需求。表示保持心地清净,减少欲念。

欲罢不能　欲:想;罢:停,歇。表示想停止也不能停止。

能工巧匠　指工艺技术高明的人。

匠心独运　匠心:工巧的心思。表示独创性地运用精巧的心思。

运用自如　运用得非常熟练自然。

含沙射影　传说一种叫蜮的动物,在水中含沙喷射人的影子,使人生病。比喻暗中攻击或陷害人。

影影绰绰　模模糊糊,不真切。

含辛茹苦　辛:辣;茹:吃。形容忍受辛苦或吃尽辛苦。

苦口婆心　比喻善意而又耐心地劝导。

西子捧心　指美女之病态,愈增其妍。

心猿意马　心意好像猴子跳、马奔跑一样控制不住。形容心里东想西想,安静不下来。

马革裹尸　马革:马皮。用马皮把尸体裹起来。指英勇牺牲在战场。

尸位素餐　尸位:空占职位,不尽职守;素餐:白吃饭。空占着职位而不做事,白吃饭。

餐风宿雨　形容旅途或野外生活的艰苦。

雨露之恩　滋生万物的雨露的恩情。比喻恩泽、恩情。

得陇望蜀　陇:指甘肃一带;蜀:指四川一带。表示已经取得陇右,还想攻取西蜀。比喻贪得无厌。

蜀犬吠日　蜀:四川省的简称;吠:狗叫。原意是四川多雨,那里的狗不常见太阳,出太阳就要叫。比喻少见多怪。

日上三竿　太阳升起有三根竹竿那样高。形容太阳升得很高,时间不早了。也形容人起床太晚。

竿头直上　比喻进步很快。

悬崖勒马　悬崖:高而陡的山崖;勒马:收住缰绳,使马停步。表示在高高的山崖边上勒住马。比喻到了危险的边缘及时清醒回头。

柳绿桃红　桃花嫣红,柳枝碧绿。形容花木繁盛、色彩鲜艳的春景。

红颜薄命　红颜:美女的容颜;薄命:命运不好。旧时指女子容貌美丽但遭遇不好(多指早死、寡居或丈夫不好)。

命在旦夕　旦夕:早晚之间,形容极短的时间。生命垂危,很快会死去。

马到成功　形容工作刚开始就取得成功。

优等生必玩的成语游戏 —— 从此出口成章

功成名就　功：功业；就：达到。功绩取得了,名声也有了。
就事论事　按照事物本身的性质来评定是非得失。现常指仅从事物的表面现象孤立、静止、片面地议论。
事必躬亲　躬亲：亲自。表示不论什么事一定要亲自去做,亲自过问。形容办事认真,毫不懈怠。
马马虎虎　指还过得去。也形容做事不认真,不仔细。
虎口余生　老虎嘴里幸存下来的生命。比喻逃脱极危险的境地侥幸活下来。
生花妙笔　比喻杰出的写作才能。
笔走龙蛇　形容书法生动而有气势。
暮气沉沉　暮气：黄昏时的烟霭；沉沉：低沉。形容精神萎靡不振,缺乏朝气。
沉鱼落雁　鱼见之沉入水底,雁见之降落沙洲。形容女子容貌美丽。
雁过留声　比喻留名声于身后。
声东击西　声：声张。指造成要攻打东边的声势,实际上却攻打西边,这是使对方产生错觉以出奇制胜的一种战术。
西窗剪烛　原指思念远方妻子,盼望相聚夜语。后泛指亲友聚谈。
暮鼓晨钟　佛教规矩,寺里晚上打鼓,早晨敲钟。比喻可以使人警觉醒悟的话。
钟灵毓秀　钟：凝聚,集中；毓：养育。表示凝聚了天地间的灵气,孕育着优秀的人物。指山川秀美,人才辈出。
秀外慧中　秀：秀丽；慧：聪明。形容外表秀丽,内心聪明。
中外合璧　中西合璧。
璧坐玑驰　形容文章的语言精彩美妙。
恩将仇报　拿仇恨回报所受的恩惠。指忘恩负义。
报仇雪恨　雪：洗刷掉。表示报冤仇,除仇恨。
恨之入骨　形容痛恨到极点。
骨肉相残　比喻自相残杀。
残花败柳　残：凋残；败：衰败。表示凋残的柳树,残败了的花。旧时用于比喻生活放荡或被蹂躏遗弃的女子。
恩断义绝　恩：恩情；义：情义。感情破裂。多指夫妻离异。
生离死别　分离好像和死者永别一样。指很难再见的离别或永久的离别。
别有用心　用心：居心,打算。表示心中另有算计。指言论或行动另有不可告人的企图。
心不在焉　心思不在这里。指思想不集中。
环肥燕瘦　形容女子形态不同,各有各好看的地方；也借喻艺术作品风格不同,而各有所长。
瘦骨嶙峋　形容人或动物消瘦露骨。
郊寒岛瘦　本指孟郊、贾岛等诗人简啬孤峭的诗歌风格；后用于形容诗文类似的意境。
瘦羊博士　指能克己让人的人。
冰天雪地　形容冰雪漫天盖地。
地广人稀　地方大,人烟少。

第二部分　特殊式接龙

正大光明　心怀坦白，言行正派。
明目张胆　明目：睁亮眼睛；张胆：放开胆量。原指有胆识，敢作敢为；后形容公开放肆地干坏事。
胆战心惊　战：发抖。形容非常害怕。
正本清源　正本：从根本上整顿；清源：从源头上清理。比喻从根本上加以整顿清理。
源远流长　源头很远，水流很长。比喻历史悠久。
胆大包天　形容胆子极大。
天高地厚　原形容天地的广大，后形容恩德极深厚；也比喻事情的艰巨、严重，关系的重大。
厚德载物　旧指道德高尚者能承担重大任务。
胆小如鼠　胆子小得像老鼠。形容非常胆小。
鼠目寸光　形容目光短浅，没有远见。
光天化日　光天：最大的天，大白天；化日：生长万物的太阳。原形容太平盛世，后比喻大家看得非常清楚的场合。
堂而皇之　形容公然毫不隐讳地（多含贬义）。
塞北江南　原指古凉州治内贺兰山一带；后泛指塞外富庶之地。
南腔北调　原指戏曲的南北腔调。现形容说话口音不纯，掺杂着方言。
调虎离山　设法使老虎离开原来的山冈。比喻用计使对方离开原来的地方，以便乘机行事。
山盟海誓　盟：盟约；誓：誓言。指男女相爱时立下的誓言，表示爱情要像山和海一样永恒不变。
誓不两立　誓：发誓。发誓不与敌人并存。指双方仇恨极深，不能同时存在。
立足之地　站脚的地方。也比喻容身的处所。
地老天荒　指经历的时间极久。
物换星移　物换：景物变幻；星移：星辰移位。表示景物改变了，星辰的位置也移动了。比喻时间的变化。
移风易俗　移：改变；易：变换。表示改变旧的风俗习惯。
俗不可耐　俗：庸俗；耐：忍受得住。表示庸俗得使人受不了。
耐人寻味　耐：禁得起；寻味：探索体味。表示意味深长，值得人仔细体会琢磨。
流芳百世　好的名声永远流传下去。
见死不救　看见人家有急难而不去救援。
救死扶伤　抢救生命垂危的人，照顾受伤的人。现形容医务工作者全心全意为人民服务的精神。
伤心惨目　伤心：使人心痛；惨目：惨不忍睹。形容非常悲惨，使人不忍心看。
目不忍见　形容景象极其悲惨。
博闻辩言　博：多；闻：传闻；辩言：巧言。形容道听途说，似是而非的言论。
言行不一　说的是一套，做的又是另外一套。
一臂之力　臂：胳膊。指一部分力量或不大的力量。表示从旁帮一点忙。

优等生必玩的成语游戏——从此出口成章

力不从心 心里想做,可是力量不够。
心口不一 心里想的和嘴上说的不一样。形容人的虚伪、诡诈。
一枝独秀 其他花没有开放,只有这一枝在开着。比喻技高一筹,优势明显。
秀水明山 山光明媚,水色秀丽。形容风景优美。
山中宰相 比喻隐居的高贤。
相与为一 相与:相互。表示相互结合成为一体。
立功赎罪 以立功来抵偿罪过。
罪恶滔天 滔天:漫天,弥天。形容罪恶极大。
老成持重 办事老练稳重,不轻举妄动。
下笔千言 千言:长篇大论。形容文思敏捷,写作迅速。
言之有物 物:内容。表示文章或讲话有具体内容。
物离乡贵 物品离产地越远越贵重。
贵贱高下 指人的社会地位高低不同。
词不达意 词:言词;意:意思。指词句不能确切地表达出意思和感情。
意气用事 意气:主观偏激的情绪;用事:行事。表示缺乏理智,只凭一时的想法和情绪办事。
事关重大 事情关系着大局,非常重要。
大放厥词 厥:其,他的;词:文辞,言辞。原指铺张辞藻或畅所欲言;现用来指大发议论。
本枝百世 指子孙昌盛,百代不衰。
世外桃源 原指与现实社会隔绝、生活安乐的理想境界;后也指环境幽静生活安逸的地方。
原原本本 源头和根本。多用于指事情的始末。
天怒人怨 天公震怒,人民怨恨。形容为害作恶非常严重,引起普遍的愤怒。
怨天尤人 天:天命,命运;尤:怨恨,归咎。指遇到挫折或出了问题,一味报怨天,责怪别人。
人杰地灵 杰:杰出;灵:好。指有杰出的人降生或到过,其地也就成了名胜之区。
灵机一动 急忙中转了一下念头(多指临时想出了一个办法)。
动心忍性 动心:使内心惊动;忍性:使性格坚韧。指不顾外界阻力,坚持下去。
性命关天 犹言性命交关。形容关系重大,非常紧要。
大义灭亲 大义:正义,正道;亲:亲属。表示为了维护正义,对犯罪的亲属不徇私情,使其受到应得的惩罚。
风吹雨打 原指花木遭受风雨摧残。比喻恶势力对弱小者的迫害。也比喻严峻的考验。
平心而论 平心:心情平和,不动感情;论:评论。表示平心静气地给予客观评价。
目中无人 眼里没有别人。形容骄傲自大,看不起人。
人去楼空 人已离去,楼中空空。比喻故地重游时睹物思人的感慨。
空穴来风 有了洞穴才进风。比喻消息和谣言的传播不是完全没有原因的,也比喻流言乘机会传开来。

心想事成 心中所期待的事情真的实现了；或心有所想，事情就一定会成功的。
成千上万 形容数量很多。
万众一心 千万人一条心。形容团结一致。
人山人海 人群如山似海。形容人聚集得非常多。
海阔天空 像大海一样辽阔，像天空一样无边无际。形容大自然的广阔。比喻言谈议论等漫无边际，没有中心。
空前绝后 从前没有过，今后也不会再有。夸张性地形容独一无二。
后继有人 有后人继承前人的事业。
百废待兴 废：被废置的事情；待：等待；兴：兴办。表示许多被搁置的事情等着要兴办。
兴师动众 兴：发动；众：大队人马。旧指大规模出兵；现多指动用很多人力做某件事。
名垂后世 好名声流传给后代。
世道人心 社会的风气，人们的思想。
心术不正 指人用心不忠厚，不正派。
正经八百 正经的，严肃认真的。也有名副其实的含义。
春暖花开 本指春天气候宜人，景物优美；现也比喻大好时机。
公明正大 公正无私，光明磊落。
大地回春 指冬去春来，草木萌生，大地上出现一片生机景象。有时也用于比喻形势好转。

三、成 语 故 事

【老马识途】

老马识途又叫识途老马，意为老马认识曾经走过的道路。比喻对某种事物熟悉或有经验的人。

齐国从一个小国家发展成雄霸一方的霸主国家，中原各国对其都深为忌惮，也少有国家敢去侵犯齐国。但是在边远的地区，居住着某些少数民族，他们可不这么看齐国。

有一天，正当齐桓公和管仲两人谈论事情的时候，有人来报，燕国被一个名叫山戎的少数民族抢夺了一些财物、粮食等物品，现在来齐国求援。齐桓公问身边的管仲："你觉得怎么做才好？"管仲回答道："山戎这个民族，不时就会侵犯中原国家，始终是一个忧患。我们何不趁这次机会，把它一次平复。"齐桓公听完觉得很有道理，于是派大军前往燕国救援。

等齐国军队到了燕国，山戎早已经带着抢的东西一起跑掉了。齐桓公问管仲的意见：

优等生必玩的成语游戏 —— 从此出口成章

"你觉得我们还要不要再追下去呢?"管仲回答道:"为了中原的长治久安,我们还是应该追上去,把他们一网打尽。"齐桓公听从了管仲的意见,下令命军队继续追赶。此时燕国的君主燕庄公向齐桓公说道:"有一个叫无终国的国家,和山戎有仇,而且他们就在这附近,我们不如联合他们一起攻打山戎。"于是,齐桓公派人去传信,很快无终国便派了一支军队前来支援。

山戎的首领密卢听说齐国、燕国和无终国要一起来攻打他,心知不妙,于是甩下山戎的百姓和士兵,只带着几个亲信和金银财宝跑了。齐桓公并没有对百姓和俘虏的士兵大开杀戒,而是下令大军不许伤害他们。山戎的百姓和士兵都很感激齐桓公给他们留了一条生路。齐桓公询问他们:"你们知道密卢逃往哪个方向了吗?"他们说密卢应该是去孤竹国了。

他们猜对了,密卢确实是跑到孤竹国求援了。孤竹国的君主答里呵派出大将黄花前去与齐军战斗。但是黄花却打了败仗,狼狈不堪地逃了回去。黄花见齐军这么厉害,于是向答里呵建议道:"齐国的军队很强大,如果我们现在和他们对战,可能对我们不利。现在齐军只不过是想抓捕密卢,只要我们把密卢的头颅献给齐国,我方定能自保。"

这时旁边的另一位大臣说道:"在北方,有个叫'瀚海'的地方,当地人又称它为'迷谷',因为那个地方是一望无际的沙漠。如果齐军进入那里,就会辨识不了方向,更别说走出来了。等到了晚上,那里奇冷无比,就算不冻死也会被饿死。这样我们不用费一兵一卒,就能把齐军一举歼灭。"

答里呵一听,觉得这是个不错的主意。于是便令黄花去取下密卢的首级,然后带他去向齐军求和。黄花到达齐军后,便表明来意:"如今答里呵率军逃跑了,我今日把密卢的头颅带来献给齐军,希望看在我这么有诚意的份上,能允许我归顺齐国。而且我知道答里呵逃跑的线路,我能带你们去追击他。"

齐桓公相信了他,并跟着他进入了沙漠。走了一段时间,齐桓公发现有点不对劲,就想找黄花问一问,这才发现刚刚还在他旁边的黄花已不知所踪,齐桓公知道自己中计了。

这时太阳已经开始慢慢西落了,士兵们都明显感觉到气温越来越低。到晚上的时候,大风吹得他们直哆嗦。终于熬到天亮,发现大军已经涣散不堪了,齐桓公急得不知道该怎么办。这时管仲出主意说,老马一般能认识走过的路。于是在齐桓公的同意之下,挑选了几匹老马,让它们走在队伍的最前面,军队跟着它们走,看能不能找到出去的路。慢慢地,他们终于在老马的带领下,走出了迷谷。

【马革裹尸】

马革裹尸指用马皮把尸体包裹起来。一般用来指军人战死于沙场,形容为国作战,决心为国捐躯的意志。

马援,东汉名将,英勇善战的他,不仅为东汉的创建立下了汗马功劳,还在之后的边境动乱中,亲自出战平定,是东汉开国功臣之一。公元41年,马援因功被汉世祖刘秀封为伏波将军。

第二部分　特殊式接龙

　　有一次，马援的亲友们听说马援打了胜仗，已经回到京城洛阳，便一起去他家祝贺。在这些人当中，有一个叫孟翼的谋士，上前祝贺马援，并对他说了几句恭维的话。谁料想，马援听到他恭维自己后，很严肃地对他说："孟先生，我知道您是个聪明的谋士，以为您不会和他们一样只知道夸奖我，会对我说一些独到见解，教我一些不知道的事情，您怎么就轻易地随波逐流了呢？"孟翼顿时语塞，当下觉得很羞愧。

　　马援又说："西汉汉武帝时期，大将军路博德立下大功，汉武帝封他做伏波大将军，封地几百户。现在我所做的事微不足道，远远比不上大将军路博德，但是我也被封为伏波大将军，还封地三千户。接下来我怎样长久保持之前的状态呢？孟先生，这方面的事情你为什么不教教我呢？"孟翼不知如何回答。

　　马援接着说："现在北方的匈奴和乌桓仍然在骚扰我国的边境，我要做一个有志男儿，已经打算向朝廷申请去往边境战场做先锋。有志男儿不就应该为国捐躯、战死疆场吗？死了之后，尸体只需要用马的皮革包裹着带回来埋葬就好。怎么能在儿女身边死去呢？"

　　孟翼听后，对马援的报国热情深深地感动了，感叹道："将军，您真是一个有气节和壮志的人啊。"

　　建武24年，五溪少数民族领袖相单程带领军队造反，汉世祖刘秀派兵前去平定，结果吃了大败战，全军覆没。马援再一次主动请缨，但是刘秀考虑马援年事已高，于是没把他放在考虑范围。马援等不及，直接进宫拜见刘秀。他在刘秀面前表演骑术，希望能证明自己不论是作战身手还是精神状态，都是很好的，不会耽误自己再上战场。刘秀一看他不减当年，也就同意了让62岁的马援率军远征。

　　建武25年，马援在壶头山受到阻碍，那里的水流湍急，船只很难前行，再加上当时天气炎热，很多士兵得病而死，马援也没有逃过此难。

【力不从心】

　　力不从心中的"力"表示力量、能力，而"从"表示依从、顺从。这个成语的意思是心里想做某事，但是力量不够。

　　"力不从心"经常容易和"无能为力"搞混，虽然原因都是因为能力或者力量不够，但"力不从心"侧重指心里想做，但力量不够；而"无能为力"则没有心里想做这层意思。

　　东汉时期，著名的军事家和外交家班超在开拓和维持汉代与西域的关系、促进民族融合方面做出了重大贡献。在选择自己的人生道路时，他没有选择与父亲班彪（史学家）、大哥班固（《汉书》的编撰者）和妹妹班昭（史学家）一样的文仕道路，而是选择投笔从戎，投身于为汉朝稳固边疆的事业中。

　　那时候北方的匈奴在汉朝边境不时兴风作浪，还用武力去统治西域的一些弱小国家。公元73年，汉明帝刘庄不堪烦扰，为了边境安宁，决定联合西域各国共同抵御匈奴的侵犯。

优等生必玩的成语游戏——从此出口成章

在慎重考虑之后，汉明帝派班超出使西域。这一去就是将近三十年，在这段时间，班超克服了种种艰险困难，最终使北部边境从此安定。朝廷为了表彰他的丰功伟绩，封他为定远侯。

当班超年近70岁时，身体已大不如前，此时他非常想念故土。于是他写了一封奏折呈给汉和帝刘肇，希望汉和帝能在他有生之年把他调回玉门关内，再看一眼记忆中的故土。

一起上书的还有班超的妹妹班昭，她在奏折中写道："我的兄长班超，出使西域将近三十年，因立下一点功劳，受到了陛下的特殊恩宠。兄长班超在出使西域这段时间，就算是牺牲自己的性命，也要报效陛下。现在我们一家人已经分开三十年了，当初与班超一同出使西域的人，都已经死了。兄长班超的年纪是这些人中间最年长的，现在他70岁了，满头的白发，左右手都不听他的使唤了，听力也降低很多，眼睛也花了，出门走路也需要靠拐杖。假如这时候发生意外的边境事件，兄长怕是力不从心了。这样不仅会损害国家世世代代所累积的功绩，也会损害忠臣这辈子所做的努力，这将多么让人痛心啊。所以兄长班超诚恳地请求也期盼着能回国。到现在三年了，这个请求都没有被采纳。我听说15岁参军，60岁就可以回家休息了。所以我现在冒死上书请求皇上恩准在班超所剩不多的时间里，让他能活着回来。"

汉和帝读完班昭的奏折后，被深深地感动了，立即下诏，将班超从西域调回洛阳。班超回到洛阳之后，旧病复发，不久就病逝了，终年71岁。

【世外桃源】

世外桃源比喻理想中环境幽静、不受外界影响、生活安逸的地方。现用来比喻一种虚幻的超脱社会现实的安乐美好的境界。

东晋陶渊明就在《桃花源记》中描述了一个与世隔绝、没有战乱、没有纷争、保留着人们心中最初美好的地方。在年轻的时候，陶渊明有着"大济苍生"之志，但是当时他所处的东晋王朝对内贪污腐败，赋税徭役繁重，人们被极度剥削；对外又软弱不堪，国家动乱不止，濒临崩溃。再加上当时东晋王朝对贵族官僚等授以特权，一味包庇，基本上中层或底层的人几乎不能施展才能，像陶渊明这样家里只出过一位做太守官职的人，是没办法实现抱负的。之后他当上了彭泽县的县令，但是他的耿直、廉正清明和不愿卑躬屈膝、攀附权贵的性格，注定他与污浊的现实社会有着尖锐的矛盾。义熙元年（公元405年），陶渊明坚决地辞去了上任仅81天的彭泽县令，找到他心中的田园，从此归隐。

陶渊明对当下政权心存不满，却无能力去改变，在这样的背景下，他写出了《桃花源记》，把自己满腔的政治抱负和向往的美好环境都写在里面。

《桃花源记》讲述的是在东晋桃园年间，有一个武陵的当地人，以捕鱼为生。有一天，他划着船，沿着溪水向前走，也不知道自己划了多远。忽然他看到前方有一片桃树林。桃树布满溪水两侧的岸边，长达数百步。在这其中没有别的树，芳草鲜香艳丽，落花纷纷飘落。这位捕鱼者感到很奇怪。于是他继续往前划,想走到这片桃林的尽头。

等划船到了溪水的发源地,也就到了桃林的尽头,看见了一座小山,山上有一个小口,洞口似乎有光亮。捕鱼者下船,进入洞口。刚开始进入山洞,感觉山洞很狭窄,只能容一个人通过;当走了数十步,突然豁然开朗,映入眼帘的是一片平坦宽广的土地,房舍建筑整整齐齐,还有肥沃的田地、美丽的池沼和种植的桑树、竹林这类的植物。田间小路交错相通,可以听到各处的鸡鸣狗叫声。人们在田野里来往穿梭,耕种劳作,男女的穿着打扮跟桃花源以外的人没什么区别。老人和小孩都怡然自乐,一片安乐祥和的氛围。

村上有一个人看见了渔夫,惊讶道:"你是从哪儿来的?"渔夫把他的情况一一向他们表明。村上的人很热情地邀请他去自己家吃饭,拿出酒,并杀鸡来款待他。村上的人听说来了这么一个人,都跑来打听消息。村上的人说他们的祖先为了躲避秦时战乱,领着自己的妻子儿女和乡邻们来到这个与世隔绝的地方,便再也没有出去过,从此与村外的人断了来往。大家都问渔夫现在是什么朝代,他们不知道有过汉朝,更别说魏晋南北朝了。渔夫把自己所知道的事都详细地告诉了他们。听完,他们都感叹惋惜。接下来,其他村民都纷纷请渔夫去家中做客,拿出美酒和美食来款待他。渔夫在桃花源逗留了几天后,便向村里人告辞。村民希望他不要把这里的事情告诉别人。

渔夫找到自己的船后,就沿着来时的路回去,每隔一处就做个记号。等他到了郡城,立马去拜见太守,把这番经历告诉他。太守立即派人随着他去寻找先前所做的记号,但是发现那些记号都消失了,而通往桃花源的路也找不到了。

第三部分　虎踞龙盘

虎踞接龙：成语接龙的形式左右摇摆，花样百出，各具特色。
龙盘接龙：成语接龙的形式为螺旋形，像一条盘着的龙。

一、接龙游戏

1. 图 3-1 所示的接龙游戏中，龙眼已经给出，请将接龙方阵补齐。
2. 图 3-2 所示的接龙游戏中，龙眼已经给出，请将接龙方阵补齐。

图 3-1

图 3-2

3. 图 3-3 所示的接龙游戏中，请找出接龙方阵的龙眼。
4. 图 3-4 所示的接龙游戏中，龙眼已经给出，请将接龙方阵补齐。

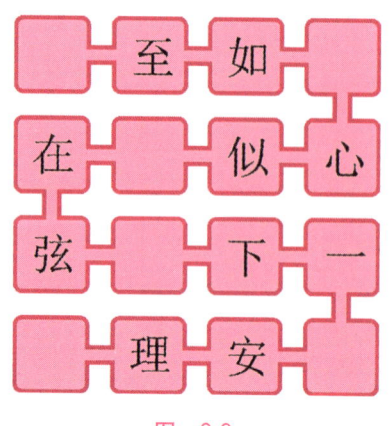

图 3-3

图 3-4

第三部分　虎踞龙盘

5. 图 3-5 所示的接龙游戏中，龙眼已经给出，请将接龙方阵补齐。
6. 从圆圈开始，将下面接龙游戏中的成语补齐。见图 3-6。

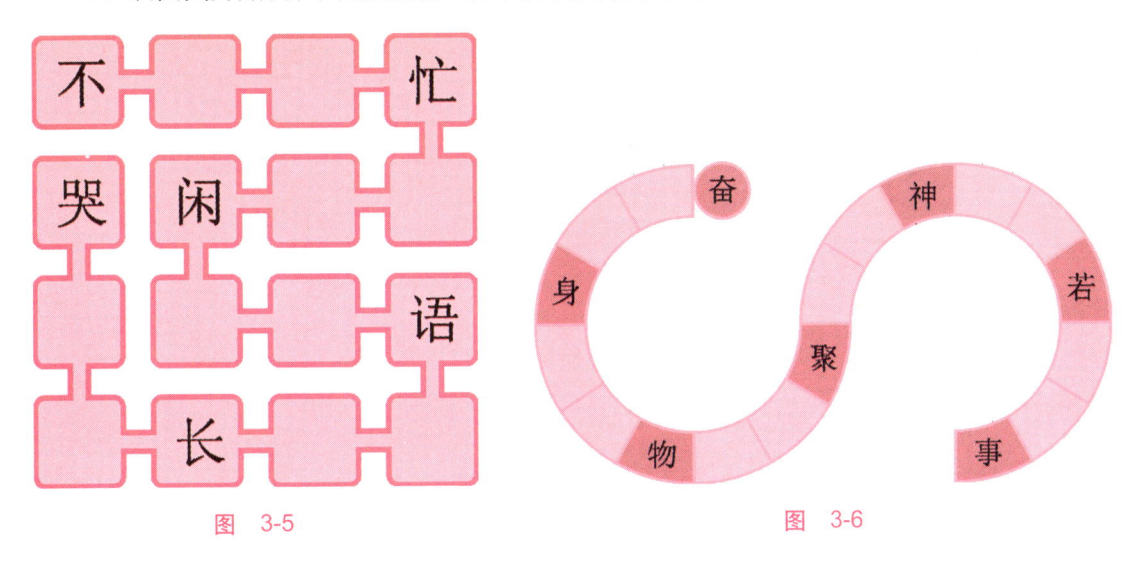

图 3-5　　　　　　　　　　　图 3-6

7. 请沿直线方向从上到下将下面接龙游戏中的成语补齐。见图 3-7。
8. 从上到下将下面接龙游戏中的成语补齐。见图 3-8。

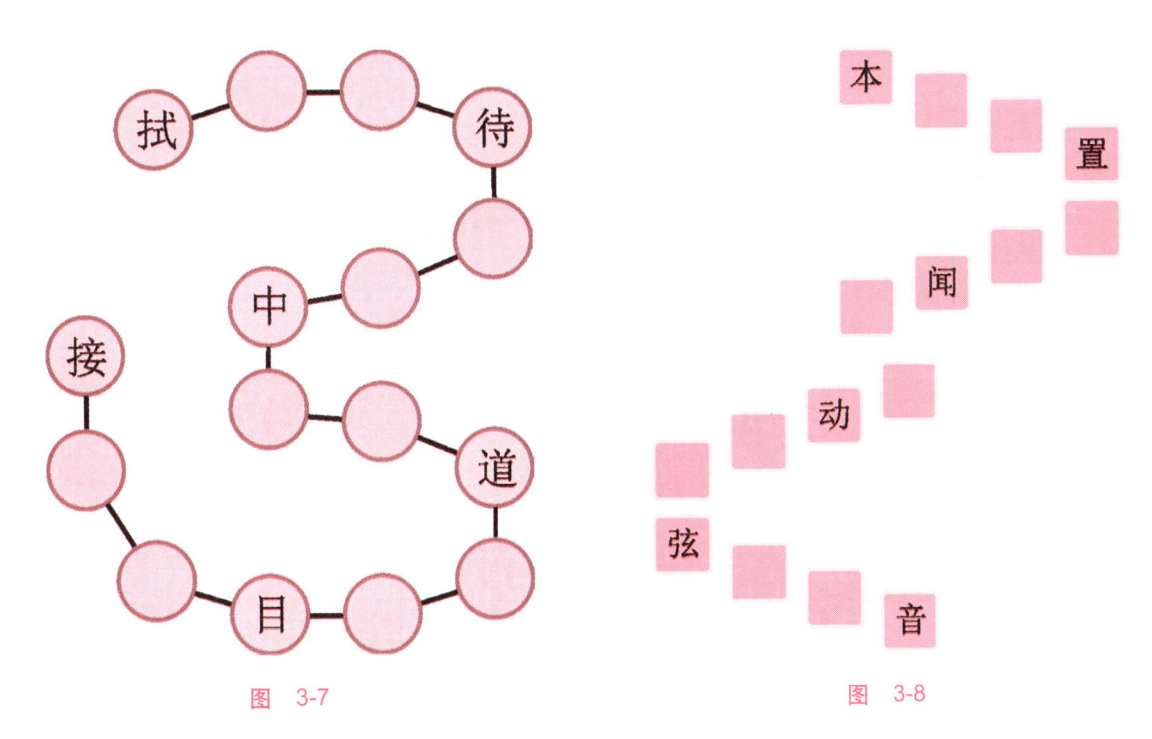

图 3-7　　　　　　　　　　　图 3-8

9. 从开口处按顺时针方向将图 3-9 所示接龙游戏中的成语补齐。
10. 从左上角的"琅"字开始，沿箭头方向将图 3-10 所示的成语接龙补齐。
11. 请沿箭头方向将图 3-11 所示的接龙游戏补齐。
12. 请将图 3-12 所示的接龙游戏补齐。

39

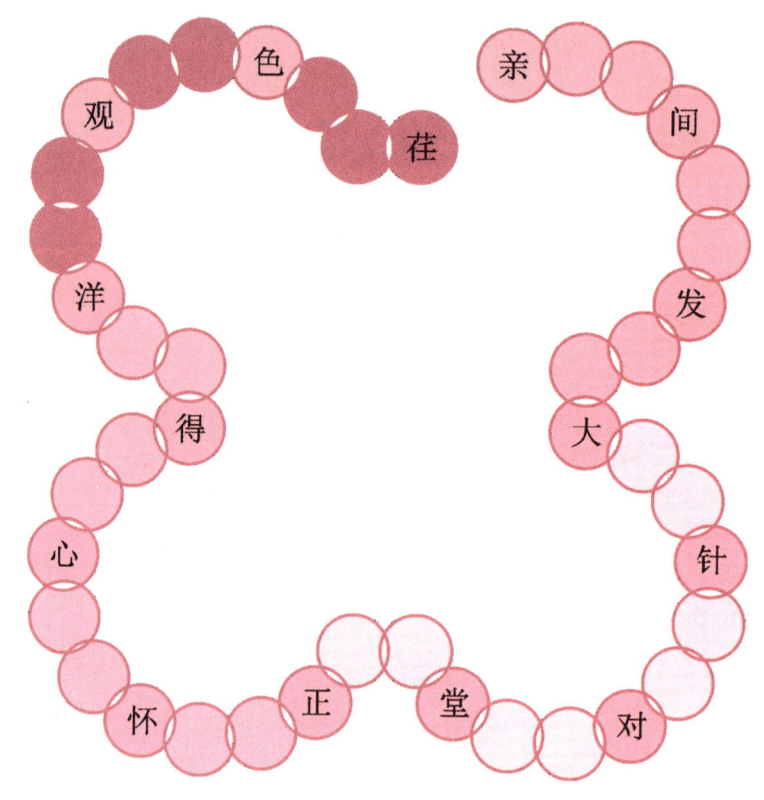

优等生必玩的成语游戏 —— 从此出口成章

图 3-9

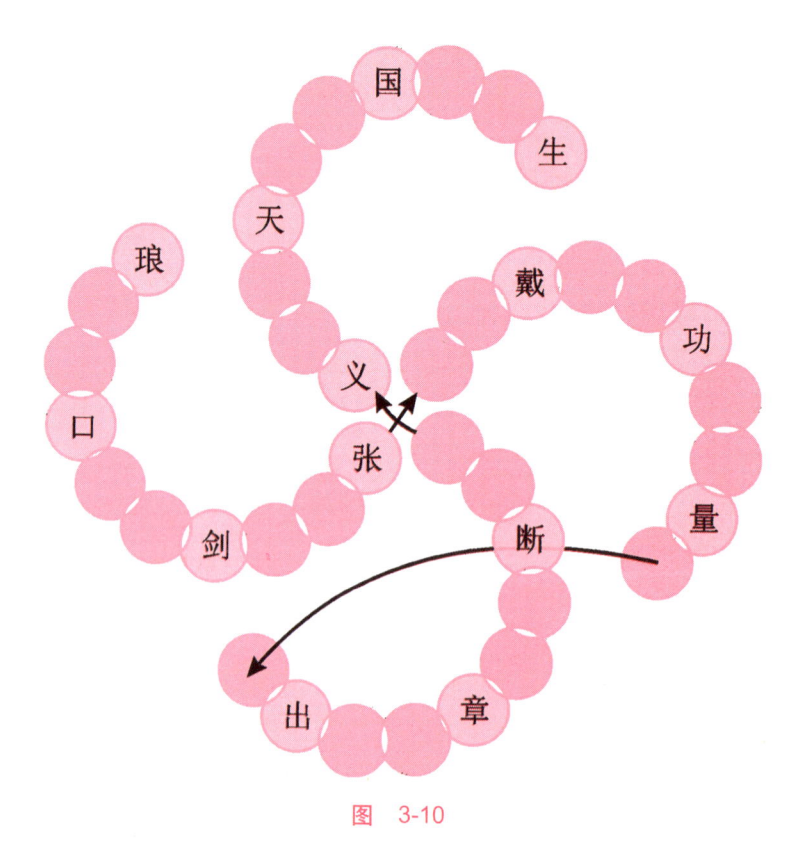

图 3-10

第三部分　虎踞龙盘

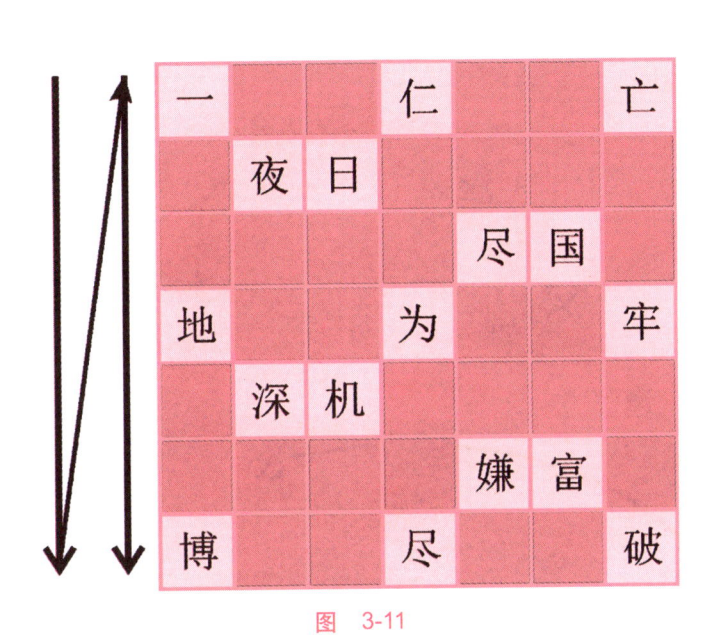

图 3-11

图 3-12

13．请将图 3-13 所示的接龙游戏补齐。

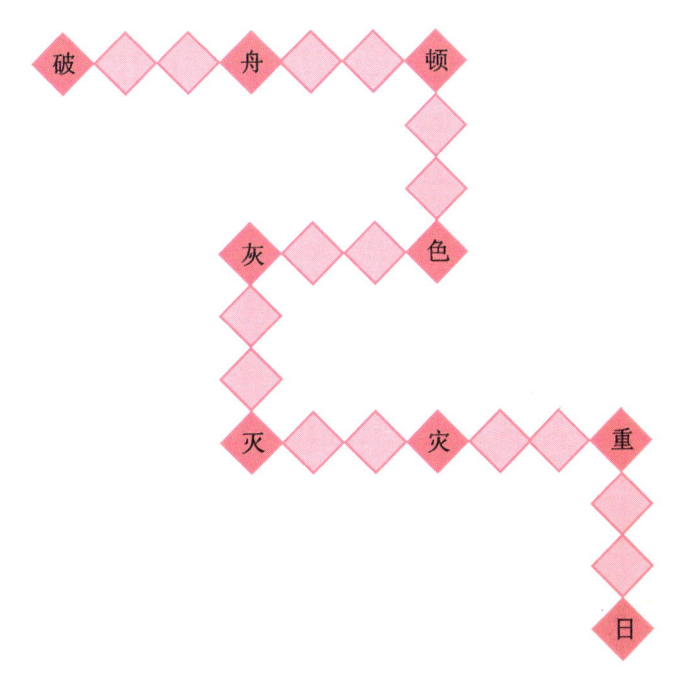

图 3-13

优等生必玩的成语游戏 —— 从此出口成章

14. 从左上角的圆圈开始,沿箭头方向将图 3-14 所示的成语接龙补齐。
15. 请将图 3-15 所示的成语接龙补齐。

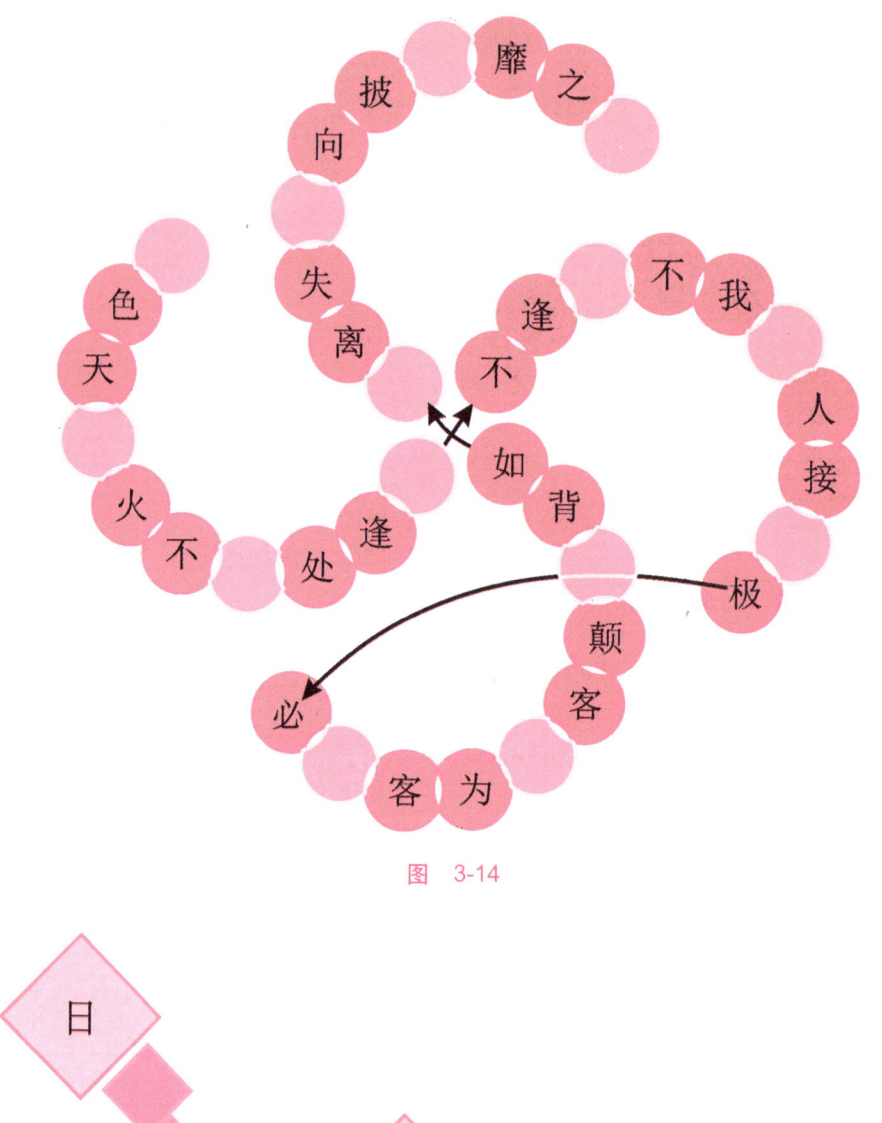

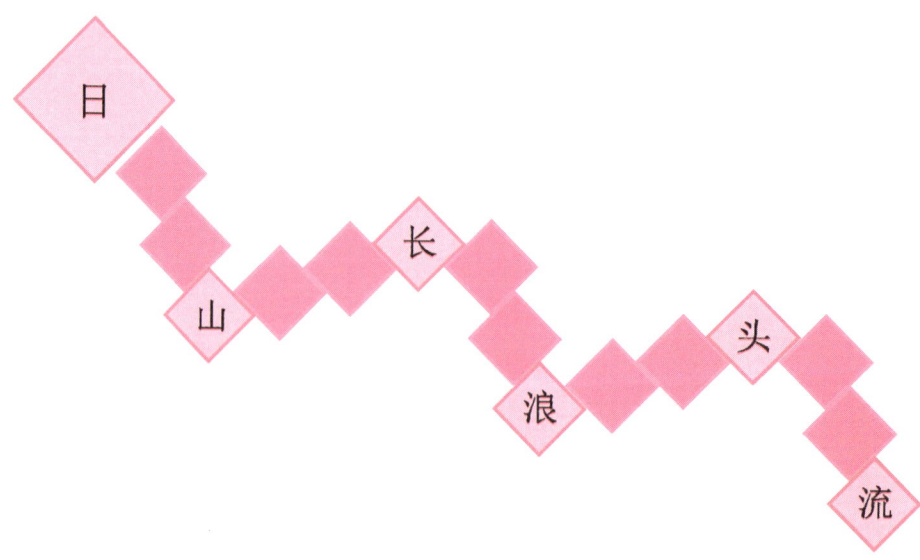

图 3-14

图 3-15

42

第三部分　虎踞龙盘

16．请将图 3-16 所示的接龙方阵的龙眼补齐。
17．请沿开口方向将图 3-17 所示接龙游戏中的成语补齐。

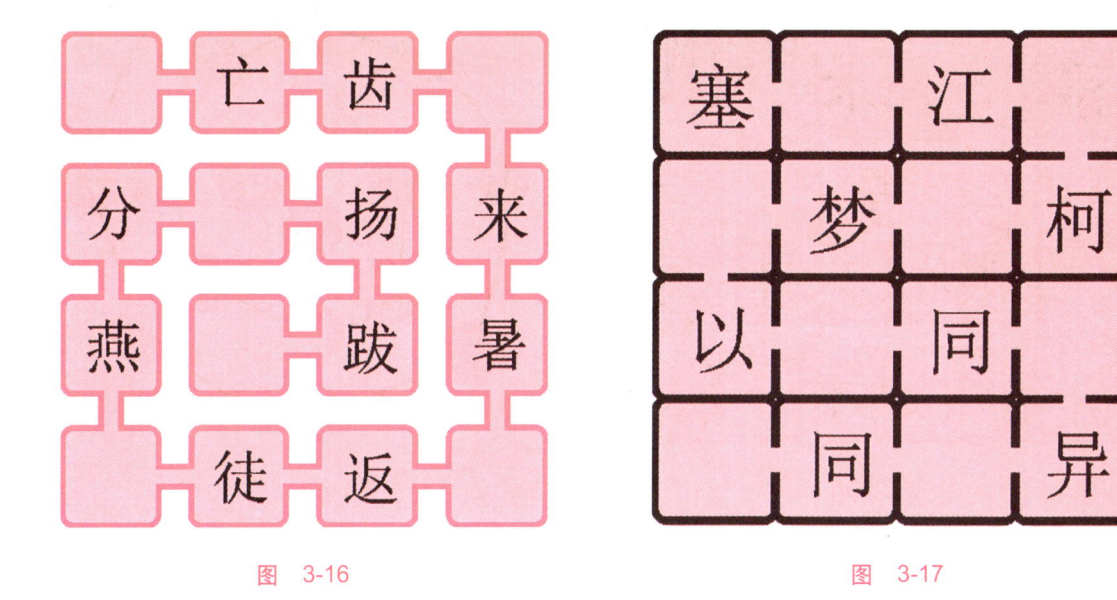

图 3-16

图 3-17

18．请沿开口方向将图 3-18 所示接龙游戏中的成语补齐。
19．从外向内将图 3-19 所示接龙游戏中的成语补齐。

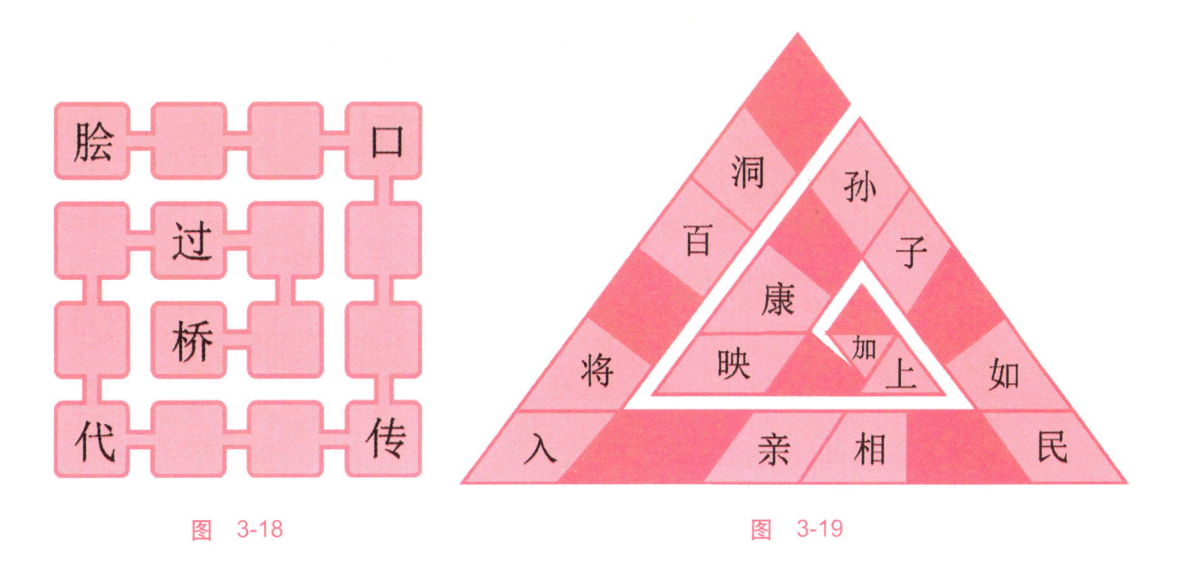

图 3-18

图 3-19

20．从外向内将图 3-20 所示接龙游戏中的成语补齐。
21．从外向内将图 3-21 所示接龙游戏中的成语补齐。

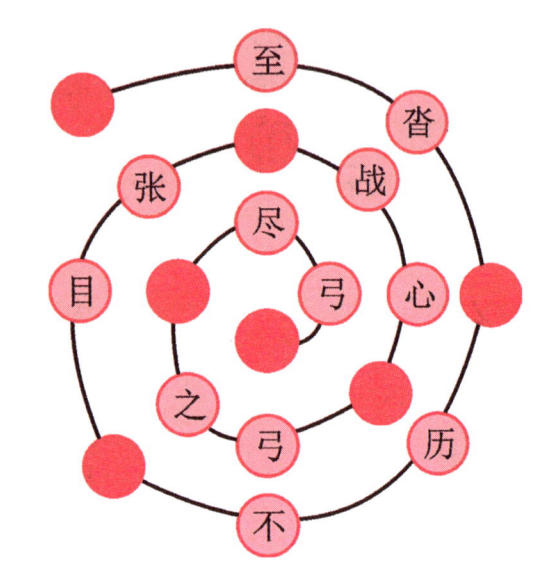

优等生必玩的成语游戏——从此出口成章

图 3-20

图 3-21

22．从外向内沿逆时针方向将图 3-22 所示的成语接龙补齐。

23．从外向内将图 3-23 所示接龙游戏中的成语补齐。

图 3-22

图 3-23

24．从外向内将图 3-24 所示接龙游戏中的成语补齐。

25．从外向内将图 3-25 所示接龙游戏中的成语补齐。

26．从外向内将图 3-26 所示接龙游戏中的成语补齐。

27．沿顺时针方向将图 3-27 中的接龙游戏补齐。

28．从"神"字开始，沿顺时针方向，由外向内将图 3-28 中的接龙游戏补齐。

29．从外向内将图 3-29 所示接龙游戏中的成语补齐。

第三部分　虎踞龙盘

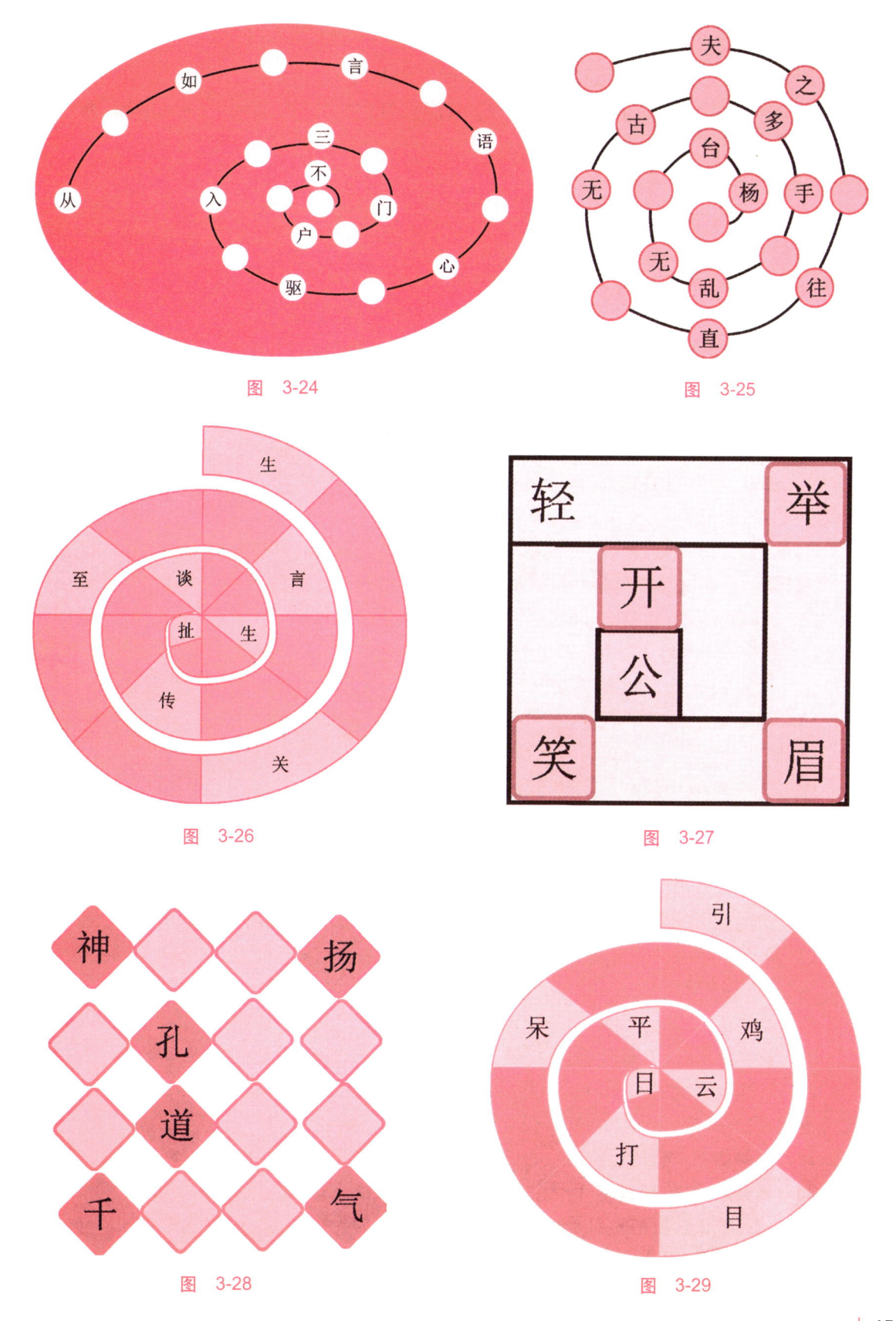

图 3-24

图 3-25

图 3-26

图 3-27

图 3-28

图 3-29

45

答案：

1．左右逢源，源源不断，断章取义，义结金兰，兰桂齐芳。

2．无迹可寻，寻花问柳，柳暗花明，明镜高悬，悬壶问世，世风日下，下笔如神，神气活现，现身说法，法海无边。

3．宾至如归，归心似箭，箭在弦上，上下一心，心安理得。

4．大器晚成，成年累月，月黑风高，高风亮节，节哀顺变，变化无常，常胜将军，军令如山，山珍海味，味同嚼蜡。

5．不慌不忙，忙里偷闲，闲言闲语，语重心长，长歌当哭。

6．奋不顾身，身外之物，物以类聚，聚精会神，神色自若，若无其事。

7．拭目以待，待字闺中，中庸之道，道路以目，目不暇接。

8．本末倒置，置若罔闻，闻风而动，动人心弦，弦外之音。

9．亲密无间，间不容发，发扬光大，大海捞针，针锋相对，对簿公堂，堂堂正正，正中下怀，怀恨在心，心安理得，得意洋洋，洋洋大观，观形察色，色厉内荏。

10．郎朗上口，口蜜腹剑，剑拔弩张，张冠李戴，戴罪立功，功德无量，量入为出，出口成章，章决句断，断章取义，义薄云天，天府之国，国计民生。

11．一败涂地，地大物博，博大精深，深更半夜，夜以继日，日理万机，机关算尽，尽力而为，为富不仁，仁至义尽，尽释前嫌，嫌贫爱富，富可敌国，国破家亡，亡羊补牢，牢不可破。

12．流离失所，所见略同，同病相怜，怜香惜玉，玉洁冰清。

13．破釜沉舟，舟车劳顿，顿足失色，色如死灰，灰飞烟灭，灭顶之灾，灾难深重，重见天日。

14．国色天香，香火不绝，绝处逢生，生不逢时，时不我待，待人接物，物极必反，反客为主，主客颠倒，倒背如流，流离失所，所向披靡，靡靡之音。

15．日薄西山，山高水长，长风破浪，浪子回头，头破血流。

16．唇亡齿寒，寒来暑往，往返徒劳，劳燕分飞，飞扬跋扈。

17．塞上江南，南柯一梦，梦寐以求，求同存异，异曲同工。

18．脍炙人口，口口相传，传宗接代，代人受过，过河拆桥。

19．漏洞百出，出将入相，相亲相爱，爱民如子，子子孙孙，孙康映雪，雪上加霜。

20．呕心沥血，血气方刚，刚柔相济，济世之才，才高八斗，斗转星移，移花接木，木已成舟，舟车劳顿，顿足不前。

21．纷至沓来，来历不明，明目张胆，胆战心惊，惊弓之鸟，鸟尽弓藏。

22．监守自盗，盗亦有道，道不拾遗，遗臭万年，年富力强，强人所难，难解难分。

23．怦然心动，动之以情，情窦初开，开怀畅饮，饮水思源，源远流长，长篇大论，论功行赏，赏心悦目，目不暇接。

24．从谏如流，流言蜚语，语重心长，长驱直入，入木三分，分门别户，户枢不蠹。

25．匹夫之勇，勇往直前，前无古人，人多手杂，杂乱无章，章台杨柳。

26．生死攸关，关怀备至，至理名言，言归正传，传为美谈，谈笑风生，生拉硬扯。

27．轻而易举，举案齐眉，眉开眼笑，笑逐颜开，开诚布公。

28. 神采飞扬,扬眉吐气,气象万千,千疮百孔,孔孟之道。
29. 引人注目,目瞪口呆,呆若木鸡,鸡飞蛋打,打抱不平,平步青云,云开见日。

二、重点成语释义

左右逢源 逢：遇到；源：水源。即到处遇到充足的水源。原指赏识广博,应付自如。后也比喻做事得心应手,非常顺利。
源源不断 形容接连不断。
断章取义 指不顾全篇文章或谈话的内容,孤立地取其中的一段或一句的意思。
义结金兰 结交情投意合的朋友。
兰桂齐芳 兰桂：对他人儿孙的美称；芳：比喻美德、美声。旧指儿孙同时显贵发达。
无迹可寻 没有踪迹可以寻求。多指处事不着痕迹。
寻花问柳 花、柳：原指春景,旧时亦指娼妓。原指赏玩春天的景色。后旧小说用来指宿娼。
柳暗花明 垂柳浓密,鲜花夺目。形容柳树成荫、繁花似锦的春天景象。也比喻在困难中遇到转机。
明镜高悬 传说秦始皇有一面镜子,能照人心胆。比喻官员判案公正廉明。
悬壶问世 在社会上挂牌行医。原指作"悬壶",意即行医。
世风日下 指社会风气一天不如一天。
下笔如神 指写起文章来,文思奔涌,如有神力。形容文思敏捷,善于写文章或文章写得很好。
神气活现 自以为了不起而显示出来的得意和傲慢的样子。
现身说法 佛教用语。指佛力广大,能现出种种人相,向人说法。现指以亲身经历和体验为例来说明某种道理。
法海无边 佛教中比喻佛法广大如大海,无边无际。
宾至如归 宾：客人；至：到；归：回到家中。表示客人到这里就像回到自己家里一样。形容招待客人热情周到。
归心似箭 想回家的心情像射出的箭一样快。形容回家心切。
箭在弦上 箭已搭在弦上。比喻为形势所迫,不得不采取某种行动。
上下一心 上上下下一条心。
心安理得 得：适合。自以为做的事情合乎道理,心里很坦然。
大器晚成 大器：比喻大才。指能担当重任的人物要经过长期的锻炼,所以成就较晚。也用做对长期不得志的人的安慰话。
成年累月 成：整,累：积聚。指一年又一年,一月又一月。形容时间长久。
月黑风高 比喻没有月光风也很大的夜晚。比喻险恶的环境。
高风亮节 高风：高尚的品格；亮节：坚贞的节操。形容道德和行为都很高尚。
节哀顺变 抑制哀伤,顺应变故。用来慰唁死者家属的话。
变化无常 无常：没有常态。指事物经常变化,没有规律性。

优等生必玩的成语游戏——从此出口成章

常胜将军　每战必胜的指挥官。
军令如山　军事命令像山一样不可动摇。旧时形容军队中上级发布的命令,下级必须执行,不得违抗。
山珍海味　山野和海里出产的各种珍贵食品。泛指丰富的菜肴。
味同嚼蜡　像吃蜡一样,没有一点儿味。形容语言或文章枯燥无味。
不慌不忙　不慌张,不忙乱。形容态度镇定,或办事稳重、踏实。
忙里偷闲　在忙碌中抽出一点时间来做别的不重要的事,或者消遣。
闲言闲语　指不满意的话或没有根据的话。
语重心长　话讲得深刻有力,情意深长。
长歌当哭　长歌:长声歌咏,也指写诗;当:当作。表示用长声歌咏或写诗文来代替痛哭,借以抒发心中的悲愤。
奋不顾身　奋勇向前,不考虑个人安危。
身外之物　指财物等身体以外的东西,表示无足轻重的意思。
物以类聚　同类的东西聚在一起。指坏人彼此臭味相投,勾结在一起。
聚精会神　会:集中。原指君臣协力,集思广益。后形容精神高度集中。
神色自若　自若:如常,像原来的样子。表示神情脸色毫无异样。形容态度镇静。
若无其事　像没有那回事一样。形容遇事沉着镇定或不把事情放在心上。
拭目以待　拭:擦;待:等待。即擦亮眼睛等着瞧。形容期望很迫切,也表示确信某件事情一定会出现。
待字闺中　字:许配;闺:女子卧室。旧指女子成年待聘,即留在闺房之中,等待许嫁。
中庸之道　指不偏不倚、折中调和的处世态度。
目不暇接　指东西多,眼睛都看不过来。
本末倒置　本:树根;末:树梢;置:放。比喻把主次、轻重的位置弄颠倒了。
置若罔闻　置:放,摆;若:好像。表示放在一边,好像没有听见似的,即指不予理睬。
闻风而动　风:风声,消息。表示一听到风声,就立刻起来响应。
动人心弦　把心比作琴,拨动了心中的琴弦。形容事物激动人心。
弦外之音　原指音乐的余音。比喻言外之意,即在话里间接透露,而不是明说出来的意思。
亲密无间　间:缝隙。形容十分亲密,没有任何隔阂。
间不容发　空隙中容不下一根头发。比喻与灾祸相距极近或情势危急到极点。
发扬光大　发扬:发展,提倡;光大:辉煌而盛大。使好的作风、传统等得到发展和提高。
大海捞针　在大海里捞一根针。比喻极难找到。
针锋相对　针锋:针尖。针尖对针尖。比喻双方在策略、论点及行动方式等方面尖锐对立。
对簿公堂　簿:文状、起诉书之类;对簿:受审问;公堂:旧指官吏审理案件的地方。在法庭上受审问。
堂堂正正　形容强大严整,光明磊落,正直。
正中下怀　正合自己的心意。

第三部分　虎踞龙盘

怀恨在心　把怨恨藏在心里。形容对人记下仇恨,以伺机报复。
得意洋洋　洋洋:得意的样子。形容称心如意、沾沾自喜的样子。
洋洋大观　洋洋:盛大、众多的样子;大观:丰富多彩的景象。形容美好的事物众多丰盛。
观形察色　观察脸色以揣测对方的心意。
色厉内荏　色:神色,样子;厉:凶猛;荏:软弱。外表强硬,内心虚弱。
郎朗上口　郎朗:玉石相击声,比喻响亮的读书声。指诵读熟练、顺口。也指文辞通俗,便于口诵。
口蜜腹剑　形容两面派的狡猾阴险。
剑拔弩张　剑拔出来了,弓张开了。形容气势逼人,或形势紧张,一触即发。
张冠李戴　把姓张的帽子戴到姓李的头上。比喻认错了对象,弄错了事实。
戴罪立功　带着罪过或错误去创立功勋,以功赎罪。
功德无量　功德:功业和德行;无量:无法计算。旧时指功劳恩德非常大;现多用来称赞做了好事。
量入为出　根据收入的多少来定开支的限度。
出口成章　说出话来就成文章。形容文思敏捷,口才好。
章决句断　文章正确句子明了,不含糊其辞。
义薄云天　正义之气直上高空。形容为正义而斗争的精神极其崇高。
天府之国　天府:天生的仓库;国:地区。原指土地肥沃、物产丰富的地区;后专指四川。
国计民生　国家经济和人民生活。
一败涂地　形容失败到了不可收拾的地步。
地大物博　博:丰富。指国家疆土辽阔,资源丰富。
博大精深　博:广,多。形容思想和学识广博高深。
深更半夜　指深夜。
夜以继日　晚上连着白天。形容加紧工作或学习。
日理万机　理:处理,办理;万机:种种事务。形容政务繁忙,工作辛苦。
机关算尽　机关:周密、巧妙的计谋。比喻用尽心思。
尽力而为　用全部的力量去做。
为富不仁　为:做,引申为谋求。表示剥削者为了发财致富,心狠手毒,没有一点儿仁慈的心肠。
仁至义尽　至:极,最;尽:全部用出。表示竭尽仁义之道,即指人的善意和帮助已经做到了最大限度。
尽释前嫌　尽释:完全放下;嫌:仇怨,怨恨。把以前的怨恨完全丢开。
嫌贫爱富　嫌弃贫穷,喜爱富有。指对人的好恶以其贫富为准。
富可敌国　敌:匹敌。私人拥有的财富可与国家的资财相匹敌,形容极为富有。
国破家亡　国家覆灭、家庭毁灭。
亡羊补牢　亡:逃亡,丢失;牢:关牲口的圈。表示羊逃跑了再去修补羊圈,还不算晚。比喻出了问题以后想办法去补救,可以防止更大的损失。

优等生必玩的成语游戏——从此出口成章

牢不可破 异常坚固,不可摧毁;也用在指人固执己见或保守旧习。
流离失所 流离:转徙离散。无处安身,到处流浪。
所见略同 所持的见解大致相同。
同病相怜 怜:怜悯,同情。比喻因有同样的遭遇或痛苦而互相同情。
怜香惜玉 比喻男子对所爱女子的照顾体贴。
玉洁冰清 像玉那样洁白,像冰那样清净。形容人心地纯洁,品行端正。
破釜沉舟 比喻下决心不顾一切地干到底。
舟车劳顿 舟车:船与车,泛指一切水陆交通工具;劳顿:劳累疲倦。形容旅途疲劳困顿。
顿足失色 顿足:跺脚;失色:因惊恐而变以脸色。形容十分惊慌。
色如死灰 比喻脸色惨白难看。
灰飞烟灭 比喻事物消失净尽。
灭顶之灾 灭顶:水漫过头顶。指被水淹死。比喻毁灭性的灾难。
灾难深重 灾难很多,而且严重。
重见天日 重新看到了天和太阳。比喻脱离黑暗,重见光明。
国色天香 原形容颜色和香气不同于一般花卉的牡丹花;后也形容女子的美丽。
香火不绝 指信神者所供养的香烛不断绝。
绝处逢生 形容在最危险的时候得到生路。
生不逢时 生下来没有遇到好时候。旧时指命运不好。
时不我待 我待:"待我"的倒装,等待我。表示时间不会等待我们,做事要抓紧时间。
待人接物 物:人物,人们。指跟别人往来接触。
物极必反 极:顶点;反:向反面转化。表示事物发展到极点,会向相反方向转化。
反客为主 客人反过来成为主人。比喻变被动为主动。
主客颠倒 比喻事物轻重大小颠倒了位置。
倒背如流 背:背诵。表示把书或文章倒过来背,背得像流水一样流畅;形容背得非常熟练,记得非常牢。
所向披靡 所向:指力所到达的地方;披靡:溃败。比喻力量所达到的地方,一切障碍全被扫除。
靡靡之音 靡靡:柔弱,萎靡不振。表示使人萎靡不振的音乐,主要指颓废的、低级趣味的乐曲。
日薄西山 薄:迫近。太阳快落山了。比喻人已经衰老或事物衰败腐朽,临近死亡。
山高水长 像山一样高耸,如水一般长流。原比喻人的风范或声誉像高山一样永远存在;后比喻恩德深厚。
长风破浪 比喻志向远大,不怕困难,奋勇前进。
浪子回头 不务正业的人改邪归正。
头破血流 头打破了,血流满面。多用来形容惨败。
唇亡齿寒 嘴唇没有了,牙齿就会感到寒冷。比喻利害密切相关。
寒来暑往 盛夏已过,寒冬将至。泛指时光流逝。

第三部分　虎踞龙盘

往返徒劳	徒劳：白花力气。表示来回白跑。
劳燕分飞	劳：伯劳。伯劳、燕子各飞东西。比喻夫妻、情侣别离。
飞扬跋扈	飞扬：放纵；跋扈：蛮横。原指意态狂豪，不受约束；现多形容骄横放肆，目中无人。
塞上江南	原指古凉州治内贺兰山一带；后泛指塞外富庶之地。同"塞北江南"。
南柯一梦	形容一场大梦，或比喻一场空欢喜。
梦寐以求	做梦的时候都在追求。形容迫切地期望着。
求同存异	求：寻求；存：保留；异：不同的。表示找出共同点，保留不同意见。
异曲同工	曲调不同，却同样美妙。比喻不同时代、不同人的文章、言论一样精彩，或不同的事情产生同样的效果。
脍炙人口	脍和炙都是人们爱吃的食物。指美味人人爱吃。比喻好的诗文受到人们的称赞和传颂。
口口相传	不著文学，口头相传。
传宗接代	宗：宗族；代：后代。表示传延宗族，接续后代。指生子使家世一代代传下去。
代人受过	受：承受，担待；过：过失，过错。替别人承担过错的责任。
过河拆桥	自己过了河，便把桥拆掉。比喻达到目的后，就把帮助过自己的人一脚踢开。
漏洞百出	形容文章、说话或办事，破绽很多。
出将入相	出征可为将帅，入朝可为丞相。指兼有文武才能的人，也指文武职位都很高。
相亲相爱	形容关系密切，感情深厚。
爱民如子	旧时称赞某些统治者爱护百姓，就像爱护自己的子女一样。
子子孙孙	子孙后裔；世世代代的意思。
孙康映雪	比喻读书非常刻苦。
雪上加霜	比喻接连遭受灾难，损害愈加严重。
呕心沥血	呕：吐；沥：一滴一滴。比喻用尽心思；多形容为事业、工作、文艺创作等用心的艰苦。
血气方刚	血气：精力；方：正；刚：强劲。形容年轻人精力正旺盛。
刚柔相济	刚强的和柔和的互相调剂。
济世之才	济世：拯救时世。表示能够拯救时世、治理国家的人才。
才高八斗	比喻人极有才华。
斗转星移	星斗变动位置。指季节或时间的变化。
移花接木	把一种花木的枝条或嫩芽嫁接在另一种花木上。比喻暗中用手段更换人或事物来欺骗别人。
木已成舟	树木已经做成了船。比喻事情已成定局，无法改变。
顿足不前	停顿下来不前进。
纷至沓来	纷：众多，杂乱；沓：多，重复。形容接连不断地到来。
来历不明	来历：由来。表示人或事物的来历与经过不清楚。
胆战心惊	战：通"颤"，发抖。形容十分害怕。
惊弓之鸟	被弓箭吓怕了的鸟不容易安定。比喻经过惊吓的人碰到一点动静就非常

优等生必玩的成语游戏——从此出口成章

害怕。
  鸟尽弓藏 鸟没有了,弓也就藏起来不用了。比喻在事情成功之后,把曾经出过力的人一脚踢开。
  监守自盗 窃取公务上自己看管的财物。
  盗亦有道 道:道理。表示盗贼也有他们的那一套道理。
  道不拾遗 遗:失物。表示路上没有人把别人丢失的东西拾走;形容社会风气好。
  遗臭万年 遗臭:死后留下的恶名。死后恶名一直流传,永远被人唾骂。
  年富力强 年富:未来的年岁多。形容年纪轻,精力旺盛。
  强人所难 勉强人家去做他不能做或不愿做的事情。
  难解难分 指双方争吵、斗争、比赛等相持不下,难以分开。有时也形容双方关系十分亲密,分不开。
  怦然心动 指由于受某种事物的吸引,思想情感起了波动。
  动之以情 用感情来打动他的心。
  情窦初开 指刚刚懂得爱情(多指少女)。
  开怀畅饮 开怀:心情无所拘束,十分畅快。比喻敞开胸怀,尽情饮酒。
  饮水思源 喝水的时候想起水是从哪儿来的。比喻不忘本。
  长篇大论 滔滔不绝的言论。多指内容烦琐、词句重复的长篇发言或文章。
  论功行赏 按功劳的大小给予奖赏。
  赏心悦目 悦目:看了舒服。指看到美好的景色而心情愉快。
  从谏如流 谏:直言规劝。表示听从规劝像流水一样自然;形容乐于接受别人的批评意见。
  流言蜚语 毫无根据的话。指背后散布的诽谤性的坏话。
  长驱直入 长驱:不停顿地策马快跑;直入:一直往前。指长距离不停顿地快速行进。形容进军迅猛,不可阻挡。
  入木三分 相传王羲之在木板上写字,木工刻时,发现字迹透入木板三分深。形容书法极有笔力;现多比喻分析问题很深刻。
  分门别户 分、别:分辨、区别;门:一般事物的分类;户:门户。指在学术上根据各自的格调或见解划清派别,各立门户。
  户枢不蠹 比喻经常运动的东西不容易受侵蚀;也比喻人经常运动可以强身。
  匹夫之勇 指不用智谋单凭个人的勇力。
  勇往直前 勇敢地一直向前进。
  前无古人 指以前的人从来没有做过的;也指空前的。
  人多手杂 指动手的人多;也指人头杂的场合,东西容易散失或丢失。
  杂乱无章 章:条理。表示乱七八糟,没有条理。
  章台杨柳 比喻窈窕美丽的女子。
  生死攸关 攸:所。关系到生和死。指生死存亡的关键。
  关怀备至 关心得无微不至。
  至理名言 至:最;名:有名声的。表示最正确的道理,最精辟的言论。

第三部分　虎踞龙盘

言归正传　　正传：正题或本题。指话头转回到正题上来。旧小说中常用的套语。
传为美谈　　美谈：人们津津乐道的好事。指传扬开去，成为人们赞美、称颂的事情。
谈笑风生　　有说有笑，兴致高。表示形容谈话谈得高兴而且有风趣。
生拉硬扯　　形容说话或写文章牵强附会。也形容用力拉扯，勉强别人听从自己。
轻而易举　　形容事情容易做，不费力气。
举案齐眉　　送饭时把托盘举得跟眉毛一样高。后形容夫妻互相尊敬。
眉开眼笑　　眉头舒展，眼含笑意。形容高兴愉快的样子。
笑逐颜开　　逐：追随；颜：脸面，面容；开：舒展开来。表示笑得使面容舒展开来；形容满脸笑容，十分高兴的样子。
开诚布公　　指以诚心待人，坦白无私。
神采飞扬　　形容兴奋得意，精神焕发的样子。
扬眉吐气　　扬起眉头，吐出怨气；形容摆脱了长期受压状态后高兴痛快的样子。
气象万千　　气象：情景。形容景象或事物壮丽而多变化。
孔孟之道　　孔：孔子；孟：孟子。指儒家学说。
引人注目　　注目：注视。吸引人们注意。
目瞪口呆　　形容因吃惊或害怕而发愣的样子。
呆若木鸡　　呆：傻，发愣的样子。表示呆得像木头鸡一样；形容因恐惧或惊异而发愣的样子。
鸡飞蛋打　　鸡飞走了，蛋打破了。比喻两头落空，一无所得。
打抱不平　　遇见不公平的事，挺身而出，帮助受欺负的一方。
平步青云　　平：平稳；步：行走；青云：高空。指人一下子升到很高的地位上去。

三、成 语 故 事

【亡羊补牢】

　　亡羊补牢是指因为羊圈的破损而导致羊被狼叼走了，再去修补羊圈还不算晚。比喻出了问题以后要想办法去补救，可以防止继续受损失。

　　战国时期，楚国的楚襄王每天吃喝玩乐，荒废朝政许久。眼看着国家一天天地衰落，朝中有一位叫庄辛的大臣跑去见楚襄王，劝说道："君王您每天和一些大臣只顾奢侈淫乐，都不理朝政，这样下去郢都会变得很危险。"

　　楚襄王听完后不以为然，依然每天我行我素。庄辛感到很寒心，又和楚襄王说道："您要是再不听劝，继续这样宠信奸臣，楚国的下场就只有一个，那就是灭亡。如果您不相信我

53

的话，那么请您允许我去赵国避难，之后看到楚国的变化后，您就会什么都明白了。"

时间过得很快，庄辛离开楚国到赵国居住已有5个月，不出庄辛所料，秦国很快就发兵攻打楚国鄢、郢、巫等地方，而楚国不堪一击，秦国几乎没怎么战斗，就轻而易举地攻陷了楚国的都城郢城，楚襄王只好逃往城阳。

楚襄王看着自己现在的处境，忽然想到庄辛曾经对他说的话，心里感到很后悔，要是当初听了庄辛的建议，也许就不会落得现在这副丧家之犬的下场。于是楚襄王连忙派人去赵国请庄辛回来帮忙。庄辛来到城阳，楚襄王对他说："之前我没有听从你的建议，现在落得如此下场，真是悔不当初，不知道现在还有没有挽救的机会和希望？"

庄辛说道："只要还知道自省，什么都来得及。我先给您讲一个故事吧。从前有一个人，以养羊为生，有一天早晨，他像往常一样去照料那些羊，数了数，发现少了一只羊。他四周检查一遍，发现是羊圈破了一个洞。他猜想可能是晚上狼从这个洞钻进去，把羊叼走的。他的邻居对他说道：'你现在应该抓紧时间把羊圈的窟窿给补上。'养羊人认为羊都已经被叼走了，再修羊圈就没意义了。就没有理会。晚上，狼又从羊圈叼走了一只羊。第二天，养羊人发现后深感后悔，马上补上了窟窿，并且加固了羊圈，从此他的羊再也没有被狼叼走过。现在都城虽然已经被秦国攻陷，但是并不表示能灭掉楚国，只要现在开始做补救措施，还是不晚的。"

楚襄王听完庄辛的一席话，马上封他为阳陵君，后来在庄辛的帮助下，楚国收复了淮北的土地。

【出口成章】

出口成章意为说出话来就成文章。形容文思敏捷，口才好。

魏晋时期曹植七步成诗的典故就是出口成章的最佳范例。这个典故出自南朝刘义庆的《世说新语》："文帝尝令曹植七步作诗，不成者行大法。应声便为诗曰：'煮豆持作羹，漉菽以为汁。萁在釜下燃，豆在釜中泣；本自同根生，相煎何太急？'帝深有惭色。"

曹植是曹操的第三个儿子，在很小的时候就显露出过人的才华，一直深受曹操的疼爱。而他的哥哥曹丕深感威胁，于是在这场立储争斗中做足了功夫。最后曹丕在司马懿等大臣的帮助下获胜，于建安二十二年（217年）被立为世子。

曹操去世后，曹丕继位当了魏王，经过一番政治斗争，当年便做了魏朝的开国皇帝。本来一切风波就此停息，但是曹丕对曹植的疑心和嫉妒没有消除，加上朝中一些大臣不停地提醒他，曹植一日在朝，就有一日造反的可能。为避免夜长梦多，应该先下手为强，早日除去这颗眼中钉。但是要除去他，必须得有一个正当的理由，否则无法让天下人心服口服。

正在此时，宫里发生了一件造反案。曹丕觉得机会终于来了，便约曹植进宫，并预先调了一队卫军，埋伏在相见之地。当曹植到达所约之处时，曹丕立刻命卫军将其包围擒下。曹植见此,问曹丕:"不知吾兄传我来有什么事情?"曹丕答道:"不知道你是否听说宫中有人造反的事情,我想问这次造反是不是你在背后主使?"曹植答道:"我可不敢担当谋权篡位的罪名,吾兄与我有兄弟情义,我不会干出此事,还请吾兄调查清楚。"曹丕说:"我命你在七步之内作出一首诗,如果不能,就不要怪吾兄不念及兄弟之情,到时候只能把你处死。"才思敏捷的曹植很快便作出了这首脍炙人口的诗:"煮豆持作羹,漉菽以为汁。萁在釜下燃,豆在釜中泣;本自同根生,相煎何太急?"

诗的意思是:锅里煮着豆子,想把豆子的残渣压干做成豆豉,过滤后的豆汁做成羹。煮豆子用的豆茎,在锅下面燃烧,豆子在锅里哭泣。豆子和豆茎本来是同一条根上生长出来的,为什么要急迫地相互煎熬呢?

这首诗用同根而生的豆子和豆茎来比喻同父同母的亲兄弟,用燃烧豆茎煮豆子来比喻兄弟相残。表现了曹植对兄弟苦苦相逼、骨肉相残的不满。听完这首诗后,曹丕手下留情,只是将曹植的官爵降低。

后来,这首有名的七步诗被简化成四句:"煮豆燃豆萁,豆在釜中泣。本是同根生,相煎何太急。"

【惊弓之鸟】

惊弓之鸟是指被弓箭吓怕了的鸟,比喻受过惊吓遇到一点动静就惶恐不安的人。

战国时期,魏国有一名神箭手名叫更赢。有一天,他和魏王在高台下走着,突然天上传来一阵鸟叫声,他们向天空看去,发现有一只鸟慢慢地朝他们这个方向飞来。更赢对魏王说道:"大王,我可以只用拉弓发虚箭便把这只鸟射下来。"魏王笑道:"你真的可以做到吗?"更赢回答道:"大王让我试试便知道了。"说完便取出一把弓,左手拿弓,右手拉弦,没有用任何箭枝,迈开腿做好姿势。当鸟儿快到他们这儿时,只见更赢右手拉满虚弦,一松手,弓箭发出嘣的一声,鸟儿就像被下咒一样,使劲拍了几下翅膀,便直线掉落下来。魏王赞叹道:"难道箭术可以达到这种出神入化的地步?"更赢说道:"其实这和箭术没有关系,只是因为这只鸟受过伤,当听到拉弦的声音,就被惊吓得掉了下来。"魏王疑惑道:"它在天上飞,你又从何得知它受过伤呢?"更赢说道:"这只鸟不仅飞得慢,而且还发出悲鸣的声音。飞得慢是因为它受过箭伤,到现在伤口还会疼;发出悲鸣的声音因为它和伙伴们失散了很长时间,加上它伤口还未愈合,心里肯定很不安稳。所以当它突然听到弦音,就赶紧摆动翅膀往更高处飞,但这样做扯开了它的旧伤口,伤口复发就掉落下来了。"

【平步青云】

平步青云指人一下子轻易地登上很高的官位。

公元前283年,眼看着齐国日渐强大,当初跟着燕国一起攻打齐国的魏国坐不住了,

优等生必玩的成语游戏 —— 从此出口成章

魏王每天坐卧不安,生怕哪一天齐国会来攻打自己。于是,魏王决定派中大夫须贾去齐国议和。

齐襄王接见了须贾,但是对他不冷不热,严厉地指责魏国曾经的所作所为,誓为被杀死的先王齐湣王报仇,吓得须贾一句话都说不出来。这时,须贾随从中的一个年轻人站出来说道:"齐湣王荒淫无道,如果您现在不知道自省,只知道去责怪他人,那早晚有一天您也会重蹈他的覆辙。"

齐襄王听完,心中暗暗赞叹这个年轻人的胆识和辩才。他暗中叫人去打听这位年轻人,得知他叫范雎,出身贫寒,现在中大夫须贾手下当差。齐襄王马上派人去拉拢范雎,赐给他千两黄金和一些牛羊,希望他能到齐国效力,但被范雎一口拒绝了。之后,范雎随须贾回到了魏国。

范雎万万没有想到,他在齐国拯救须贾而说的那一番话却激怒了须贾。他觉得自己在齐国受到了屈辱,而范雎却被齐襄王看重,于是须贾便跑到魏王前面,把齐襄王拉拢范雎的事添油加醋地说了一遍。魏王在须贾的挑拨下,把范雎打得血肉模糊。范雎为了自保,屏住呼吸,一动不动,佯装死去。最后他们把范雎的"尸体"直接扔到了茅厕。在茅厕中,范雎求救于一个门人,承诺之后必有重谢,于是他被救了出去。

范雎逃往一个好朋友郑安平的家中,在那里养伤,之后还改名为张禄。在郑安平的引荐下,张禄认识了秦王,秦王很赏识他,封他为秦国的宰相。在秦国扩张土地的决策上,张禄主张攻打魏国。魏王听说秦国有意来攻打魏国,连忙派须贾前去求和。

须贾到了秦国后,首先去拜访握有重权的宰相张禄。当须贾见到宰相张禄时,一下子就愣住了。原来他们都以为已经死了的范雎还活着,并且平步青云做了秦国的宰相。须贾如梦初醒,马上跪倒在地,连连磕头说道:"魏国罪人须贾犯了极大的死罪,现在小人的性命已经在大人手上了,还请大人您手下留情。"

范雎饶了须贾的性命,叫他捎信给魏王,要魏王杀了魏齐,就允许魏国割地求和。魏王只好同意了。

而秦国按照范雎远交近攻的计策,先向韩国发起了进攻。

【盗亦有道】

所谓盗亦有道,就是说即使是当贼的,也有他们的"行为规范"。我们在一些武侠小说或电影里,经常会看到一些所谓的"侠盗",专门偷取那些为富不仁或者贪官污吏的财物,从来不偷普通人家的东西。有的还会劫富济贫,将偷来的财物分给穷苦百姓。甚至还会替天行道,有情有义,深受普通百姓爱戴,这就是盗亦有道。

春秋时期,有一个称得上"侠盗"的人,名叫盗跖。有一天,盗跖的一个门徒问他:"你觉得做盗贼也要有法则和准绳吗?"盗跖回答道:"做大盗怎么会不需要法则和准绳呢?能凭想象揣测出屋内有什么财物,是为圣;在行动时能一马当先,率先进屋,是为勇;行动结束后,等其他人都离开,自己最后出来,是为义;行动前,根据情况判断是否下手,是为智;行动完成后,和手下公平分赃,是为仁。不具备以上五点而能成为一名大盗的,天下还没有这样的人。"

在盗拓看来,小偷想要发展成为大盗,或成就一番大事,就必须有其行为规范,否则,就只能成为蝇营狗苟的鼠辈之贼。像盗拓所说的这种遵循"行为规范"的"侠盗"在历史上和民间传说中有很多记载。

清朝乾隆年间,有个名县令叫章清,在秀州府崇德县为官。他上任没几年,就把县城治理得井井有条,给百姓创造了一个安全的治安环境,可谓"路不拾遗,夜不闭户"。县里的老百姓都很尊敬他,认为这位县官老爷不仅满腹经纶,还为官清正廉洁。

崇德县的邻县盗案猖獗,闹得老百姓人心惶惶。朝廷看到章清治理有方,就一纸书文把他调到邻县,希望他能扭转乾坤。在他上任之后,发生了有趣的事情,那些盗贼竟然突然间凭空消失了,县里呈现出一片安宁祥和。

任期期满后,章清雇了一条船,准备离任返乡。正当章清和百姓们在码头辞行时,突然一个人影闪过,章清鼻梁上的眼镜不翼而飞。章清四下查看,早已找不到眼镜和偷眼镜的小贼的踪影,只好眯着眼,在船夫的扶持下上船。在船上,章清百思不得其解,想不明白盗贼为什么要偷他不值钱的眼镜。

回乡的途中,需要在两县交界的镇上过一夜。谁想第二天,章清发现本来放在船上的十个大木箱不翼而飞,那是章清的全部身家。章清完全没有预料到会发生这样的事情,自己是以治理盗贼出名的,居然还未出县城边界,就被盗贼盯上了。想那盗贼估计追不上了,他只能认了。

经历一番舟车劳顿,终于要到家乡的码头了,章清站在船头等待靠岸,突然模模糊糊地感觉码头上有好几个大箱子,像是自己丢失的那十个箱子。等船靠岸,章清急忙从船上跳下来,走上前一看,正是自己丢失的木箱。其中一个木箱上还放着他丢失的眼镜,眼镜下压着一封信。

章清满腹疑问,当即把书信拆开,信上写了如下内容。

章大人:

我们是一群盗贼。听闻您清正廉明,所以当您来上任时,我们决定不在您的管辖范围内盗窃。但是在您离任回乡时,我们发现您带走的东西居然用十个大木箱来装,让我们不得不怀疑你是个假清官。于是我们便决定惩罚您,偷走了您的眼镜和箱子。可当我们把箱子打开,才发现您的所有家当竟然只有不足三十两纹银,其余的都是书。俗话说"一年清知县,十万雪花银。"看来您的确是个值得我们敬仰的清官。这次我们多有冒犯,特把东西物归原主,希望您多多包涵。

章清看完信之后,不由感慨道:"所谓的盗亦有道,就是这样吧。"

第四部分 字母与数字

字母接龙：把成语接龙做成二十六个英文字母的形状，活泼有趣。

数字接龙：成语接龙的一个特殊形式，要求所用的成语中包含数字，或做成数字的形状。

一、接 龙 游 戏

1．龙眼已经给出，请把这个字母 A 的其他部分补齐吧。见图 4-1。
2．这个字母是由两条龙组成的，左上角的字是共用的，把它补齐吧。见图 4-2。
3．请完成这个 E。见图 4-3。
4．请完成这个 F。见图 4-4。

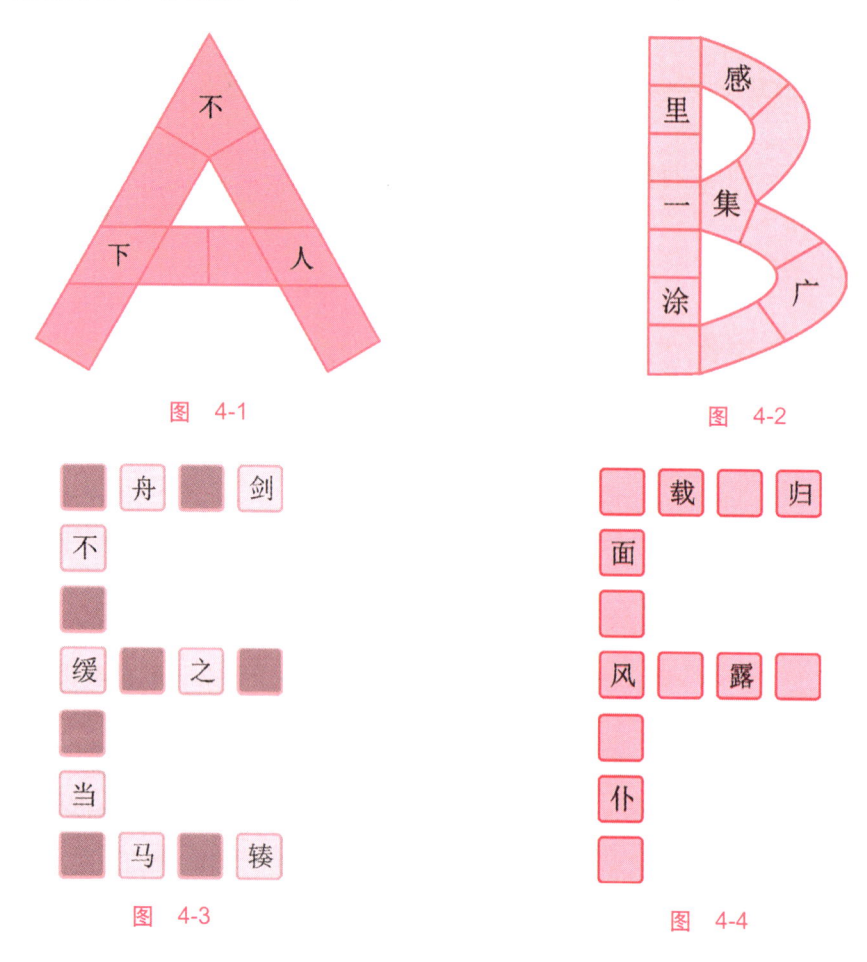

图 4-1

图 4-2

图 4-3

图 4-4

第四部分　字母与数字

5．将图 4-5 所示接龙游戏中的成语补齐。
6．从左下角开始,将图 4-6 所示接龙游戏中的成语补齐。

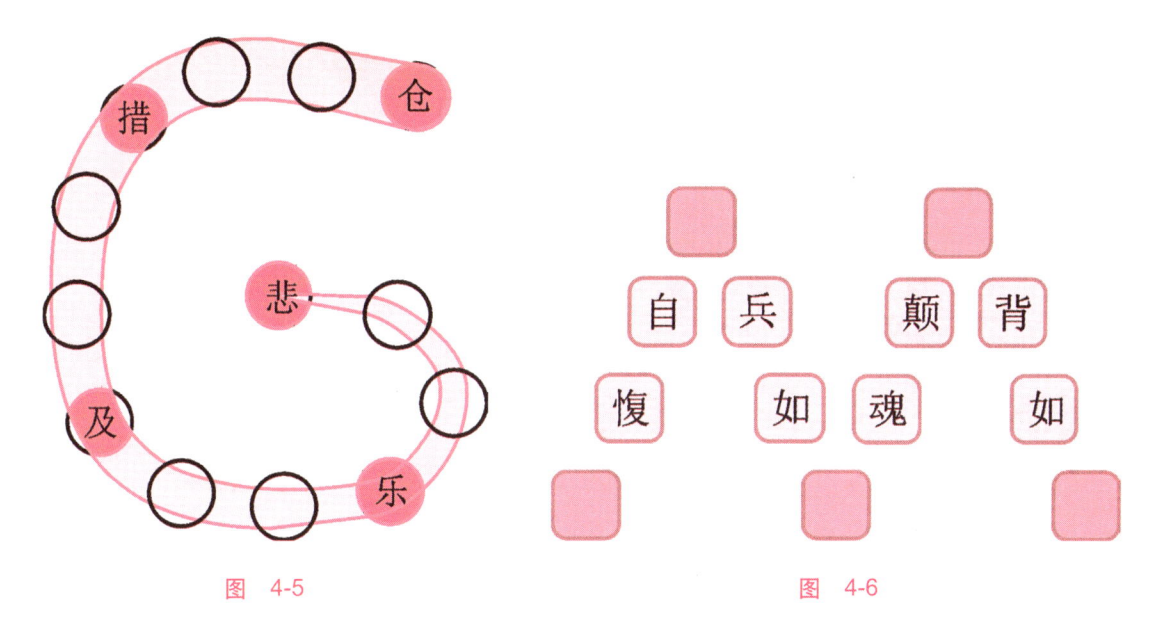

图 4-5

图 4-6

7．从左下角开始,将图 4-7 所示接龙游戏中的成语补齐。
8．这个字母是由两条龙组成的,左上角的字是共用的,把它补齐吧。见图 4-8。

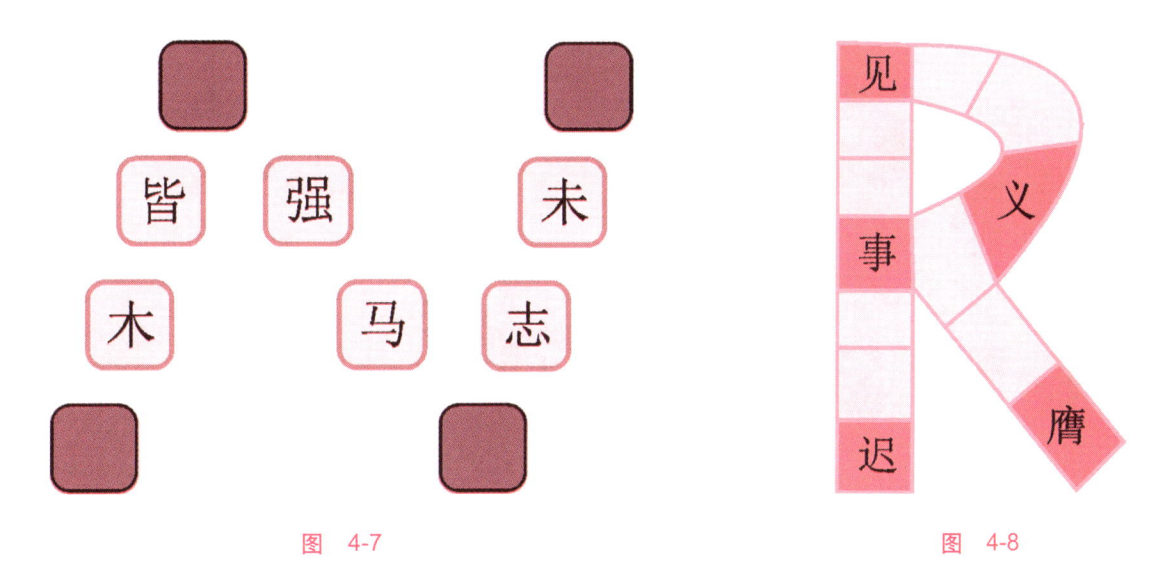

图 4-7

图 4-8

9．从上往下将图 4-9 中 X 形的接龙游戏中的成语补齐。
10．从圆圈开始,将图 4-10 所示接龙游戏中的成语补齐。
11．将图 4-11 中 Z 形的接龙游戏中的成语补齐。
12．从上往下将图 4-12 中 X 形的接龙游戏中的成语补齐。

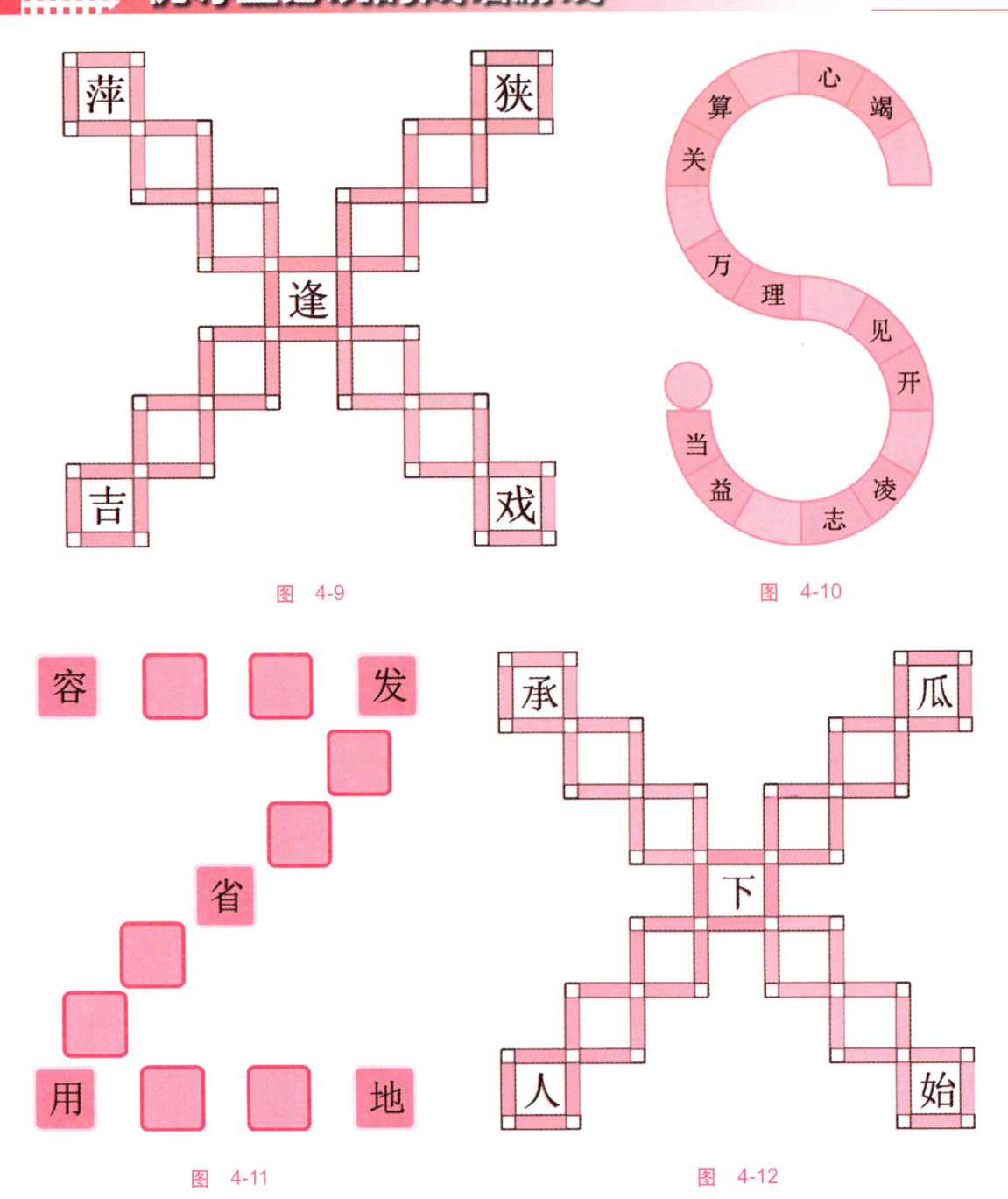

优等生必玩的成语游戏——从此出口成章

图 4-9

图 4-10

图 4-11

图 4-12

13. 将图 4-13 中带有数字的成语补齐。
14. 将图 4-14 中带有数字的成语补齐。
15. 这个接龙游戏中包含若干个数字,你能把它们补齐吗?见图 4-15。
16. 完成这个以数字"百"开头,数字"千"结尾的接龙游戏。见图 4-16。
17. 沿着箭头方向将图 4-17 中的接龙游戏补齐。
18. 沿着箭头方向将图 4-18 中的接龙游戏补齐。

第四部分 字母与数字 04

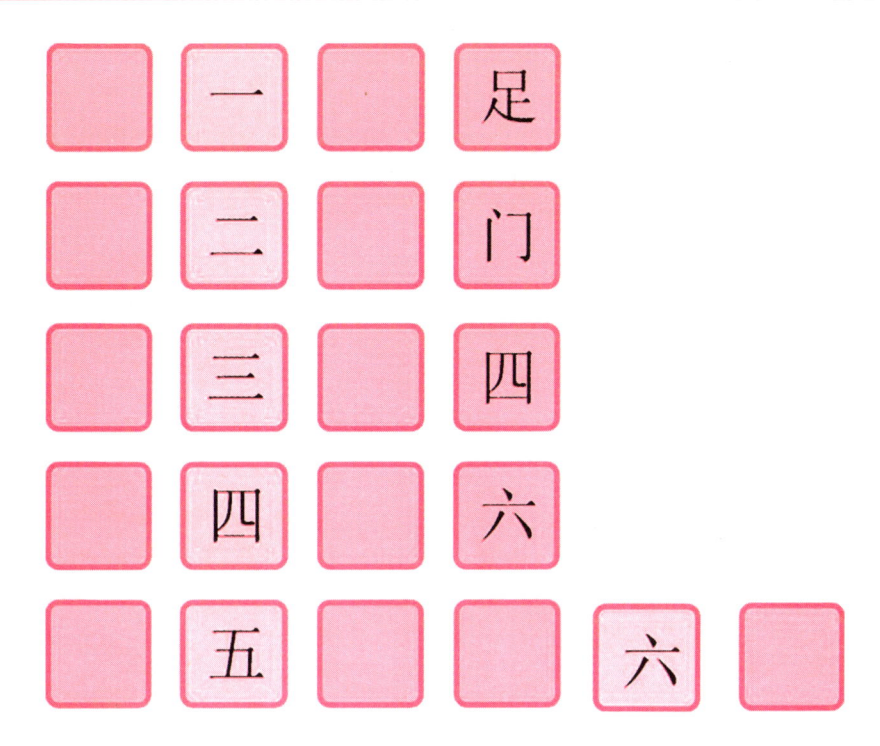

图 4-13

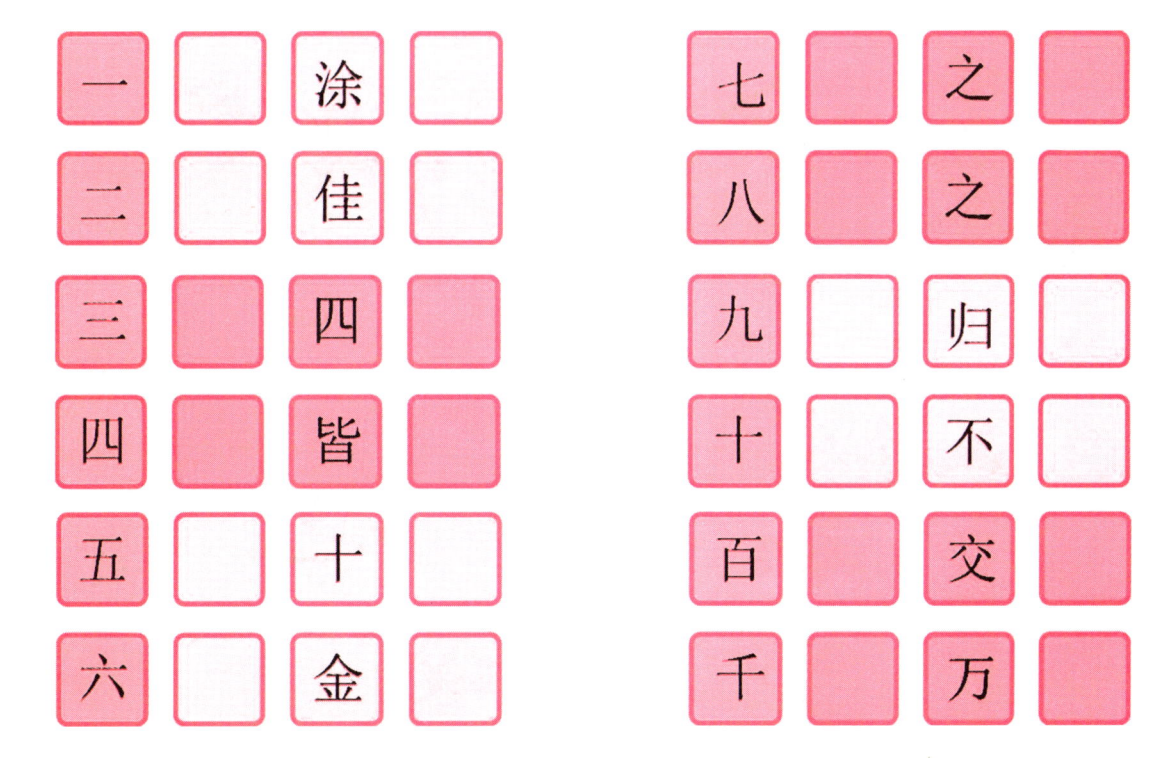

图 4-14

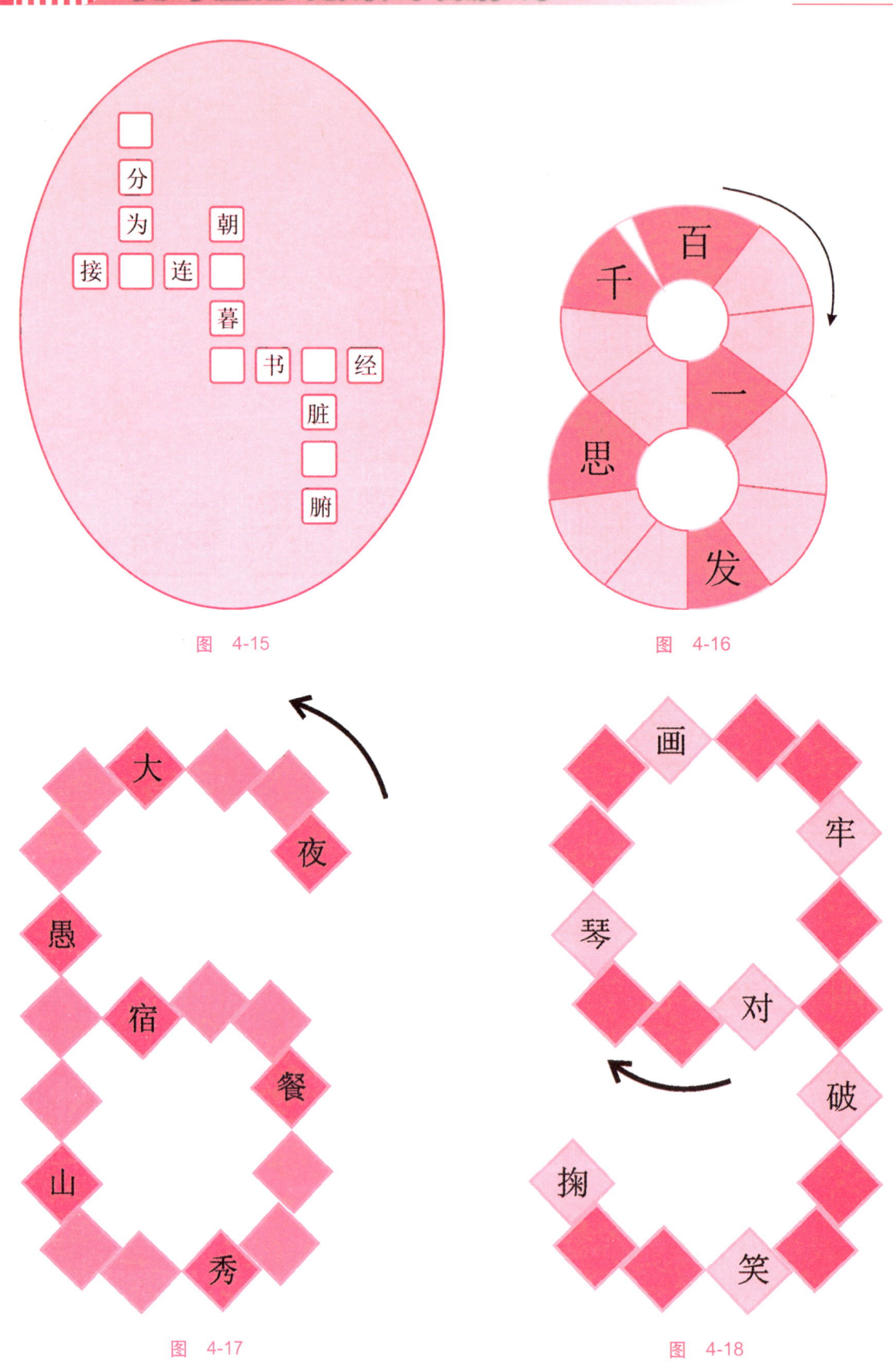

优等生必玩的成语游戏 —— 从此出口成章

图 4-15

图 4-16

图 4-17

图 4-18

19．你能把这个 7 中缺少的字补齐吗？见图 4-19。

20．补齐这个数字接龙中缺少的字。见图 4-20。

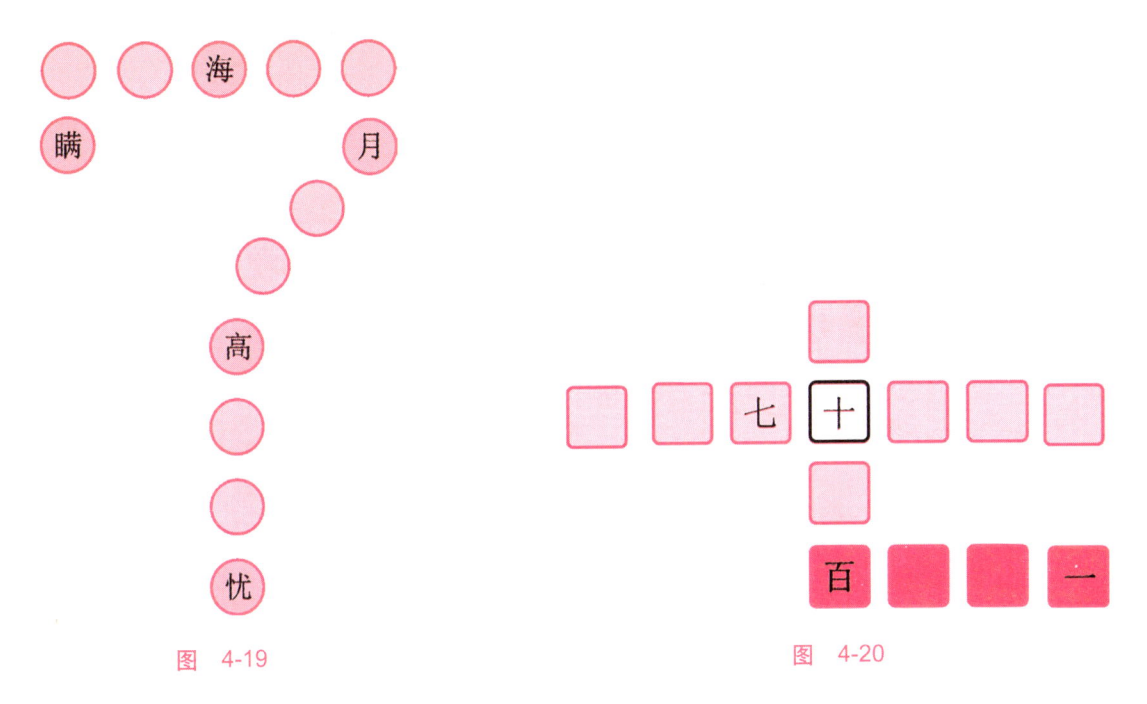

图 4-19

图 4-20

21．将图 4-21 中带有数字的成语补齐。

22．将图 4-22 中带有数字的成语补齐。

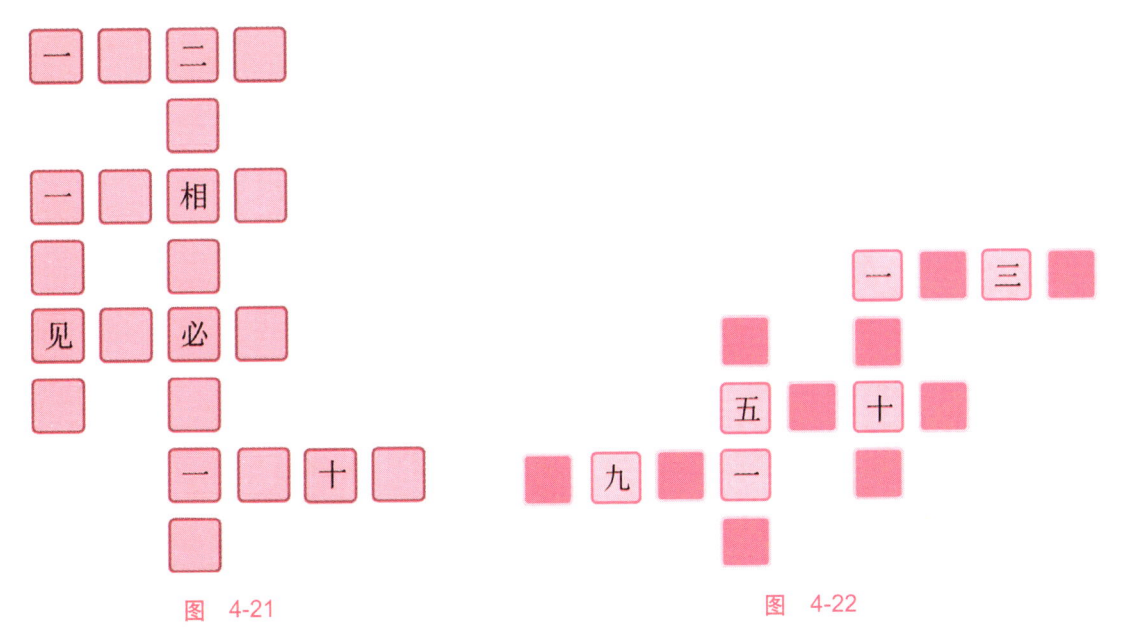

图 4-21

图 4-22

23．将图 4-23 中带有数字的成语补齐。（可能不止一个答案哦。）

24．将图 4-24 中带有数字的成语补齐。

25．请完成这个由两个"3"组成的 14 个词的接龙游戏。见图 4-25。

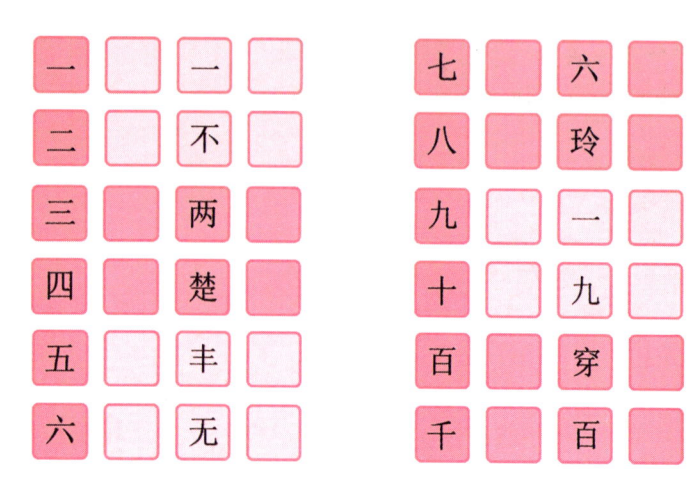

优等生必玩的成语游戏 —— 从此出口成章

图 4-23

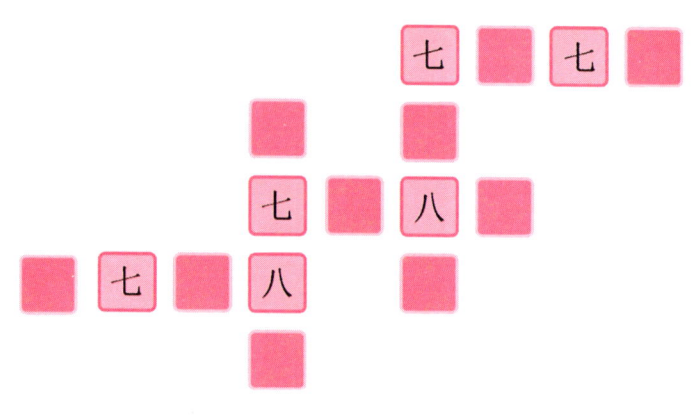

图 4-24

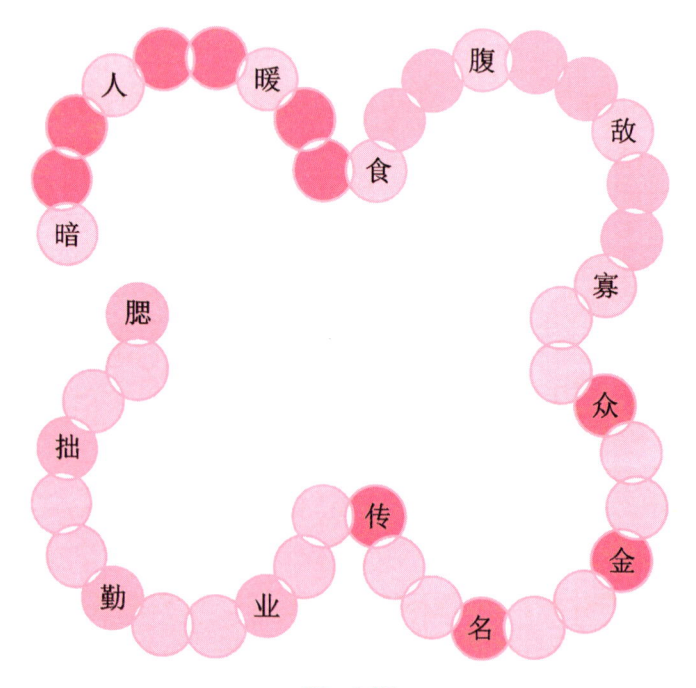

图 4-25

64

26．将图 4-26 所示接龙游戏中的成语补齐。

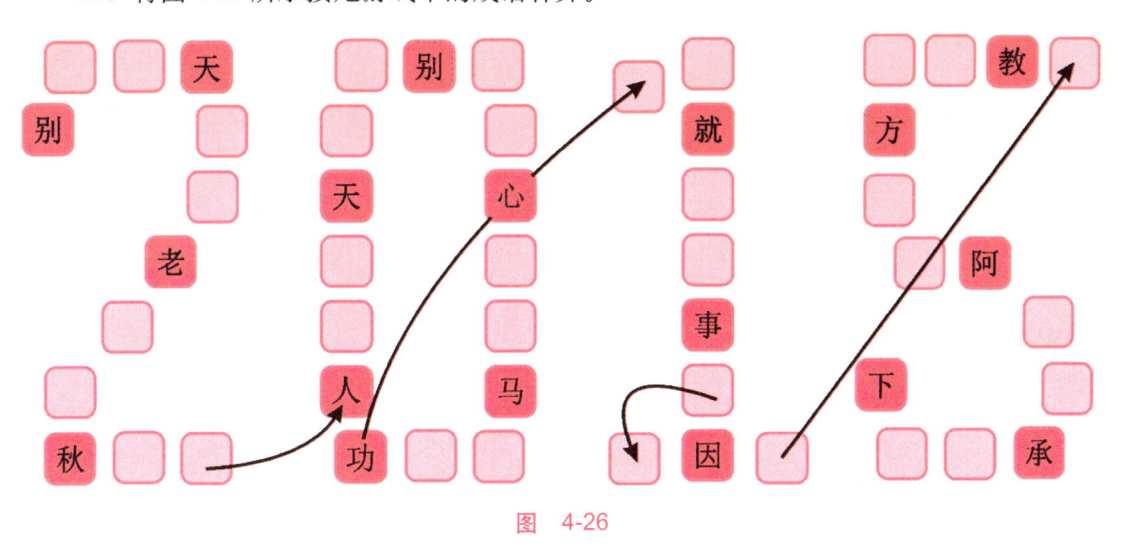

图 4-26

27．请将图 4-27 中的接龙游戏补齐。

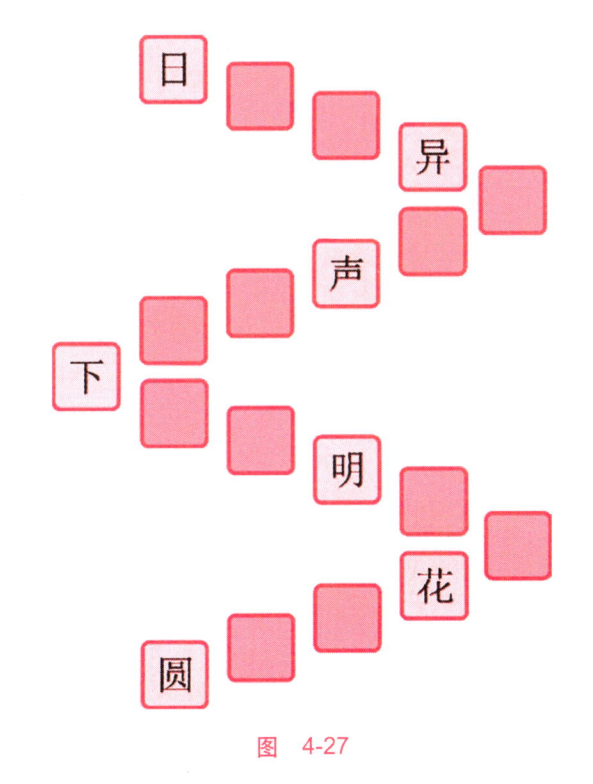

图 4-27

答案：

1．不耻下问，不省人事，下里巴人。
2．百感交集，集思广益，百里挑一，一败涂地。
3．刻舟求剑，刻不容缓，缓兵之计，缓步当车，车马辐辏。
4．满载而归，满面春风，风餐露宿，风尘仆仆。

5．仓皇失措,措手不及,及时行乐,乐极生悲。
6．刚愎自用,用兵如神,神魂颠倒,倒背如流。
7．草木皆兵,兵强马壮,壮志未酬。
8．见机行事,事不宜迟。
　　见利忘义,义愤填膺。
9．萍水相逢,逢场作戏。
　　狭路相逢,逢凶化吉。
10．老当益壮,壮志凌云,云开见日,日理万机,机关算尽,尽心竭力。
11．容光焕发,发人深省,省吃俭用,用武之地。
12．承欢膝下,下车伊始。
　　瓜田李下,下里巴人。
13．不一而足,不二法门,说三道四,骈四俪六,过五关斩六将。
14．一败涂地,二八佳人,三从四德,四大皆空,五光十色,六朝金粉,七步之才,八拜之交,九九归一,十恶不赦,百感交集,千刀万剐。
15．一分为二,接二连三,朝三暮四,四书五经,五脏六腑。
16．百里挑一,一触即发,发人深思,思绪万千。
17．夜郎自大,大智若愚,愚公移山,山清水秀,秀色可餐,餐风露宿。
18．对牛弹琴,琴棋书画,画地为牢,牢不可破,破涕为笑,笑容可掬。
19．瞒天过海,海底捞月,月黑风高,高枕无忧。
20．人生七十古来稀,问十道百,百里挑一。
21．横着:一清二楚,一脉相承,见善必迁,一目十行。
　　竖着:二虎相斗,必有一伤,一针见血。
22．竖着:一五一十,一目十行。
　　横着:九九归一,五光十色,一波三折。
23．一草一木,二话不说,三长两短,四面楚歌,五谷丰登,六神无主,七情六欲,八面玲珑,九牛一毛,十拿九稳,百步穿杨,千疮百孔。
24．横七竖八,乱七八糟,七零八落,七上八下,七擒七纵。
25．暗箭伤人,人情冷暖,暖衣饱食,食不果腹,腹背受敌,敌众我寡,寡不敌众,众口铄金,金榜题名,名不虚传,传道授业,业精于勤,勤能补拙,拙嘴笨腮。
26．别有洞天,天荒地老,老气横秋,秋水伊人,人定胜天,天壤之别,别有用心,心猿意马,马到成功,功成名就,就事论事,事出有因,因材施教,教导有方,方正不阿,阿谀奉承,承上启下。
27．日新月异,异口同声,声泪俱下,下落不明,明日黄花,花好月圆。

二、重点成语释义

不耻下问　乐于向学问或地位比自己低的人学习,而不觉得不好意思。
不省人事　省:知觉。指昏迷过去,失去知觉;也指不懂人情世故。

第四部分　字母与数字

下里巴人　原指战国时代楚国民间流行的一种歌曲。比喻通俗的文学艺术。
百感交集　感：感想；交：同时发生。表示各种感触交织在一起。形容感触很多,心情复杂。
集思广益　思：思考,意见；广：扩大。指集中群众的智慧,广泛吸收有益的意见。
百里挑一　一百个里挑出一个。形容人才出众。
刻舟求剑　比喻不懂事物已发展变化而仍静止地看问题。
刻不容缓　指形势紧迫,一刻也不允许拖延。
缓兵之计　延缓对方进攻的计策。指拖延时间,然后再想办法。
缓步当车　缓：舒缓不急切。表示慢步行走以代乘车。
车马辐辏　辐辏：形容人或货物像车轮上的辐条聚集在车毂上一样。指车马集聚拥挤。
满载而归　装得满满的回来。形容收获很大。
满面春风　比喻人喜悦舒畅的表情。形容和蔼愉快的面容。
餐风露宿　风里吃饭,露天睡觉。形容旅途或野外工作的辛苦。
风尘仆仆　风尘：指旅行,含有辛苦之意；仆仆：行路劳累的样子。形容旅途奔波,忙碌劳累。
仓皇失措　仓皇：匆忙,慌张。表示匆忙慌张,不知所措。
措手不及　措手：着手处理。表示来不及动手应付。指事出意外,一时无法对付。
及时行乐　不失时机,寻欢作乐。
乐极生悲　高兴到极点时,发生使人悲伤的事。
刚愎自用　愎：任性；刚愎：强硬固执；自用：自以为是。表示十分固执自信,不考虑别人的意见。
用兵如神　调兵遣将如同神人。形容善于指挥作战。
神魂颠倒　神魂：精神,神志。表示精神恍惚,颠三倒四,失去常态。
草木皆兵　把山上的草木都当作敌兵。形容人在惊慌时疑神疑鬼。
兵强马壮　形容军队实力强,富有战斗力。
壮志未酬　酬：实现。旧指潦倒的一生,志向没有实现就衰老了；也指抱负没有实现就去世了。
见机行事　看具体情况灵活办事。
事不宜迟　事情要抓紧时机快做,不宜拖延。
见利忘义　见到有利可图就不顾道义。
义愤填膺　义愤：对违反正义的事情所产生的愤怒；膺：胸。表示正义的愤懑充满胸中。
萍水相逢　浮萍随水漂泊,聚散不定。比喻向来不认识的人偶然相遇。
逢场作戏　逢：遇到；场：演戏的场地。原指旧时走江湖的艺人遇到适合的场合就表演。后指遇到机会,偶尔凑凑热闹。
狭路相逢　在很窄的路上相遇,没有地方可让。后多用来指仇人相见,彼此都不肯轻易放过。
逢凶化吉　逢：遭遇；凶：不幸；吉：吉利、吉祥。表示遇到凶险转化为吉祥、顺利。

67

这是带有迷信的说法。

  老当益壮 当：应该；益：更加；壮：雄壮。表示年纪虽老而志气更旺盛,干劲更足。

  壮志凌云 壮志：宏大的志愿；凌云：直上云霄。形容理想宏伟远大。

  云开见日 拨开云雾,见到太阳。比喻黑暗已经过去,光明已经到来；也比喻误会消除。

  尽心竭力 用尽心思,使出全力。形容做事十分努力。

  容光焕发 容光：脸上的光彩；焕发：光彩四射的样子。形容身体好,精神饱满。

  发人深省 发：启发；省：醒悟。表示启发人深刻思考,有所醒悟。

  省吃俭用 形容生活简朴,吃用节俭。

  用武之地 形容地形险要、利于作战的地方。比喻可以施展自己才能的地方或机会。

  承欢膝下 承欢：旧指侍奉父母；膝下：子女幼时依于父母膝下,故表示幼年。旧指侍奉父母。

  下车伊始 伊：文言助词；始：开始。旧指新官刚到任；现比喻带着工作任务刚到一个地方。

  瓜田李下 比喻容易引起嫌疑的场合。

  不一而足 足：充足。指同类的事物不止一个而是很多,无法列举齐全。

  不二法门 原为佛家语,意为直接入道,不可言传的法门；后比喻最好的或独一无二的方法。

  说三道四 形容不负责任地胡乱议论。

  骈四俪六 骈：并列,对偶；俪：成双,成对。指多用四字、六字句对偶排比的骈体文。

  过五关斩六将 比喻克服重重困难。

  二八佳人 二八：指十六岁；佳人：美女。表示十五六岁的美女。

  三从四德 封建礼教束缚妇女的道德标准之一。

  四大皆空 四大：古印度称地、水、火、风为"四大"。佛教用语,指世界上一切都是空虚的,是一种消极思想。

  五光十色 形容色彩鲜艳,花样繁多。

  六朝金粉 形容繁华绮丽,也可形容六朝时期国都建康城的靡丽繁华景象。

  七步之才 形容才思敏捷。

  八拜之交 八拜：原指古代世交子弟谒见长辈的礼节；交：友谊。旧时朋友结为兄弟的关系。

  九九归一 绕了不少圈子,最后又还了原。

  十恶不赦 指罪恶极大,不可饶恕。

  千刀万剐 剐：割肉离骨。表示一刀一刀地将罪犯身上的肉割下并处死。形容罪恶重大,死也不能抵罪。

  一分为二 哲学用语,指事物作为矛盾的统一体,都包含着相互矛盾对立的两个方面。通常指全面看待人或事物,看到积极方面,也看到消极方面。

  接二连三 接连不断。

  朝三暮四 原指玩弄手法欺骗人；后用来比喻经常变卦,反复无常。

  四书五经 四书、五经的合称,泛指儒家经典著作。

第四部分　字母与数字

五脏六腑　人体内脏器官的统称。也比喻事物的内部情况。

一触即发　触：碰；即：就。原指把箭扣在弦上,拉开弓等着射出去。比喻事态发展到了十分紧张的阶段,稍一触动就会立即爆发。泛指极易发生。

发人深思　深：无限,没有穷尽。表示启发人深入地思考。形容语言或文章有深刻的含意,耐人寻味。

思绪万千　思绪：思想的头绪；万千：极多。指思想的头绪相当多,思虑复杂多端。

夜郎自大　夜郎：汉代西南地区的一个小国。比喻人无知而又狂妄自大。

大智若愚　某些才智出众的人,看来好像愚笨,不露锋芒。

愚公移山　比喻坚持不懈地改造自然和坚定不移地进行斗争。

山清水秀　形容风景优美。

秀色可餐　秀色：美女姿容或自然美景；餐：吃。原形容妇女美貌；后也形容景物秀丽。

餐风露宿　风里吃饭,露天睡觉。形容旅途或野外工作的辛苦。

对牛弹琴　讥笑听话的人不懂对方说的是什么。用以讥笑说话的人不看对象。

琴棋书画　弹琴、弈棋、写字、绘画。常用来表示个人的文化素养。

画地为牢　在地上画一个圈当作监狱。比喻只许在指定的范围内活动。

破涕为笑　涕：眼泪。一下子停止了哭泣,露出笑容。形容转悲为喜。

笑容可掬　掬：双手捧取。形容笑容满面。

瞒天过海　用欺骗的手段在暗地里活动。

海底捞月　到水中去捞月亮。比喻去做根本做不到的事,只能白费力气。

高枕无忧　垫高枕头睡觉,无忧无虑。比喻思想麻痹,丧失警惕。

人生七十古来稀　稀：稀少。表示七十岁高龄的人自古以来就不多见。指得享高寿不易。

问十道百　犹言问一答十。形容所知甚多或口齿伶俐。

一清二楚　十分清楚、明白。

一脉相承　从同一血统、派别世代相承流传下来。指某种思想、行为或学说之间有继承关系。

见善必迁　迁：去恶从善。表示遇到好事,一定去做。

一目十行　看书时同时可以看十行。形容看书非常快。

二虎相斗,必有一伤　两只凶恶的老虎争斗起来,其中必有一只受伤。比喻敌对双方实力都很强,激烈斗争的结果,必有一方吃亏。

一针见血　比喻说话直截了当,切中要害。

一五一十　五、十：计数单位。表示五个十个地将数目点清。比喻叙述从头到尾,源源本本,没有遗漏。也形容查点数目。

一波三折　原指写字的笔法曲折多变；现比喻文章的结构起伏曲折。也比喻事情进行中意外的变化很多。

一草一木　比喻极微小的东西。

二话不说　不说任何别的话。指立即行动。

三长两短　指意外的灾祸或事故。特指人的死亡。

优等生必玩的成语游戏——从此出口成章

四面楚歌	比喻陷入四面受敌、孤立无援的境地。
五谷丰登	登：成熟。指年成好，粮食丰收。
六神无主	形容惊慌着急，没了主意，不知如何才好。
七情六欲	泛指人的喜、怒、哀、乐和欲望等。
八面玲珑	玲珑：精巧细致，指人灵活、敏捷。原指窗户明亮轩敞；后用来形容人处世圆滑，待人接物面面俱到。
九牛一毛	九头牛身上的一根毛。比喻极大数量中极微小的数量，微不足道。
十拿九稳	比喻很有把握。
百步穿杨	在一百步远以外射中杨柳的叶子。形容箭法或枪法十分高明。
千疮百孔	形容漏洞、弊病很多，或破坏的程度严重。
横七竖八	有的横，有的竖，杂乱无章。形容纵横杂乱。
乱七八糟	形容无秩序，无条理，乱得不成样子。
七零八落	形容零散稀疏的样子。特指原来又多又整齐的东西现在零散了。
七上八下	形容心里慌乱不安。
七擒七纵	比喻运用策略，使对方心服。
暗箭伤人	放冷箭伤害人。比喻暗地里用某种手段伤害人。
人情冷暖	人情：指社会上的人情世故；冷：冷淡；暖：亲热。泛指人情的变化。指在别人得势时就奉承巴结，失势时就不理不睬。
暖衣饱食	形容生活宽裕，衣食丰足。
食不果腹	果：充实，饱。指吃不饱肚子。形容生活贫困。
腹背受敌	腹：指前面；背：指后面。表示前后受到敌人的夹攻。
敌众我寡	敌方人数多，我方人数少。形容双方对峙，众寡悬殊。
寡不敌众	寡：少；敌：抵挡；众：多。表示人少的抵挡不住人多的。
众口铄金	铄：熔化。形容舆论力量大，连金属都能熔化。比喻众口一词，可以混淆是非。
金榜题名	指科举得中。
名不虚传	传出的名声不是虚假的。指实在很好，不是空有虚名。
传道授业	传授道理，教授学业。
业精于勤	业：学业；精：精通；于：在于；勤：勤奋。表示学业精深是通过勤奋得来的。
勤能补拙	勤奋能够弥补不足。
拙嘴笨腮	嘴巴笨拙。指不善于言辞。
别有洞天	比喻另有一番境界。
天荒地老	指经历的时间极久。
老气横秋	原用来形容老练而自负的神态；现形容自高自大，摆老资格，也形容缺乏朝气。
秋水伊人	指思念中的那个人。
人定胜天	指人力能够战胜自然。
天壤之别	壤：地。天和地，一极在上，一极在下，比喻差别极大。

70

第四部分　字母与数字

事出有因　事情的发生是有原因的。
因材施教　因：根据；材：资质；施：施加；教：教育。指针对学习的人的志趣、能力等具体情况进行不同的教育。
教导有方　教育引导很有办法。
方正不阿　方正：品行正直；阿：阿谀，谄媚。指为人品行正直，不逢迎谄媚。
阿谀奉承　阿谀：用言语恭维别人；奉承：恭维，讨好。表示曲从拍马，迎合别人，竭力向人讨好。
承上启下　承接上面的，引起下面的。多用在写文章方面。
日新月异　新：更新；异：不同。表示每天都在更新，每月都有变化。指发展或进步迅速，不断出现新事物、新气象。
异口同声　不同的嘴说出相同的话。指大家说得都一样。
声泪俱下　一边说一边哭。形容极其悲恸。
下落不明　下落：着落，去处。指不知道要寻找的人或物在什么地方。
明日黄花　黄花：菊花。原指重阳节过后逐渐萎谢的菊花；后多比喻过时的事物或消息。
花好月圆　花儿正盛开，月亮正圆满。比喻美好圆满。多用于祝贺人新婚。

三、成 语 故 事

【刻舟求剑】

　　刻舟求剑的意思是在船上刻下记号，船停后，从记号处寻找落水的剑。比喻办事刻板，方法不对，行事机械固执。

　　战国时期，楚国的一个剑客有一把宝剑，他十分爱惜，平时不论是在家还是出门，他都会把宝剑随身携带。

　　有一天，他坐船渡江，船行到一半的时候，身上绑住剑的绳子松了，一不小心，剑便掉入了江中。他马上伸手去抓，但是已经来不及了。船上的乘客都替他感到惋惜，但是这位剑客说道："不用担心，我已经想到办法可以找到它了。"大家看到他似乎胸有成竹，都很好奇他打算怎么做。只见这名剑客从身上掏出一把小刀，弯着腰在船的侧面木板上刻了一个记号。船上的乘客被他弄迷糊了，只觉得他这么做应该有他的道理。

　　不久，船靠岸了。大家都很好奇剑客下一步打算怎么做，就站在岸边看着。只见那名剑客从他刻上记号的地方跳入了水中，弯着腰在那附近不停地用手捞。捞了半天，连剑的影子都没有看见。剑客开始自言自语起来："应该是这儿没有错啊！宝剑掉落的地方我都刻上记号了，为什么会找不到呢？"

船上的乘客这才明白，原来这名剑客是位糊涂剑客。一个人站出来向他解释道："你的宝剑掉入江中后，会沉到水底一动不动。而我们的船却在移动航行，这样你怎么能找到你的宝剑呢？"

这个成语故事告诉我们，凡事都要随机应变，对于变化发展的问题不能片面或者狭隘地去看待。如果固执不知变通，就很容易做出错误的判断。

【瓜田李下】

瓜田李下是从诗句中简化得来的，原句为：瓜田不纳履，李下不整冠。在古时候，有个人行路的时候，走过一片西瓜地，这时他发现鞋子掉了，就没多想，弯下腰提鞋。不巧被旁边西瓜地的主人看到了，把他当成了贼，以为他蹲下来是偷西瓜呢；还有一个人，也是外出赶路，在经过一片李子园的时候，正巧风把他的帽子吹歪了。他也是没有多想，举起双手正了正帽子，也是被李子园的主人当成了偷李子的小偷。

这个故事告诫我们在经过瓜田的时候，不要蹲下来提鞋，以免人家以为你在摘瓜；走过李子树的下面，不要举起手来整理帽子，以免被别人认为你在偷摘李子。现在我们常用这个成语来比喻在那些容易引起嫌疑的地方，多注意一下自己的行为，以免引起不必要的嫌疑和麻烦。

这个成语出自古乐府《君子行》。原文是：君子防未然，不处嫌疑间。瓜田不纳履，李下不正冠。嫂叔不亲授，长幼不比肩。劳谦得其柄，和光甚独难。周公下白屋，吐哺不及餐。一沐三握发，后世称圣贤。

这和我们现在的行为规范和处事法则也不谋而合，有很多人也会用它来作为自己明哲保身、不惹是非、避免别人产生怀疑的法宝。

唐朝唐文宗时期，号称"颜筋柳骨"的大书法家柳公权担任工部侍郎一职，在当时是二品官员。他为人忠正耿直，敢言善谏。当时有个官员叫郭宁，他把自己的两个女儿送进宫中，正赶上皇帝要派郭宁到邮宁（今天的陕西省邮县）做官。人们听说了这件事以后都议论纷纷，认为郭宁是因为进献了两个女儿才得此官职。唐文宗就此事与柳公权讨论说："郭宁原是太皇太后的继父，又被官封为大将军，当官到现在一直没有什么过失，我只是正常地任命他当邮宁这个小小地方的主官，这又有什么不妥呢？"柳公权说："这关键是时机的问题，议论的人都以为郭宁是因为进献了两个女儿入宫，才得到这个官职的。"唐文宗说："郭宁的两个女儿是进宫陪太后的，又不是献给我的。"柳公权回答："这种瓜田李下的嫌疑，不知内情的人哪能分辨得清呢？"

我们现在所说的"是非之地不可久留"就有点儿瓜田李下的意思。古人强调为人处世要像君子一样，多注意自己的言行举止、风度礼节。除此之外，还要远离是非，主动避开嫌疑，不要与那些有争论的人和事产生联系。

【壮志未酬】

壮志未酬中的"酬"意为"实现",以前的人用它指胸怀大志和抱负没有实现就去世了,现在用来形容宏伟志向不能实现,带有惋惜的意思。

1140 年（绍兴十年）五月,金国背弃盟约,南侵大宋。这一突然袭击打得宋军措手不及,致使城池相继被攻破。随后宋高宗派出韩世忠、岳飞等大将去迎战。没过多久,宋军接连大胜,之前丢失的城池也被逐一夺回。岳飞乘机往中原方向挺进,他多年来都希望能收复中原,如今不想放弃这个难得的机会,希望自己的抱负能够得以实现。

岳飞和他的岳家军进入河南郾城时,与金国将军金兀术遭遇,两军发生激战,把金兀术打得大败。岳飞乘机北伐中原,一口气收复了颖昌、蔡州等地。岳家军连打胜仗,打得金军军心动摇,金兀术准备连夜从开封撤逃。

岳飞与岳家军越打越勇,而金军却有"撼山易,撼岳家军难"的想法,军心涣散。这个时候南宋抗金的斗争到了历史性转变的时刻,只要再向前跨出一步,沦陷十多年的中原马上就可以收复了。

谁想朝廷突然连下十二道金牌,命岳飞即刻班师回朝。岳飞知道是朝中有人从中作梗,心中很是愤慨,感叹道:"十年之功,废于一旦,所得诸郡,一朝全休。社稷江山,难以中兴,乾坤世界,无由再复!"

大概意思是十多年的努力算是白费了。好不容易收复的城池一下子就没了,社稷江山难以中兴,乾坤世界无由再复。

就这样,抗金战斗被迫中止。就在岳飞和岳家军刚撤不久,金兀术便很快整军回到开封,不费吹灰之力,再次占领了中原。

在背后捣鬼的是奸臣秦桧,因为他在宋金关系里,主张议和。岳飞的节节胜利,让他的这个方案无法实行,他便卑鄙地联合他人设计陷阱,想方设法地要将岳飞置之死地而后快。秦桧先是唆使宋高宗给岳飞连下十二块金牌,命他回朝,然后给他冠上一个莫须有的罪名,随后岳飞便被解除了兵权。接着秦桧联合其他佞臣,诬陷岳飞密谋造反。农历除夕夜,宋高宗将三十九岁的岳飞处死在临安的大理寺当中,连同他的部将张宪、儿子岳云也被腰斩于市门。承受着不白之冤死去的岳飞,不是在战场上为国牺牲,而是冤死。而岳飞一心想要打败金国,收复失地的宏伟志向再也无法实现了,这是多么的让人痛心啊!

【夜郎自大】

夜郎自大用来比喻骄傲无知的肤浅自负或自大行为。

汉朝时期,有一个独立自治的国家叫夜郎。国王率领部下去巡视国家的边境,他问身边的部下:"你们说天底下哪个国家最大?"部下们都顺着他的意思齐声说道:"那肯定是我们夜郎国最大了。"当他们走到一座高山前时,夜郎国王又问道:"你们说这座高山是不是

优等生必玩的成语游戏 —— 从此出口成章

天底下最高的呢？"部下们说："那当然了，怎么可能会有比它还要高的山呢。"他们再继续往前走，走到河旁时，夜郎国王问道："你们说还有比它更长的河吗？"部下们回答说："这条河已经这么长了，不会有比它更长的了。"这位没有看过外面世界的国王，更加坚定天底下夜郎是最强大的国家了。

后来汉武帝有意攻打南越国，于是先派使者唐蒙出使南越国，以便战前摸清对方的底细。在出使期间，唐蒙发现南越国有蜀地生产的枸酱，于是询问南越商人，商人回答道："是从靠近牂柯江的夜郎国来的。"于是唐蒙向汉武帝上书说："如果我们从长沙和豫章郡前去攻打南越，水路多半会受到阻碍，不利于作战。我们可以选择沿牂柯江而下攻打，牂柯江附近有一个小国叫夜郎国，他有精兵十万，如果我们能打通夜郎国，在那里设置官吏，那我们不仅能牵制南越，还能出其不意地攻打南越，这也算是一个好办法。"汉武帝同意了，并且让唐蒙携带众多财物去见夜郎国王。

在去往夜郎国的途中，先经过了一个叫作滇国的国家，这是夜郎国的邻国。当滇国国王见到唐蒙后，问道："汉朝和我们比，哪个更大？"唐蒙十分吃惊。后来到达夜郎国以后，夜郎国国王很骄傲自大地问道："汉朝与我们比，谁更大？"

夜郎国虽然是西南夷中最大的国家，但它与汉朝比，也只不过是一个县的大小，更别说百姓数量和物产数量的差距了。唐蒙看着眼前的国王，不知道该如何回答。

【七擒七纵】

七擒七纵是诸葛亮运用策略，为使对方心服，七次擒住并释放孟获的故事。

章武三年，蜀汉皇帝刘备在永安病逝。同年夏天，益州郡统帅雍闿听闻刘备逝世，心生叛意，联合彝族首领孟获共同起兵反抗蜀汉。丞相诸葛亮为平定反叛，亲自率领大军南征。后来雍闿被杀，雍闿的部下由孟获指挥。诸葛亮听闻孟获在本地的夷人和汉人中都有较高的威望，如果要彻底平定南方，就需要孟获这样的人加入。如果他能帮蜀汉联络南人来投靠，那就等于蜀汉多了十万大军。诸葛亮便想把这个"人才"招揽过来，为混乱的南部安插一根定海神针。

孟获虽作战神勇，但很固执，不轻易改变想法。他有一个很大的缺点，就是不善于计谋。于是，诸葛亮决定生擒他，使他归降。两军第一次对战，蜀兵故意节节败退。孟获一看蜀兵这么不经打，于是便穷追猛打，结果正中诸葛亮下怀，一下子就把孟获擒获了。孟获认为自己必定会被处死，也做好了英勇死去的准备，没想到诸葛亮亲自给他松绑，并希望他能归顺蜀汉，孟获一口拒绝。诸葛亮也不加强迫，只是带他去参观军营，问他对蜀汉军营有什么看法。孟获想趁机获取一些敌军情报，但发现军营里全是些老弱残兵，心直口快的孟获说道："你们的虚虚实实我以前不清楚，但现在看了你们军营的情况，赢你实在太容易了。"诸葛亮笑而不答，把孟获放了回去。孟获回去后，对手下说："蜀军那边全都是一些老弱残兵，不足为患，而且我把他们的军营分布位置都记清楚了。今天晚上三更，咱们就给他一个突袭，活捉诸葛亮。"当天夜里三更时分，孟获从军队里挑选了几百名精兵强将，带领他们悄悄地摸进蜀军大营，一路都没有什么阻碍。孟获心想，这回还不活捉诸葛亮，正当他窃喜自己马上就要获胜时，四周突然出现很多蜀军伏兵，就这样孟获又一次被活捉了。见孟获还是不服，诸葛亮又把他放了回去。

孟获接连两次被捉住，心里很不服气，但也发现自己小瞧了诸葛亮，决定下次报仇不可掉以轻心。他带领军队到泸水南岸，那里的气候闷热，而且作战需要用船。孟获决定只守不攻，他心想蜀军来一条船他就打一个。蜀兵到了泸水之后，很多蜀兵都有点适应不了这么闷热的天气。诸葛亮先命令一些士兵打造竹筏，让少许兵渡河，一旦被攻击就马上退回来，攻击停止后再接着渡河，给孟获造成他们正在强力渡河的假象，吸引他们的注意力。然后，诸葛亮把大军分为两队，从上下游两边渡河包围孟获据守的上城。就这样，孟获又一次被擒住。孟获依然不服，诸葛亮又把他放了。

两人斗智斗勇，最终诸葛亮七次活捉孟获。孟获开始从心里佩服，不仅佩服诸葛亮的足智多谋，还佩服他有宽广的心胸。就这样孟获归顺了蜀汉，随诸葛亮回到成都，而后任御史中丞。一直到诸葛亮去世，南方也没有发生大叛乱。

第五部分　成语推理题

这里汇集了很多与成语有关的推理题目。它们形式多样,内容新奇有趣。有的是猜谜语,有的找规律,还有的需要数学计算……快来发动你的脑筋来解决它们吧!

一、成　语　推　理

1．以下数字中都暗含了一个成语,请把它们写出来。

(1) 3.5;

(2) 2+3;

(3) 333 和 555;

(4) 9 寸+1 寸=1 尺;

(5) 1256789;

(6) 12345609;

(7) 23456789。

2．根据下图钟表的指针位置,分别猜一个成语。

3．妈妈下班回家,小明让妈妈陪他玩游戏。只见妈妈把电视机打开,看了几秒钟电视节目,然后又把电视机关掉了。然后对小明说:"我刚才的两个动作分别猜一个成语,你要是能猜对,晚上我就给你做好吃的。"

你能帮助小明猜出这两个成语是什么吗?

4．晚饭后,妈妈打算帮小明缝衣服,于是拿来针和线,对着灯光穿了起来。爸爸在一旁看到了,对小明说:"刚才妈妈的动作可以猜一个成语,你知道是什么吗?"

5．小明的妈妈在动物园工作。一天,妈妈的同事李江来家中做客,带了一个可爱的老虎模型。李江把老虎模型放在小明家的一个盆景假山上,对小明说:"你可以做两个动作,分别代表一个成语,如果你做对了,我就把这只老虎送给你。"

小明非常喜欢这个老虎模型,但是他做不出来。他拿起老虎玩了一会儿,又惋惜地放了回去。就在小明感到失望时,李江竟然把老虎模型送给了小明,还夸他聪明。你知道这是怎么回事吗?

6．请将下面成语缺少的字填满,然后根据缺少的字的内容猜一个地名。

长	涯	大	公	林	月	积	尺	好	源
地	海	招	好	好	如	月	竿	月	节
久	角	风	龙	汉	梭	累	头	圆	流

7．观察下面这个棋盘,请根据这些棋子的布局猜两个成语。你知道是什么吗?

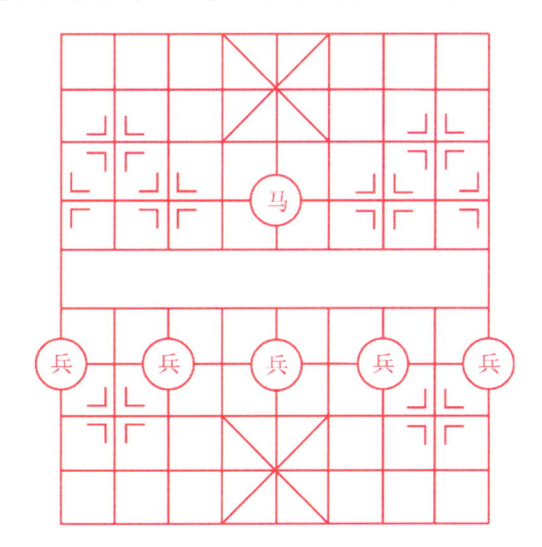

8．在下面空格中填入数量词,并使这些数量词所组成的等式成立。

☐鸣惊人 + ☐龙戏珠 = ☐山五岳

☐更半夜 + ☐亲不认 = ☐牛一毛

☐仙过海 − ☐八佳人 = ☐朝金粉

☐恶不赦 − ☐擒七纵 = ☐从四德

☐话不说 × ☐朝元老 = ☐神无主

☐全十美 × ☐年寒窗 = ☐步穿杨

☐拜之交 ÷ ☐面玲珑 = ☐本万利

☐手观音 ÷ ☐拿九稳 = ☐尺竿头

77

优等生必玩的成语游戏——从此出口成章

9. 根据下面的提示,分别猜一个四字成语。

(1) 最长的一天:□□□□

(2) 最难做的饭:□□□□

(3) 最宝贵的话:□□□□

(4) 最高的人:□□□□

(5) 最大的手术:□□□□

10. 下面这些成语很特别,它们都是 8 个字的,而且每个成语中都有两个相同的字。你能把这些成语填完整吗?

□波□□,□波□□

□夫□□,□夫□□

□年□□,□年□□

□可□,□可□

□事□□,□事□□

11. 下面这些成语很特别,它们都是 8 个字的,而且每个成语中都有两个相同的字。你能把这些成语填完整吗?

□为□□,□为□□

□不□□,□不□□

□则□□,□则□□

□高□□,□高□□

□者□□,□者□□

12. 亚洲的"亚"字加个偏旁部首,可以变成很多字。但是有两个偏旁,加上之后不但可以变成新的字,而且这个过程还可以猜一个成语。你能找出几个这样组成的新字呢?

13. 一天,爸爸给小明猜谜语,谜面是:"火烧山倒,树毁多少?大人不在,云力自烧。"每句猜一个字,然后用谜底的四个字组成一个成语。你知道谜底是什么吗?

14. 猜字谜。

(1) 十天跑完长城。(打一成语)

(2) 整个世纪的战略。(打一成语)

(3) 不准超过15分钟。（打一成语）

(4) "精忠报国"。（打两个称谓）

(5) "朝辞白帝，暮至江陵。"（打一成语）

(6) 桃花潭水深千尺。（打一成语）

15．把下面象棋上的成语补充完整。你知道怎么填吗？

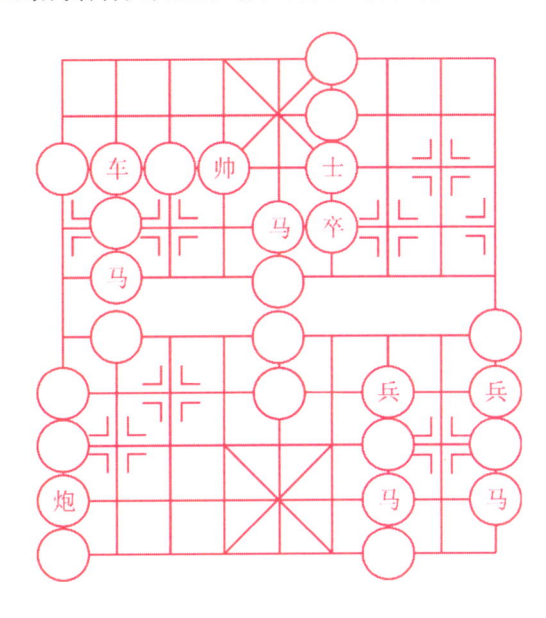

16．成语猜谜语。

(1) 举棋不定。（打一成语）

(2) 滥竽充数。（打一成语）

(3) 二四六八十。（打一成语）

(4) 不折不扣。（打一字）

17．写出与下列成语意思相反的成语。

守株待兔——☐☐☐☐

流芳百世——☐☐☐☐

引蛇出洞——☐☐☐☐

阳春白雪——☐☐☐☐

18．成语计算：请在下面成语的少字处填上合适的数字，并使等式成立。

☐神无主 × ☐霄云外 = ☐湖☐海

☐家争鸣 × ☐万火急 = ☐载难逢

各有☐秋 ÷ 以一当☐ = ☐废待兴

19. 填成语,用所填的字组成一个谜语,并写出谜底。

□针引线　□上添花　□冠禽兽

披星□月　□颜薄命　□言巧语

□苦连天　□衣带水　□东击西

□天动地　□里挑一　□喻户晓

20. 用成语给下列成语对对子,注意要对仗工整,而且意思也要相对应。

粗茶淡饭：□□□□

流芳百世：□□□□

杂乱无章：□□□□

雪中送炭：□□□□

伶牙俐齿：□□□□

21. 你知道"负荆请罪"这个成语故事讲的两个人分别是谁吗?
A. 诸葛亮、刘备
B. 关羽、张飞
C. 周瑜、黄盖
D. 廉颇、蔺相如

22. "守株待兔"这个成语常被人们用来形容哪种类型的人?
A. 懒惰的人
B. 勤劳的人
C. 想不劳而获的人
D. 没有成就的人

23. 在项羽和刘邦的一场战争中,使项羽自刎身亡的典故是什么?
A. 破釜沉舟
B. 四面楚歌
C. 打草惊蛇
D. 揭竿而起

24. 请根据下面的4条提示写出一个成语。
(1) 东汉；(2) 诸葛亮；(3) 刘备；(4) 聘请。

25. "鞠躬尽瘁,死而后已"是对谁一生行为的概括?
A. 曹操
B. 诸葛亮

C. 周恩来

D. 岳飞

26. 请以序数一至十为首字写出相关成语（每个数字至少写出 3 个成语）。

例如：（一）帆风顺。

27. 下面每行的两个成语中分别漏掉了一个字。你能用另外一个成语补足漏掉的两个字吗？

例如：十□九空 □心狗肺

上面的空格处漏掉的分别是"室"和"狼"，所以可以用"引狼入室"补足。

(1) □通广大 光天□日

(2) 鞭□莫及 除暴□良

(3) 寿终正□ □古不化

(4) 一丝不□ □垣断壁

(5) 杳无□信 跳□小丑

28. 请从下列成语中各挑出一个字，来组成杜甫的两句诗句。

神来之笔 光明磊落 惊弓之鸟 长风破浪 风雨同舟 七步成诗 功成名就

可歌可泣 心怀鬼胎 貌合神离

29. 下列每个成语中都有一对反义词，请把它们写出来。

七□八□

七□八□

七□八□

30. 下列每个成语中都有一对近义词，请把它们写出来。

七□八□

七□八□

七□八□

31. 写出至少三个含有两对反义词的成语。

例如，悲欢离合中的悲与欢、离与合分别是反义词。

32．写出至少五个1位和2位是反义词的成语。

例如,悲喜交加,悲与喜是反义词。

33．写出至少五个1位和3位是反义词的成语。

例如,大惊小怪,大和小是反义词。

34．写出至少五个2位和4位是反义词的成语。

例如,贪生怕死,生和死是反义词。

35．写出至少两个3位和4位是反义词的成语。

例如,颠倒黑白,黑和白是反义词。

36．写出至少一个1位和4位是反义词的成语。

37．在一些广告词中,经常会将一些成语中的某个字改成谐音字,与广告产品产生联系。例如,鳖精口服液的广告词为：鳖(别)来无恙。

请把下面广告词中所用的成语补齐。

矿泉水广告：好□多□

止咳药广告：□不□缓

磁化杯广告：□□有皆

服装店广告：□□不舍

热水器广告：随□所□

胃药广告：□所□惧

蚊香广告：默□无□

38．猜成语1。

根据下列谜面猜成语。

（1）牙医牙痛。(打一四字成语)

（2）家电维修。(打一四字成语)

（3）显微镜广告。(打一四字成语)

（4）黑洞。(打一四字成语)

（5）牙口不好。(打一四字成语)

（6）邮递员汇报工作。(打一四字成语)

（7）广场看电影。(打一四字成语)

（8）一年级的儿子做数学题。(打一四字成语)

（9）拖鞋。(打一四字成语)

（10）厨师的拿手好戏。(打一四字成语)

39．猜成语2。

根据下列谜面猜成语。

(1) 油漆工人。（打一四字成语）

(2) 广东人唱京剧。（打一四字成语）

(3) 夜半钟声。（打一四字成语）

(4) 仰泳决赛。（打一四字成语）

(5) 吃橘子。（打一四字成语）

(6) 边吃芝麻糊边聊天。（打一四字成语）

(7) 地球的末日景象。（打一四字成语）

(8) 迷路了,回不了家。（打一四字成语）

(9) 走迷宫。（打一四字成语）

(10) 拔河。（打一四字成语）

40．猜成语3。

根据下列谜面猜成语。

(1) 对理发师的手艺不满意。（打一四字成语）

(2) 世界上最少的军队。（打一四字成语）

(3) 跌打医生替人治病。（打一四字成语）

(4) 剁肉馅太用力。（打一四字成语）

(5) 打假。（打一四字成语）

(6) 强地震。（打一四字成语）

(7) 呼口号。（打一四字成语）

(8) 门口遇到岳父。（打一四字成语）

(9) 兔子不吃窝边草。（打一四字成语）

(10) 超市购物。（打一四字成语）

41．猜成语4。

根据下列谜面猜成语。

(1) 园艺师的工作。（打一四字成语）

(2) 输液。（打一四字成语）

(3) 雨天走在乡间路上（打一四字成语）

(4) 七除以二。（打一四字成语）

(5) 世界上最大的工程。（打一四字成语）

(6) 数学教师。（打一四字成语）

(7) 墓碑。（打一四字成语）

(8) 民航局开业。（打一四字成语）

(9) 八十岁老太太打呵欠。（打一四字成语）

(10) 项羽和刘邦量体重。（打一四字成语）

42．猜成语5。

根据下列谜面猜成语。

(1) 小马哥的爸爸在市立图书馆工作。（打一四字成语）

(2) 第十一本书。（打一成语）

(3) 一只蜜蜂停在日历上。(打一成语)

(4) 这冰看起来就好像是张铝箔。(打一四字成语)

(5) 天哪,整个地区只有这一家还没装电话。(打一成语)

(6) 少了一本书。(猜一成语)

(7) 一条狗过了木桥之后就不叫了。(猜一成语)

(8) 一人把李逵请来说:"李逵,你把宋江叫来!"(打一成语)

(9) 羊不呼吸了。(打一成语)

(10) 弃文就武。(打一成语)

43．猜成语6。

根据下列谜面猜成语。

(1) 拿筷子吃饭。(打一成语)

(2) 小麦的两包面都被偷了。(打一四字成语)

(3) 阎王爷写日记。(打一成语)

(4) 哞哞叫的牛一下水游泳后就不叫了。(打一四字成语)

(5) 最细的针。(打一成语)

(6) 七个人躺着,八个人站着。(打一成语)

(7) 250克和400克。(打一四字成语)

(8) 茅厕里挂闹钟。(猜一成语)

(9) 数字3走在路上,走着走着它翻了一个跟斗,不一会儿它又翻了一个跟斗。(打一四字成语)

(10) 一封信是两枚蛋做的。(打一四字成语)

44．猜成语7。

根据下列谜面猜成语。

(1) 世界上最小的邮筒。(打一成语)

(2) 最长的腿。(打一成语)

(3) 黄鼠狼觅食。(打一成语)

(4) 最慢的时间。(打一成语)

(5) 仙女抚琴(打一四字成语)

(6) 手机不可以掉到马桶里。(猜一成语)

(7) 一群人拿鸡蛋砸枪。(打一成语)

(8) 蓝色的刀和蓝色的枪。(猜一成语)

(9) 九千九百九十九个无。(打一成语)

(10) 羊给老鹰打电话。(打一成语)

45．猜成语8。

根据下列谜面猜成语。

(1) 为什么帽子脏了要翻面再戴。(打一成语)

(2) 一只乌龟因背着十字架而尽人皆知。(打一四字成语)

(3) 狗咬人，人咬狗。(猜一成语)

(4) 伴奏。(打一成语)

(5) 有十只羊，九只蹲在羊圈里，一只蹲在猪圈里。(打一成语)

(6) 一只熊走过来。(打一成语)

46．请用一对近义词把下列成语补齐。

(1) 见□识□

(2) □言□色

(3) 高□远□

(4) 左□右□

(5) □兵□将

(6) □身□骨

(7) □敲□击

(8) 千□万□

(9) 眼□手□

47．成语的适用场合。

"东张西望""左顾右盼""瞻前顾后"这几个成语用在什么时候最合适？

48．从字数上看，成语大多是四个字的，但也有一些是三个字的，如"莫须有"，有五个字的，如"小巫见大巫"；有六个字的，如"五十步笑百步"；有七个字的，如"冒天下之大不韪"，有八个字的，如"八仙过海，各显神通"……请写出至少10个八字成语。

49．请写出至少10个七字成语。

50．请写出至少10个六字成语。

51．请写出至少10个五字成语。

52．请写出至少10个三字成语。

53．绝大部分四字成语的四个字是各不相同的，我们用 ABCD 式来表示，也有个别的四字成语会用到一对甚至两对相同的字。你能找出一个 ABBC 式的成语吗？

54．你能找出至少三个 ABCC 式的成语吗？

55．你能找出至少三个 ABCA 式的成语吗？

56．你能找出至少三个 ABAC 式的成语吗？

57．你能找出至少三个 AABC 式的成语吗？

58．你能找出至少三个 AABB 式的成语吗？

优等生必玩的成语游戏——从此出口成章

答案：

1.

(1) 3.5（不三不四）

(2) 2 + 3（接二连三）

(3) 333 和 555（三五成群）

(4) 9 寸 + 1 寸 =1 尺（得寸进尺）

(5) 1256789（丢三落四）

(6) 12345609（七零八落）

(7) 23456789（缺衣少食）

2.

(1) 午（五）时三刻

(2) 七上八下

(3) 三长两短

3．第一个打开电视看了几秒，猜的成语是"有声有色"；第二个关掉电视机，成语为"不露声色"。

4．望眼欲穿。

5．因为李江以为他答对了。这两个动作分别代表"调虎离山""放虎归山"。

6．填的字为："天天树叶绿，日日百花开。"

猜的地名为：长春。

7．一马当先，按兵不动。

8.

（一）鸣惊人 +（二）龙戏珠 =（三）山五岳

（三）更半夜 +（六）亲不认 =（九）牛一毛

（八）仙过海 -（二）八佳人 =（六）朝金粉

（十）恶不赦 -（七）擒七纵 =（三）从四德

（二）话不说 ×（三）朝元老 =（六）神无主

（十）全十美 ×（十）年寒窗 =（百）步穿杨

（八）拜之交 ÷（八）面玲珑 =（一）本万利

（千）手观音 ÷（十）拿九稳 =（百）尺竿头

9.

(1) 度日如年

(2) 无米之炊

(3) 金玉良言

(4) 顶天立地

(5) 脱胎换骨

10.

一波未平，一波又起

第五部分 成语推理题

一夫当关,万夫莫开
十年树木,百年树人
只可意会,不可言传
前事不忘,后事之师

11.
宁为玉碎,不为瓦全
机不可失,时不再来
有则改之,无则加勉
道高一尺,魔高一丈
言者无罪,闻者足戒

12.
哑,有口难言。
恶,存心不良。

13. 谜底是"灵机一动"。

14.
(1) 一日千里
(2) 百年大计
(3) 刻不容缓
(4) 岳母,令郎
(5) 一日千里
(6) 无与伦比

15. 身先士卒,舍车保帅,车水马龙,马到成功,如法炮制,兵荒马乱,厉兵秣马。

16.
举棋不定——下落不明
滥竽充数——随声附和
二四六八十——无独有偶
不折不扣——哲

17.
守株待兔——缘木求鱼
流芳百世——遗臭万年
引蛇出洞——放虎归山
阳春白雪——下里巴人

18.
(六)×(九)=(五)(四)
(百)×(十)=(千)
(千)÷(十)=(百)

19.
(穿)针引线 (锦)上添花 (衣)冠禽兽

优等生必玩的成语游戏——从此出口成章

披星（戴）月　（红）颜薄命　（花）言巧语
（叫）苦连天　（一）衣带水　（声）东击西
（惊）天动地　（万）里挑一　（家）喻户晓

谜语：

穿锦衣,戴红花,叫一声,惊万家。

谜底是公鸡。

20．

粗茶淡饭：锦衣玉食

流芳百世：遗臭万年

杂乱无章：井然有序

雪中送炭：火上浇油

伶牙俐齿：笨嘴拙舌

21．D

22．C

23．B

24．三顾茅庐

25．B

26．

一败涂地,一板一眼,一笔勾销,一表人才

二八佳人,二话不说,二分明月,二虎相斗,必有一伤

三长两短,三从四德,三番五次,三顾茅庐

四大皆空,四分五裂,四海升平,四面楚歌

五彩缤纷,五光十色,五花八门,五湖四海

六朝金粉,六根清净,六亲不认,六神无主

七步之才,七零八落,七情六欲,七窍生烟

八拜之交,八面玲珑,八仙过海,八面威风

九九归一,九牛二虎之力,九泉之下,九死一生

十全十美,十恶不赦,十年寒窗,十万火急

27．

(1) 出神入化

(2) 长治久安

(3) 废寝忘食

(4) 苟延残喘

(5) 余音绕梁

28．笔落惊风雨,诗成泣鬼神

29．七长八短　七上八下　七高八低

30．七扭八歪　七零八落　七推八阻

31．古今中外、古往今来、天南地北、出生入死、今是昨非、轻重缓急、生死存亡、是非

曲直。

32．黑白分明、进退两难、进退维谷、本末倒置、生死攸关、始终如一、阴阳怪气、左右逢源。

33．大材小用、东奔西走、古为今用、今非昔比、苦尽甘来、来龙去脉、冷嘲热讽、里应外合、南辕北辙、内忧外患、前赴后继、深入浅出、生离死别、死去活来、天崩地裂、同床异梦、异口同声、阴错阳差、有备无患、左顾右盼、上行下效、朝三暮四、前呼后拥、东倒西歪。

34．醉生梦死、承上启下、承前启后、开天辟地、翻来覆去、顾此失彼、虎头蛇尾、继往开来、扬长避短、口是心非、空前绝后、除旧布新、你死我活、拈轻怕重、弄假成真、七上八下、完整无缺、借古讽今、起死回生、避重就轻、积少成多、瞻前顾后、挑肥拣瘦、同甘共苦。

35．混淆是非、举足轻重、礼尚往来。

36．公而忘私、死里逃生。

37．
矿泉水广告：好水（事）多磨

止咳药广告：咳（刻）不容缓

磁化杯广告：有口皆杯（碑）

服装店广告：衣衣（依依）不舍

热水器广告：随心所浴（欲）

胃药广告：无所胃（畏）惧

蚊香广告：默默无蚊（闻）

38．

（1）不能自拔

（2）见机行事

（3）无微不至

（4）苍天有眼

（5）吃软不吃硬

（6）言必有信

（7）有目共睹

（8）屈指可数

（9）空前绝后

（10）添油加醋

39．

（1）好色之徒

（2）南腔北调

（3）一鸣惊人

（4）背水一战

（5）吃里爬外

（6）含糊其辞

（7）海枯石烂

(8) 来路不明

(9) 拐弯抹角

(10) 东拉西扯

40.

(1) 岂有此理

(2) 单枪匹马

(3) 扭扭捏捏

(4) 入木三分

(5) 去伪存真

(6) 大摇大摆

(7) 异口同声

(8) 开门见山（岳父的别称：泰山）

(9) 舍近求远

(10) 各取所需

41.

(1) 拈花惹草

(2) 细水长流

(3) 拖泥带水

(4) 不三不四

(5) 开天辟地

(6) 说三道四

(7) 名存实亡

(8) 有机可乘

(9) 一望无涯（牙）

(10) 称王称霸

42.

(1) 老马识途（老马市图）

(2) 不可思议（book11）

(3) 风和日丽

(4) 如履薄冰（如铝箔冰）

(5) 天衣无缝（天，一无 phone）

(6) 缺一不可（book）

(7) 过目不忘（过木不汪）

(8) 呼风唤雨（呼"黑旋风"唤"及时雨"）

(9) 扬眉（羊没）吐气

(10) 弃笔从戎

43.

(1) 脍（筷）炙（至）人口

（2）面面俱到（盗）

（3）鬼话连篇

（4）有勇无谋（游泳无哞）

（5）无孔不入

（6）横七竖八

（7）半斤八两

（8）有始有终

（9）三番两次

（10）信誓旦旦（蛋蛋）

44．

（1）难以置信

（2）一步登天

（3）见机（鸡）行事

（4）度日如年

（5）不同凡响

（6）机不可失（机不可湿）

（7）枪林（淋）弹（蛋）雨

（8）刀枪不入（blue）

（9）万无一失

（10）阳奉阴违（羊 phone 鹰喂）

45．

（1）张冠李戴（赃冠里带）

（2）实至名归（十字名龟）

（3）以牙还牙

（4）助人为乐

（5）抑扬顿挫（一羊蹲错）

（6）有备而来（有 bear 来）

46．

（1）见多识广

（2）察言观色

（3）高瞻远瞩

（4）左顾右盼

（5）调兵遣将

（6）粉身碎骨

（7）旁敲侧击

（8）千辛万苦

（9）眼疾手快

47．过马路的时候。

优等生必玩的成语游戏——从此出口成章

48．百尺竿头，更进一步；百足之虫，死而不僵；比上不足，比下有余；兵来将挡，水来土掩；兵马未动，粮草先行；不经一事，不长一智；不求有功，但求无过；不入虎穴，焉得虎子；不在其位，不谋其政；差之毫厘，谬以千里；成事不足，败事有余；成也萧何，败也萧何；城门失火，殃及池鱼；尺有所短，寸有所长；春生夏长，秋收冬藏；从善如登，从恶如崩；当局者迷，旁观者清；道高一尺，魔高一丈；得道多助，失道寡助；得人者昌，失人者亡；东隅已逝，桑榆非晚；耳闻是虚，眼观为实。

49．不到黄河心不死；不敢越雷池一步；不管三七二十一；不见棺材不落泪；不看僧面看佛面；不为五斗米折腰；初生牛犊不怕虎；此地无银三百两；打开天窗说亮话；打破砂锅问到底；道不同不相为谋；得饶人处且饶人；多行不义必自毙；放之四海而皆准；好汉不吃眼前亏；近水楼台先得月；拒人于千里之外；来而不往非礼也。

50．哀莫大于心死；百闻不如一见；不得已而为之；不登大雅之堂；不费吹灰之力；不分青红皂白；陈谷子烂芝麻；打肿脸充胖子；顾左右而言他；九牛二虎之力；可望而不可即；牛头不对马嘴；杀鸡焉用牛刀；伸手不见五指；生米煮成熟饭；事实胜于雄辩；手无缚鸡之力；水至清则无鱼；死马当活马医；死无葬身之地。

51．八九不离十；八字没一撇；杯酒释兵权；兵败如山倒；病急乱投医；打蛇打七寸；独木不成林；二桃杀三士；二一添作五；富贵不能淫；疾风扫秋叶；疾风知劲草；家书抵万金；脚踏两只船；开门七件事；庐山真面目；名师出高徒；泥菩萨过江；女大十八变；盘古开天地；平地一声雷；千里送鹅毛；墙倒众人推；擒贼先擒王。

52．安乐窝；杯中物；闭门羹；东道主；恶作剧；耳边风；二把刀；空城计；口头禅；老江湖；里程碑；露马脚；马后炮；马前卒；门外汉；试金石；替罪羊；一窝蜂；应声虫；逐客令；忘年交。

53．不了了之；自欺欺人。

54．白雪皑皑；板上钉钉；波光粼粼；不过尔尔；不甚了了；大腹便便；大名鼎鼎；得意扬扬。

55．防不胜防；国将不国；话里有话；精益求精；举不胜举；忍无可忍；日复一日；神乎其神；痛定思痛；微乎其微。

56．挨家挨户；碍手碍脚；百发百中；百战百胜；半推半就；半信半疑；毕恭毕敬；不卑不亢。

57．步步为营；楚楚可怜；蠢蠢欲动；绰绰有余；代代相传；喋喋不休；鼎鼎大名；多多益善。

58．安安稳稳；沸沸扬扬；风风火火；鬼鬼祟祟；浩浩荡荡；轰轰烈烈；浑浑噩噩；结结巴巴；兢兢业业。

二、重点成语释义

不三不四 指不正派，也指不像样子。
接二连三 接连不断。
三五成群 几个人、几个人在一起。

得寸进尺　得了一寸,还想再进一尺。比喻贪心不足,有了小的,又要大的。
丢三落四　形容做事马虎粗心,不是丢了这个,就是忘了那个。
七零八落　形容零散稀疏的样子。特指原来又多又整齐的东西现在零散了。
缺衣少食　衣食不足。指贫穷。
七上八下　形容心里慌乱不安。
三长两短　指意外的灾祸或事故。特指人的死亡。
有声有色　形容说话或表演精彩生动。
不露声色　声:说话的声音;色:脸上的表情。心里的打算不在说话和脸色上显露出来。
望眼欲穿　眼睛都要望穿了。形容盼望殷切。
调虎离山　设法使老虎离开原来的山冈。比喻用计使对方离开原来的地方,以便乘机行事。
放虎归山　把老虎放回山去。比喻把坏人放回老巢,留下祸根。
一马当先　原指作战时策马冲锋在前。形容领先。也比喻工作走在群众前面,积极带头。
按兵不动　按:止住。使军队暂不行动。现也比喻暂不开展工作。
一鸣惊人　鸣:鸟叫。一叫就使人震惊。比喻平时没有突出的表现,一下子做出惊人的成绩。
九牛一毛　九条牛身上的一根毛。比喻极大数量中极微小的数量,微不足道。
二八佳人　二八:指十六岁;佳人:美女。十五六岁的美女。
十恶不赦　指罪恶极大,不可饶恕。
百步穿杨　在一百步远以外射中杨柳的叶子。形容箭法或枪法十分高明。
八面玲珑　玲珑:精巧细致,指人灵活、敏捷。本指窗户明亮轩敞。后用来形容人处世圆滑,待人接物面面俱到。
百尺竿头　桅杆或杂技长竿的顶端。比喻极高的官位和功名,或学问、事业有很高的成就。
度日如年　过一天像过一年那样长。形容日子很不好过。
无米之炊　炊:做饭。比喻缺少必要条件无法办成的事。
金玉良言　比喻可贵而有价值的劝告。
脱胎换骨　原为道教用语。指修道者得道以后,就转凡胎为圣胎,换凡骨为仙骨。现比喻通过教育,思想得到彻底改造。
一波未平,一波又起　一个浪头尚未平复,另一个浪头又掀起了。比喻事情进行波折很多,一个问题还没有解决,另一个问题又发生了。
一夫当关,万夫莫开　意思是山势又高又险,一个人把着关口,一万个人也打不进来。形容地势十分险要。
十年树木,百年树人　树:培植,培养。比喻培养人才是长久之计,也表示培养人才很不容易。

优等生必玩的成语游戏 —— 从此出口成章

只可意会,不可言传 只能用心去揣摩体会,没法用话具体地表达出来。指道理奥妙,难以说明;有时也指情况微妙,不便说明。

前事不忘,后事之师 师:借鉴。记取从前的经验教训,作为以后工作的借鉴。

宁为玉碎,不为瓦全 宁做玉器被打碎,不做瓦器而保全。比喻宁愿为正义事业牺牲,不愿丧失气节,苟且偷生。

机不可失,时不再来 指时机难得,必需抓紧,不可错过。

有则改之,无则加勉 则:就;加:加以。对别人给自己指出的缺点错误,如果有,就改正;如果没有,就用于勉励自己。

道高一尺,魔高一丈 原意是宗教家告诫修行的人要警惕外界的诱惑;后比喻取得一定成就以后往往面临新的更大的困难。

言者无罪,闻者足戒 指提意见的人只要是善意的,即使提得不正确,也是无罪的;听取意见的人即使没有对方所提的缺点错误,也值得引以为戒。

有口难言 言:说。虽然有嘴,但话难以说出口。指有话不便说或不敢说。

一日千里 原形容马跑得很快。后比喻进展极快。

百年大计 大计:长远的重要的计划。指关系到长远利益的计划或措施。

无与伦比 伦比:类比,匹敌。指事物非常完美,没有能跟它相比的。

身先士卒 作战时将领亲自带头,冲在士兵前面。现在也用来比喻领导带头,走在群众前面。

厉兵秣马 磨好兵器,喂好马。形容准备战斗。

下落不明 下落:着落,去处。指不知道要寻找的人或物在什么地方。

无独有偶 独:一个;偶:一双。不止一个,竟然还有配对的。表示两事或两人十分相似。

不折不扣 折、扣:出售商品时,按定价减去的成数。没有折扣,表示完全、十足的意思。

守株待兔 株:露出地面的树根。原比喻希图不经过努力而得到成功的侥幸心理;现也比喻死守狭隘经验,不知变通。

缘木求鱼 缘木:爬树。爬到树上去找鱼。比喻方向或办法不对头,不可能达到目的。

流芳百世 好的名声永远流传下去。

阳春白雪 原指战国时代楚国的一种较高级的歌曲。比喻高深的不通俗的文学艺术。

下里巴人 原指战国时代楚国民间流行的一种歌曲。比喻通俗的文学艺术。

家喻户晓 喻:明白;晓:知道。家家户户都知道,形容人所共知。

遗臭万年 遗臭:死后留下的恶名。死后恶名一直流传,永远被人唾骂。

井然有序 井然:整齐不乱的样子。序:次序。整整齐齐,次序分明,条理清楚。

二分明月 古人认为天下明月共三分,扬州独占二分。原用于形容扬州繁华昌盛的景象;今用于比喻当地的月色格外明朗。

四海升平 升平:太平。天下太平。

六朝金粉 六朝:南朝吴、东晋、宋、齐、梁、陈六个朝代;金粉:旧时妇女妆饰用的铅粉,常用于形容繁华绮丽,也用于形容六朝的靡丽繁华景象。
  八拜之交 八拜:原指古代世交子弟谒见长辈的礼节;交:友谊。旧时朋友结为兄弟的关系。
  十年寒窗 形容长年刻苦读书。
  出神入化 神、化:指神妙的境域。极其高超的境界,形容文学艺术达到极高的成就。
  苟延残喘 苟:暂且,勉强;延:延续;残喘:临死前的喘息。勉强延续临死前的喘息。比喻暂时勉强维持生存。
  余音绕梁 形容歌声优美,给人留下难忘的印象。
  是非曲直 正确还是不正确,有理还是无理。
  有备无患 患:祸患,灾难。事先有准备,就可以避免祸患。
  借古讽今 借评论古代某人某事的是非曲直,影射现实。
  瞻前顾后 瞻:向前看;顾:回头看。看看前面,又看看后面。形容做事之前考虑周密慎重。也形容顾虑太多,犹豫不决。
  举足轻重 只要脚移动一下,就会影响两边的轻重。指处于重要地位,一举一动都足以影响全局。
  礼尚往来 指礼节上应该有来有往。现也指以同样的态度或做法回答对方。
  公而忘私 为了公事而不考虑私事,为了集体利益而不考虑个人得失。
  抱残守缺 抱着残缺陈旧的东西不放。形容思想保守,不求改进。
  有目共睹 睹:看见。指非常明显,谁都看得见。
  背水一战 背水:背向水,表示没有退路。比喻与敌人决一死战。
  海枯石烂 海水干涸、石头腐烂。形容历时久远。比喻坚定的意志永远不变。
  开门见山 比喻说话或写文章直截了当谈本题,不拐弯抹角。
  细水长流 比喻节约使用财物,使经常不缺用;也比喻一点一滴不间断地做某件事。
  沉鱼落雁 鱼见之沉入水底,雁见之降落沙洲。形容女子容貌美丽。
  如履薄冰 履:践、踩在上面。像走在薄冰上一样。比喻行事极为谨慎,存有戒心。
  肝胆相照 肝胆:比喻真心诚意。比喻以真心相见。
  阳奉阴违 阳:表面上;奉:遵守,听从;阴:暗地里。指玩弄两面派手法,表面上遵从,暗地里违背。
  助人为乐 帮助人就是快乐。
  殃及池鱼 比喻无缘无故地遭受祸害。
  不到黄河心不死 比喻不达目的不罢休,也比喻不到实在无路可走的境地不肯死心。
  多行不义必自毙 坏事干多了,结果是自己找死。
  哀莫大于心死 指最可悲哀的事,莫过于思想顽钝,麻木不仁。
  杯酒释兵权 释:解除。本指在酒宴上解除将领的兵权;泛指轻而易举地解除将领的兵权。
  东道主 泛指接待或宴客的主人。

优等生必玩的成语游戏 —— 从此出口成章

不了了之 了：了结，结束。用不了结的办法去了结。指把事情放在一边不管，就算完事。

大名鼎鼎 鼎鼎：盛大的样子。形容名气很大。

痛定思痛 指悲痛的心情平静以后，再追想当时所受的痛苦。常含有警惕未来之意。

半推半就 推：抵拒，推托；就：靠拢，迎上去。一面推辞，一面靠拢上去。形容装腔作势、假意推辞的样子。

楚楚可怜 楚楚：植物丛生的样子，也形容痛苦的神情。本指幼松纤弱可爱，后形容女子娇弱的样子。

兢兢业业 形容做事谨慎、勤恳。

三、成语故事

【叶公好龙】

据说春秋时期，楚国叶县的县官名叫沈诸梁，大家都称他为叶公。叶公有一个特殊嗜好，县里的百姓无人不知、无人不晓，那就是龙。在他家，你可以在梁柱、门窗上看见巧匠雕刻出的活灵活现的龙纹，甚至在衣服、被子和锅碗瓢盆等生活用品上也能看见金龙。最显眼的还属叶公家雪白墙上的那条巨龙，来的人无不赞叹，就像是进入了龙宫一样。

叶公爱龙的事情也传到了天上的真龙的耳中，真龙觉得应该去拜访一下这位这么喜爱自己的人。于是真龙从天上飞入凡间，到达叶公家后，把头从窗户伸进去，向叶公打招呼："叶公，你好。"

叶公回头看到真龙，顿时吓得脸色苍白，并大叫道："救命啊！怪物！"真龙说："你不要害怕，我是你很喜欢的龙啊！"叶公吓得腿发软，跪倒在地说："我是喜欢龙，但我不喜欢真的龙啊。"叶公赶忙连滚带爬地跑了出去。见此情景，真龙只能长叹一口气。

后来人们就用叶公好龙来比喻自称爱好某种事物，实际上并不是真正爱好，甚至是害怕。

这只是一个故事，而在历史上，还真有个"叶公"。

孔子的一位学生子张听闻鲁哀公（春秋时代鲁国的国君）非常喜爱英才，于是决定前去拜访。到了鲁国以后，求见鲁哀公七天，但是他都没有理睬子张。于是子张派他的仆人去传话："一直听闻您珍惜有才华的人，所以我不顾路途的艰难，不远千里过来，甚至不敢休息，先来拜见您。但是现在过去了七天，您却不理睬我，我认为您的惜才只不过像叶公喜欢龙一样。叶公的衣食住行都体现着他爱龙的心，但是等到真龙出现时，他却害怕地跑掉了。您就像叶公，虽说喜欢人才，但您喜欢的人才不过是那些似人才却

96

非真人才的人。知道您是这样的人后,我决定要离开,很抱歉。"

【负荆请罪】

负荆请罪意思是背着荆杖,向当事人请罪。形容主动向人认错、道歉,给予自己严厉责罚,也表示向人认错赔罪。这个故事出自《史记·廉颇蔺相如列传》,讲述的是战国时期,廉颇和蔺相如的故事,又被称为将相和。

廉颇是战国后期赵国的名将。赵惠文王时封为上卿,屡次战胜齐、魏等国,为赵国立了大功。长平之战时,坚壁固守三年。后来赵孝成王中了秦国的反间计,用赵括代替廉颇为将,招致惨败。燕国乘机攻赵。赵孝成王重新起用廉颇,战胜燕军。赵王封廉颇为信平君,任相国。

蔺相如,战国时期赵国的大臣。赵惠文王时得到世上稀有的宝玉——和氏璧,秦国强以15座城换取"和氏璧",蔺相如奉命带璧出使秦国,与秦王当庭力争,完璧归赵。赵王封相如为上大夫。公元前279年,他又随赵惠文王到渑池(今河南渑池西)与秦王相会,使赵王未受辱于秦,归国后因功封为上卿,地位在廉颇之上。

廉颇对此愤愤不平,心中不快,觉得自己功劳卓著,却位列蔺相如之下,于是扬言要当面侮辱蔺相如。蔺相如知道后,不愿意和廉颇争位次先后,便处处避让廉颇,上朝时经常假称有病,以此回避。

有一次,蔺相如乘车外出,远远望见廉颇的车子迎面而来,急忙叫手下人把车赶到小巷里避开。蔺相如手下的人便以为蔺相如害怕廉颇,非常不解。蔺相如对他们解释说:"秦国这样强大,我都不怕,廉将军又有什么可怕的呢?强横的秦国今天之所以不敢对我们赵国轻易用兵,只是因为赵国有我和廉将军两人。如果我和廉将军两人不能和睦相处,互相攻击,像两只老虎一样相斗,结果必定有一虎受伤,秦国就会趁机侵略赵国。我之所以对廉将军避让,是因为我把国家的安危放在前头,不计较私人的怨恨。"

蔺相如这番话很快传到了廉颇的耳中,廉颇被蔺相如如此宽大的胸怀深深感动,更觉得自己枉顾国家大局,十分惭愧。于是脱掉上衣,在背上绑了一根荆杖,到蔺相如府上请罪,两人从此誓同生死,成为至交。

将相和的故事传为美谈。国家将相在治理国家时需要宽阔的胸怀,才能确保朝政稳定,社会安宁,反之就会害己误国。

【环肥燕瘦】

人们经常会用"环肥燕瘦"来形容不同的女子有不同的美。即不论胖瘦,都各有不同的美。

"环肥"指的是与西施、王昭君、貂蝉并称为中国古代四大美女的贵妃杨玉环。环肥不是现在人们所说的肥胖,而是健康的"丰腴美"。杨贵妃的"肥"不是臃肿,而是曲眉丰颊、丰体盈颐。杨玉环的美连白居易也不得不赞叹,他在《长恨歌》中这样写道:"回眸一笑百媚生,六宫粉黛无颜色。春寒赐浴华清池,温泉水滑洗凝脂。"唐玄宗非常宠爱杨贵妃,喜欢到什么程度呢?杨贵妃从小就很爱吃荔枝,但是唐朝那时候的都城在西安,离荔枝产地有千里之遥,加上荔枝本身不好保存,所以荔枝在都城比较罕见。但是唐玄宗为了杨贵妃能吃到新鲜荔枝，不惜用快马加鞭，从外地运来新鲜的荔枝，只为博红颜一笑。

而"燕瘦"指的是汉成帝的皇后赵飞燕。当然，这里的"燕瘦"也不是瘦得只剩下皮包骨头，而是体现出身材纤细、步态轻盈，身体皮肤犹如凝脂滑嫩，而且肌肤还散发出阵阵蜜香。

赵飞燕以跳舞著称，可以说她婀娜曼妙的舞姿就是她的"武器"。赵飞燕身轻如燕，据说能掌上起舞。如此一来，她在后宫嫔妃中如鹤立鸡群，她的一举一动都牵动着汉成帝的心。

汉成帝非常喜欢看她跳舞，于是在一个叫作瀛洲的小岛上专门为她建起了一个高十几米的舞台。瀛洲小岛的周围有一湾清水，叫作"太液池"。赵飞燕在台上随着乐队的伴奏翩翩起舞，就好像在水中起舞一样。一次，汉成帝在台下正看得如痴如醉，忽然不知从哪儿刮来一阵大风，把赵飞燕的长薄纱衣袖吹了起来，看上去赵飞燕就要随风飘去一样。汉成帝见此，赶紧叫人上台去拉住她，生怕她会被吹走。汉成帝为避免下次还出现这种情况，于是给她建了一座可以避风的舞台，名叫"七宝避风台"。由此可以看出汉成帝有多么的宠爱她。而这种宠爱并没有因为时间的流逝而减少，几年后赵飞燕便被册封为皇后，受专宠将近十年，一时间贵倾后宫。据说她之所以这么纤瘦，并且皮肤滑嫩，是因为使用了一个叫作息肌丸的药丸，这种药丸不是吃的，而是把它塞入肚脐，长时间使用能让人肤色白皙娇嫩。这种药丸中含有高丽参、鹿茸等名贵药物，还有一种药物叫麝香。麝香有一个很大的副作用，就是可以令妇女内分泌失调，甚至导致终生不孕。据说，这也是赵飞燕一生没有生育的原因。

杨玉环和赵飞燕虽然一个"环肥"，一个"燕瘦"，是截然不同的两种体态，但她们都成为她们那个时代的典型美人代表。不同的时代，有着不同的美学观，唐朝以"环肥"为美，而汉朝以"燕瘦"为美，所以说不仅"时势造英雄"，时势还能决定谁才是美女。

【二桃杀三士】

二桃杀三士，指用两个桃子杀死了三名勇士，表示运用计谋杀人。这个典故出自《晏子春秋·内篇谏下·第二十四》。

春秋时期，齐景公养了三个大力士，因为他们不懂得君臣大义和朝廷礼仪，以至于让众大臣及齐景公都对他们产生了反感，所以齐景公想除掉他们。但是他们力大无比，而且武艺高强，有万夫不当之勇，没有人能够近他们的身，所以一直也没有好办法。

晏子给齐景公出了个计策，赐给三个大力士两个鲜桃，让他们比功劳。谁的功劳大，谁就可以吃桃，晏子的意思就是想让他们自相残杀。

于是，齐景公把他们三个宣上来，然后叫奴役用盘子端出两个鲜桃，并对他们说："三位爱卿，你们都是寡人深爱的大力士，寡人想奖赏你们，可是今日奴役们在后花园里摘桃子，只有两颗，寡人想把它们奖赏给你们三个其中功劳最大的两个人，你们开始比自己的功劳吧!"

大力士公孙接说:"当年主公在狩猎时遇到两只猛虎,我一一将它们擒杀,才救得主公一命,像我这样的功劳,完全可以独自吃一个鲜桃,不与别人分吃!"说着抓起一个鲜桃,站起身来就要吃。

大力士田开疆说:"当年主公被敌军围困,我一人手持兵器两次打退敌军,才救出主公。像我这样的功劳,也可以独自吃一个鲜桃,不与别人分吃!"说完,他也抓起一个鲜桃站起身来就要吃。

两个鲜桃都被人抓走了,另外一个大力士古冶子说:"我曾经跟随君王渡过黄河,一只鼋鱼咬住左骖马,把它拖进砥柱山下的漩涡里,我潜入河水下面,逆流追出百步远,又顺流追赶了几里远,擒获鼋鱼而杀死它。左手抓住左骖马的尾巴,右手提着鼋鱼头,像仙鹤一样跃出水面。渡口的船夫都说:'黄河水神出来了!'他们仔细一看,原来是我举起的鼋鱼头。像我这样中流砥柱的功劳,也可以单独吃一个鲜桃,不与别人分吃!你们两个人为何不把鲜桃放回到原处!"古冶子说着抽出剑来,拉开决斗的架势。

大力士公孙接、田开疆说:"我们的勇武不如你,功劳赶不上你。而我们却毫不谦让地抓起鲜桃,是贪婪的表现。既然这样,如果我们还不死,是太不知羞耻了!"

于是,公孙接、田开疆把两个鲜桃放回原处,然后拔剑自刎了。

看到这种惨烈的场面,最后一位大力士古冶子说:"你们两位都死了,唯独我还活着,这是不仁;用语言羞辱人家而夸耀自己,这是不义;悔恨自己的行为而不去死,这是没有勇气。你们两位都送回鲜桃,为保持气节而自杀了,难道我会单独享受两个鲜桃吗?"于是,古冶子也自杀了。

三人把勇敢和气节看得比生命还重要,结果为了两个鲜桃都自杀了,这是晏婴用的计策,为齐国除了隐患。这件事办得干净利落,没费吹灰之力,晏婴真是机敏过人。

【笑里藏刀】

三十六计中有一计叫笑里藏刀,意思是对人外表和气,内心却阴险毒辣。这一计男女老少通吃,并且可以自学成才。一般情况下,此计屡试不爽,因为大家都有一个想法:伸手不打笑脸人。

吴国公子姬光对吴王僚笑脸相迎,毕恭毕敬,但他心里早已经起了谋反之心。当时伍子胥从楚国逃到吴国,姬光觉得他是个谋士,于是便把他拉到旗下,和他商量刺杀吴王僚的办法。伍子胥推荐了他的一个朋友,是吴国的一个勇士,名叫专诸。他说只要三人在适当的时机合力刺杀,希望还是很大的。

姬光暗中四处打听吴王僚的作息起居,还监视他平时的一举一动。他发现吴王僚很爱吃炙烤出来的鱼肉,于是便让专诸学习这种烹饪方法,为刺杀做准备。

吴王僚12年,楚国的楚平王去世,吴王僚想乘人之危攻打楚国,就派了两员大将领兵前去攻打,没想到反被楚军围困。姬光看吴王僚身边的忠臣大将不是出使就是外出打仗,觉得这是个再好不过的机会,忙把伍子胥和专诸叫来,一起商量刺杀之策。

一天,吴王僚收到姬光的邀请,希望他能前往府邸吃炙鱼。吴王僚也不是省油的灯,为了防备有诈,在身上穿了三层甲衣,并且沿路安插士兵,还带了一百名士兵和自己贴身行走,

优等生必玩的成语游戏 —— 从此出口成章

一路都小心翼翼。吴王僚入席就座,身边的一百名士兵则贴身而立。在用餐途中,姬光声称脚的旧疾发作,暂时离席。而这时专诸手端着一盘香美的炙鱼为吴王僚献上。吴王僚身边的一百名士兵层层包着他往前走。正当大家觉得安全无事时,只见专诸的手飞快地从鱼肚里抽出一把短剑,瞬间刺向吴王僚。吴王僚的三层甲衣也没有挡住锋利的短剑,当场流血而死。一百名卫兵一拥而上,将专诸刺死。就在这时,两侧突然杀出几百名士兵,迅速制服了那一百名贴身士兵。最后姬光如愿以偿地做了吴王,即吴王阖闾。

【三顾茅庐】

三顾茅庐,顾:拜访;茅庐:草屋。原为汉末刘备去南阳卧龙岗访聘诸葛亮的故事。比喻真心诚意,一再邀请。这个故事出自《三国演义》第三十七回"司马徽再荐名士,刘玄德三顾草庐"。

刘备惨淡经营,好不容易得到了徐庶,又被曹操挖过去了。徐庶临走,推荐诸葛亮做继任军师。后来,名士司马徽来看刘备,也大赞诸葛亮的才能。于是,刘备决心去请这位卧龙先生。

这天,刘备同关羽、张飞来到隆中,遥望卧龙冈,但见一派田园风光。刘备来到庄前,下马亲自叩门。一个童子出来,刘备说:"汉左将军宜城亭侯领豫州牧皇叔刘备,特来拜见先生。"童子说:"先生今早出去了。"刘备问:"去哪了?"童子曰:"不知道。"刘备问:"几时回来?"童子曰:"不一定,或三五天,或十几天。"刘备惆怅不已。张飞说:"既然见不到,咱们回去得了。"刘备说:"再等一会。"关羽说:"不如先回去,再派人来探听。"刘备同意了,嘱咐童子说:"如果先生回来,就说刘备来拜访过他。"

归途中,刘备遇见了诸葛亮的朋友崔州平,同他倾谈良久,觉得这人也极富才学,越发倾慕诸葛亮本人。

过了几天,刘备派去打探的人回报说:"卧龙先生已回来了。"刘备便叫人备马。张飞说:"量他一个村夫,何必哥哥亲自去,派人叫来就是了。"刘备呵斥道:"孔明先生是当世大贤,岂能招之即来!"于是,刘备上马再次去访诸葛亮,关羽、张飞也骑马跟着。时值隆冬,走了几里,忽然天降大雪。张飞说:"天寒地冻的,咱们不如回去吧。"刘备说:"我正想让孔明知道我心诚呢。"

将近茅庐,忽听路旁酒店中有两人唱歌,歌声慷慨激昂。刘备下马进店,见到两个唱歌的人,一个叫石广元,一个叫孟公威,也都是诸葛亮的朋友,个个谈吐不凡。

刘备辞别二人,来到诸葛亮庄上,叩门问童子说:"先生今天在吗?"童子说:"正在堂上读书。"刘备大喜,跟童子而入,只见草堂上一个少年,正拥炉抱膝吟诗。刘备上草堂施礼说:"久慕先生大名,无缘拜会您。前日徐庶向我推荐您,我来拜访,不遇空回。今天特地冒风雪来,能见到您,实在万幸。"那少年慌忙答礼说:"将军莫非刘备,要见我哥哥?"刘备惊讶说:"你不是诸葛亮先生?"少年说:"我是他弟弟诸葛均。我家兄弟三人,长兄诸葛瑾,现在江东孙权处做幕宾。诸葛亮是我二哥。"刘备说:"你哥哥在家吗?" 诸葛均说:"昨天崔州平约他,两人闲游去了。"刘备说:"去哪里闲游呢?"诸葛均曰:"往来莫测,不知去向。"刘备说:"我如此缘分浅薄,两次都遇不到!"张飞又催回去,刘备向诸葛均要了纸笔,给诸葛亮写了一封信,请诸葛均转交,然后拜辞出门。诸葛均送到门口,刘备刚要走,忽见童子向篱笆外手招喊:"老先生来了。"来者是一位骑驴的老人,仙风道骨的样子,刘备以为他就是诸葛亮,连忙滚鞍下马,向前施礼说:"刘备等候您很久了!"不想,诸葛均在后介绍说:"这不是我哥哥,是他岳父黄承彦。"刘备非常失望,只好回去了。

　　刘备回新野之后,光阴荏苒,到了新春,令占卜者选择吉期,自己斋戒三日,沐浴更衣,再往卧龙冈拜见诸葛亮。离草庐半里之外,刘备便下马步行,到庄前叩门,童子开门出来,刘备说:"有劳仙童转报,说我刘备专来拜见先生。"童子说:"今日先生虽在家,但在草堂上午眠未醒。"刘备说:"既然这样,先别通报。"于是刘备悄悄走了进去,见诸葛亮仰卧在草堂卧榻上,自己便站在阶下等候。许久,诸葛亮才翻了个身,童子要上去通报,被刘备拦住了。又过了一个时辰,诸葛亮才醒,吟诗道:"大梦谁先觉?平生我自知,草堂春睡足,窗外日迟迟。"吟完了诗,诸葛亮翻身问童子:"有俗客来吗?"童子说:"刘备在这里,站着等候多时了。"诸葛亮起身说:"怎么不早告诉我!等我换换衣服。"于是转入后堂,又等了半天,才整理衣冠出来会见刘备。

　　就这样,前后来了三次,刘备才终于见到诸葛亮,对方被他的诚意所感动,答应出山,共谋大计。刘备从此如鱼得水,终得三分天下。

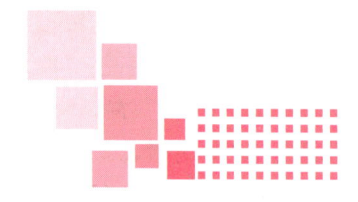

第六部分　迷宫式接龙

迷宫式接龙即成语接龙的形式像一个迷宫一样，不一定在成语的尾字，任何一个字都可以开始向下延伸，成语的字数也不限于四个字，形式丰富多样，不拘一格。

一、接 龙 游 戏

1. 将下面迷宫式接龙中各个成语缺少的字补全。(注意：有些成语不止四个字)

							一			
走		上							药	
				不		书				
闯		名						老	病	
				吹						
								无		
		精			之		功		名	
		虑		重			身		孙	
				知		而				

2. 将下面迷宫式接龙中各个成语缺少的字补全。（注意：有些成语不止四个字）

	事		有					
			任		知		识	
	躬							
			官	断		务		
					步		为	
	世		才	过				私
刀				后		杰		
	才		学					弊
枪								

3. 将下面迷宫式接龙中各个成语缺少的字补全。（注意：有些成语不止四个字）

	无		不		其			
							后	
	风		影		无		不	浪
							之	
			形			章		骨
鸳		凤			马			
	字			浩				
			事	神		跎		
	提	命		烟				
				底		月		

103

4. 将下面迷宫式接龙中各个成语缺少的字补全。（注意：有些成语不止四个字）

	排						
坐		观		斗		苦	
	倒					实		华
			之		素		
			于			情		不
神		活			货		价	
	吞		状		悲		意	
					心		骨	
	河		桥		欲			
					处		生

5. 将下面迷宫式接龙中各个成语缺少的字补全。（注意：有些成语不止四个字）

	逼		梁				镜	
					远			
			君		之		淡		水
			慈		孝		近	
			善				风	
仓							动	
				头			影		形
出		入				脱		
				守		待			汉

第六部分　迷宫式接龙

6. 将下面迷宫式接龙中各个成语缺少的字补全。（注意：有些成语不止四个字）

						出		庐
家		里		露				
				冲		陷		
不		针	对	芒		马		
外		中		言		樯		
			虎		山			一
		之	横	于				
	背	而			景		常	
			骋					

7. 将下面迷宫式接龙中各个成语缺少的字补全。（注意：有些成语不止四个字）

	初		牛		不		虎		海
	法		蛇				虎		山
怪		乱							
	无				沙				
耳		风				马		花	
			云		石				
斯		露		薪		能		巧	
					胆		识		

优等生必玩的成语游戏 —— 从此出口成章

8. 将下面迷宫式接龙中各个成语缺少的字补全。(注意：有些成语不止四个字)

		不		黄		心		死	
八		之				翅		逃	
			貌				景		情
玲									
			全		局				
		名							
	门		过		不		襟		面
		义		居		思			
	斧						坐		风

9. 将下面迷宫式接龙中各个成语缺少的字补全。(注意：有些成语不止四个字)

后								
	往		来			然		胸
有		门			如			
	山		水		掌		明	
			台		锦		妙	
	一		当					
			得		添		加	
	三		闭		羞			

106

10. 将下面迷宫式接龙中各个成语缺少的字补全。（注意：有些成语不止四个字）

11. 将下面迷宫式接龙中各个成语缺少的字补全。（注意：有些成语不止四个字）

12. 将下面迷宫式接龙中各个成语缺少的字补全。（注意：有些成语不止四个字）

13. 将下面迷宫式接龙中各个成语缺少的字补全。（注意：有些成语不止四个字）

14. 将下面迷宫式接龙中各个成语缺少的字补全。（注意：有些成语不止四个字）

15. 将下面迷宫式接龙中各个成语缺少的字补全。（注意：有些成语不止四个字）

16. 将下面迷宫式接龙中各个成语缺少的字补全。（注意：有些成语不止四个字）

17. 将下面迷宫式接龙中各个成语缺少的字补全。（注意：有些成语不止四个字）

18. 将下面迷宫式接龙中各个成语缺少的字补全。（注意：有些成语不止四个字）

19. 将下面迷宫式接龙中各个成语缺少的字补全。（注意：有些成语不止四个字）

20. 将下面迷宫式接龙中各个成语缺少的字补全。（注意：有些成语不止四个字）

鱼		而			英		飒	
尺		所		寸		所		
		无		尺		略		
	明		净				床		梦
间								
	从		密		开			以
马		千		易		一		难	
					胜			

21. 将下面迷宫式接龙中各个成语缺少的字补全。（注意：有些成语不止四个字）

风		含			心		火	
			羿					
藏		射		先		马		眉
	单		只		九		一	
匿								
	影		绰					言
	绰		精		中		绘	
						动		色
心		余		力		足		绘

22. 将下面迷宫式接龙中各个成语缺少的字补全。（注意：有些成语不止四个字）

患		与			地		
						辄		咎
之		隔		如		山		
						身		变
				过				
		交		接			其	
百						过		迁
		攻		破				
失						不		于
		本		利				

23. 将下面迷宫式接龙中各个成语缺少的字补全。（注意：有些成语不止四个字）

	战						老
					虎		逃
	不		则		大		常
					皮		悬
			变		神		
		关			耻		问
	意		盘		知		
获		尽		鬼		祟	
					不		
宝		未				人		世

优等生必玩的成语游戏 —— 从此出口成章

24. 将下面迷宫式接龙中各个成语缺少的字补全。(注意：有些成语不止四个字)

25. 将下面迷宫式接龙中各个成语缺少的字补全。(注意：有些成语不止四个字)

26. 将下面迷宫式接龙中各个成语缺少的字补全。(注意：有些成语不止四个字)

	可		国					
					大		大	
	而		天		地			
					干		金	
	可			干		为		帛
		嗤		腐			良	
						手		欢
		以		为				
						擒		纵
				奇				

27. 将下面迷宫式接龙中各个成语缺少的字补全。(注意：有些成语不止四个字)

	牵	发	动		身		
				天		地	
	挂			一		百	结
小		鸡					
				一			兰
碧			里		下		
							不
	里		外		巴		
						定	天
独	一						

115

28. 将下面迷宫式接龙中各个成语缺少的字补全。（注意：有些成语不止四个字）

				一		勾		
敢		而		敢				
				以		由		
雷		谈		才		识		
			有	之		入		欲
一		一			夜		人	
			不					而
		多	广		两		清	
			泰					不
恩		如				夏		而

29. 将下面迷宫式接龙中各个成语缺少的字补全。（注意：有些成语不止四个字）

	病		乱		医		玉		冰
		流		井					
					逐		令		雪
		进		石				杰		灵
					逐		发		
								鹿		马
									非	
		有		竹		二		添		五
									歹	
		原		书		门				

116

第六部分　迷宫式接龙

答案：

1．无巧不成书,生老病死,功成名就,知难而退,顾虑重重,走马上任,榜上无名,不费吹灰之力,一介书生,药到病除,老大无成,名落孙山,功成身退,殚精竭虑,走南闯北。

2．清官难断家务事,知羞识廉,步步为营,才气过人,真才实学,事出有因,识时务者为俊杰,因任授官,步人后尘,才疏学浅,济世之才,事必躬亲,真刀真枪,营私舞弊。

3．无所不用其极,捕风捉影,鸾只凤单,耳提面命,无风不起浪,龙章秀骨,料事如神,海底捞月,无边风月,其味无穷,影只形单,只字不提,后起之秀,龙马精神,浩如烟海,蹉跎日月。

4．坐山观虎斗,安之若素,朴实无华,货真价实,痛心切骨,神气活现,绝处逢生,过河拆桥,排山倒海,斗升之水,艰苦朴素,气吞山河,华而不实,情真意切,悲痛欲绝,安于现状。

5．君子之交淡如水,逼上梁山,父慈子孝,远交近攻,如影随形,守株待兔,出将入相,梁上君子,仓皇出逃,镜花水月,系风捕影,彪形大汉,动如脱兔,慈眉善目,白头相守。

6．针尖对麦芒,家长里短,外强中干,背道而驰,纵虎归山,好景不长,冲锋陷阵,初出茅庐,绵里藏针,家丑不可外扬,中庸之道,纵横驰骋,言归于好,一反常态,初露锋芒,阵马风樯。

7．初生牛犊不怕虎,怪力乱神,耳边风,餐云卧石,放虎归山,走马观花,能工巧匠,有胆有识,牛鬼蛇神,法力无边,风餐露宿,耳鬓厮磨,卧薪尝胆,飞沙走石,虎头虎脑,海誓山盟,花言巧语。

8．不到黄河心不死,八斗之才,顾全大局,闭门思过,居安思危,如坐春风,插翅难逃,触景生情,八面玲珑,才貌双全,顾名思义,班门弄斧,局促不安,正襟危坐,满面春风,死里逃生,不臣之心。

9．跋山涉水,继往开来,一马当先,闭月羞花,添枝加叶,锦囊妙计,掌上明珠,了然于胸,近水楼台先得月,开门见山,后继有人,举一反三,锦上添花,莫明其妙,了如指掌。

10．百闻不如一见,诸如此类,风靡一时,面有难色,一不做,二不休,奄奄一息,决一胜负,穿针引线,博大精深,教学相长,博学多闻,此一时彼一时,百步穿杨,春风满面,休养生息,一石二鸟,引人入胜。

11．深明大义,千金用兵,百金求间,大开眼界,想方设法,目不识丁,纲纪废弛,十字路口,大材小用,金石为开,登界游方,大公无私,目无法纪,庖丁解牛,字里行间,固若金汤,口碑载道。

12．春生夏长,秋收冬藏,言高语低,四面楚歌,若烹小鲜,命在旦夕,养尊处优,夏虫不可以语冰,烹狗藏弓,寸草春晖,言不由衷,低三下四,鲜血淋漓,望穿秋水,收回成命,朝夕相处。

13．不打不相识,巧夺天工,长话短说,家道中落,三教九流,文不对题,焚琴煮鹤,打开天窗说亮话,弄巧成拙,长驱直入,说东道西,丢三落四,对牛弹琴,识文断字,风流倜傥。

14．女大不中留,八九不离十,千变万化,正经八百,别有洞天,沧海桑田,横七竖八,按兵不动,女大十八变,爱不释手,弥留之际,饱经沧桑,千疮百孔,化为乌有,暴殄天物。

15．坐失机宜,后生可畏,不及之法,贪得无厌,章决句断,约定俗成,人多口杂,机不可失,望尘莫及,兵不厌诈,玩时贪日,约法三章,时移俗易,众口铄金,脍炙人口。

16．井水不犯河水,军令如山,枝别条异,迁怒于人,伤风败俗,怒气冲天,井井有条,登山临水,威重令行,繁枝细节,见异思迁,暗箭伤人,凡夫俗子,气吞山河,得天独厚。

17．顾左右而言他,作舍道旁,爱才怜弱,笑逐颜开,不辞而别,操之过急,不近人情,蝇头小利,顾影自怜,旁门左道,逐末舍本,憎爱分明,不得已而为之,久别重逢,急功近利,触景生情。

18．快刀斩乱麻,先斩后奏,正人君子,万物之灵,黄粱美梦,有备无患,和盘托出,出将入相,拨云见日,先睹为快,刀光剑影,人杰地灵,价廉物美,拨乱反正,风和日丽,子虚乌有,黯淡无光。

19．挂羊头卖狗肉,情窦初开,东窗事发,急中生智,黄道吉日,唇齿相依,非愚则诬,无牵无挂,崭露头角,卖狗悬羊,情同骨肉,开门七件事,东郭先生,发人深省,羊肠小道,吉人天相,大智若愚。

20．尺有所短,寸有所长,鱼贯而行,英姿飒爽,窗明几净,过从甚密,同床异梦,千军易得一将难求,鱼肠尺素,所剩无几,得寸进尺,英雄所见略同,窗间过马,梦寐以求,旗开得胜。

21．射人先射马,风木含悲,形单影只,影影绰绰,心有余而力不足,不动声色,九牛一毛,心急火燎,含沙射影,藏形匿影,绰绰有余,筋疲力尽,美中不足,羿射九日,绘声绘色,火烧眉毛,察言观色。

22．隔行如隔山,患难与共,交头接耳,不攻自破,一本万利,动辄得咎,摇身一变,时过境迁,与世隔绝,患难之交,如风过耳,远交近攻,百不失一,地动山摇,身临其境,迁怒于人,过犹不及。

23．小不忍则乱大谋,机变如神,如意算盘,宝刀未老,虎口逃生,不耻下问,鬼鬼祟祟,觉人觉世,战无不胜,穷则思变,与虎谋皮,机关算尽,如获至宝,神不知鬼不觉,老生常谈,悬壶问世。

24．放长线钓大鱼,铁石心肠,话不投机,神色自若,笨鸟先飞,拔苗助长,从谏如流,心花怒放,铁板一块,一线生机,话里有话,神通广大,呆若木鸡,飞短流长,投笔从戎。

25．兵临城下,安如磐石,倒背如流,大梦初醒,妙手回春,不识抬举,一触即发,飞来横祸,兵败如山倒,如梦初醒,春回大地,好梦难圆,高抬贵手,一问三不知,妙趣横生,灰飞烟灭。

26．化干戈为玉帛,大彻大悟,握手言欢,欲擒故纵,天摇地动,富可敌国,物以稀为贵,化腐朽为神奇,大动干戈,金玉良言,手到擒来,国色天香,可望而不可即,嗤之以鼻。

27．牵一发而动全身,小肚鸡肠,人一己百,肚里泪下,吃里爬外,独树一帜,人定胜天,天经地义,牵肠挂肚,小家碧玉,里应外合,表里如一,下里巴人,不见天日,身经百战,一字一泪,义结金兰。

28．敢怒而不敢言,一板一眼,见多识广,恩重如山,才疏识浅,一笔勾销,夜深人静,两袖清风,戛然而止,不敢越雷池一步,避而不谈,有眼不识泰山,一言以蔽之,由浅入深,树欲静而风不止。

29．病急乱投医,下逐客令,人杰地灵,玉洁冰清,指鹿为马,二一添作五,书香门第,胸有成竹,激流勇进,投井下石,令人发指,冰天雪地,逐字逐句,为非作歹,不二法门,罄竹难书,情有可原。

二、重点成语释义

无巧不成书　比喻事情十分凑巧。
功成名就　功绩取得了,名声也有了。
知难而退　原指作战时要见机而行,不要做实际上无法办到的事;后泛指知道事情困难就向后退。
顾虑重重　一层又一层的顾虑。形容顾虑极多,难于放手行事。
药到病除　形容治病者医术高明,用药恰到好处。
名落孙山　名字落在榜末孙山的后面。指考试或选拔没有被录取。
殚精竭虑　形容耗尽精力,费尽心思。
步人后尘　指跟在人家后面走。比喻追随模仿,学人家的样子,走别人走过的老路,没有创造性。
济世之才　能够拯救时世,治理国家的人才。
事必躬亲　不论什么事一定要亲自去做,亲自过问。形容办事认真,毫不懈怠。
营私舞弊　因图谋私利而玩弄欺骗手段做犯法的事。
无所不用其极　原意是指尽一切努力,来达到至善的最高境界。现指为达到目的,不择手段。
捕风捉影　风和影子都是抓不着的。比喻说话做事没有丝毫事实根据。
耳提面命　不仅是当面告诉他,而且是提着他的耳朵向他讲。形容长辈教导热心恳切。
无风不起浪　比喻事情发生总有个原因。
料事如神　形容预料事情非常准确。
海底捞月　到水中去捞月亮。比喻去做根本做不到的事,只能白费力气。
后起之秀　后来出现的或新成长起来的优秀人物。
龙马精神　比喻人精神旺盛。
浩如烟海　形容典籍、图书等极为丰富。
蹉跎日月　把时光白白地耽误过去。指虚度光阴。
坐山观虎斗　比喻对双方的斗争采取旁观的态度,等到双方都受到损伤,再从中捞取好处。
安之若素　安然相处,和往常一样,不觉得有什么不合适的。
货真价实　货物不是冒牌的,价钱也是实在的。形容实实在在,一点不掺假。
绝处逢生　形容在最危险的时候得到生路。
过河拆桥　自己过了河,便把桥拆掉。比喻达到目的后,就把帮助过自己的人一脚踢开。
排山倒海　推开高山,翻倒大海。形容力量强盛,声势浩大。
华而不实　花开得好看,但不结果实。比喻外表好看,内容空虚。

优等生必玩的成语游戏 —— 从此出口成章

情真意切 指情意十分真切。
悲痛欲绝 悲哀伤心到了极点。
安于现状 对目前的情况习惯了，不愿意去改变。
君子之交淡如水 贤者之间的交情，平淡如水，不尚虚华。
远交近攻 联络距离远的国家，进攻邻近的国家，这是战国时秦国采取的一种外交策略。后也指待人处世的一种手段。
如影随形 好像影子老是跟着身体。比喻两个事物关系密切或两个人关系密切不能分离。
守株待兔 原比喻希图不经过努力而得到成功的侥幸心理；现也比喻死守狭隘经验，不知变通。
出将入相 出征可为将帅，入朝可为宰相。指人文武才能兼备，也指担任文武要职。
梁上君子 躲在梁上的君子，窃贼的代称。现在有时也指脱离实际、脱离群众的人。
动如脱兔 比喻行动敏捷。
背道而驰 朝相反的方向跑去。比喻彼此的方向和目的完全相反。
冲锋陷阵 不顾一切，攻入敌人阵地。形容作战勇猛。
初出茅庐 茅庐：草房。比喻刚离开家庭或学校出来工作的人，缺乏经验。
家丑不可外扬 家里不光彩的事，不便向外宣扬。
初露锋芒 比喻刚开始显示出力量或才能。
初生牛犊不怕虎 比喻青年人思想上很少有顾虑，敢作敢为；也比喻缺少经验，不知危险，做事鲁莽。
卧薪尝胆 睡觉睡在柴草上，吃饭睡觉都尝一尝苦胆。形容人刻苦自励，发奋图强。
海誓山盟 指男女相爱时立下的誓言，爱情要像山和海一样永恒不变。
闭门思过 关起门来自我反省。
居安思危 虽然处在平安的环境里，也想到有出现危险的可能。指随时有应付意外事件的思想准备。
触景生情 受到眼前景物的触动，引起联想，产生某种感情。
八面玲珑 本指窗户明亮轩敞。后用来形容人处世圆滑，待人接物面面俱到。
顾名思义 从名称想到所包含的意义。
班门弄斧 在鲁班门前舞弄斧子。比喻在行家面前卖弄本领，不自量力。
满面春风 比喻人喜悦舒畅的表情。形容和蔼愉快的面容。
一马当先 原指作战时策马冲锋在前，形容领先；也比喻工作走在群众前面，积极带头。
锦囊妙计 原指封在锦囊中的神机妙策；现比喻能及时解决危急或疑难问题的巧妙办法。
了然于胸 心里非常明白。
开门见山 比喻说话或写文章直截了当谈本题，不拐弯抹角。
举一反三 比喻从一件事情以此类推而知道其他许多事情。
锦上添花 在锦上再绣花。比喻好上加好，美上添美。

第六部分　迷宫式接龙

莫名其妙　说不出其中的奥妙。指事情很奇怪,说不出道理来。
了如指掌　形容对事物了解得非常清楚,像把东西放在手掌里给人家看一样。
百闻不如一见　听得再多,也不如亲眼见到一次。
风靡一时　形容一个事物在一个时期非常盛行。
博大精深　形容思想和学识广博高深。
教学相长　教和学两方面互相影响和促进,都得到提高。
休养生息　指在战争或社会大动荡之后,减轻人民负担,安定生活,恢复元气。
目不识丁　连最普通的"丁"字也不认识。形容一个字也不认识。
庖丁解牛　比喻经过反复实践,掌握了事物的客观规律,做事得心应手,运用自如。
固若金汤　金属造的城,滚水形成的护城河。形容工事无比坚固。
四面楚歌　比喻陷入四面受敌、孤立无援的境地。
命在旦夕　生命垂危,很快就会死去。
养尊处优　指生活在有人伺候、条件优裕的环境中。
寸草春晖　小草微薄的心意报答不了春日阳光的深情。比喻父母的恩情,难报万一。
言不由衷　话不是打心眼里说出来的,即说的不是真心话。指心口不一致。
望穿秋水　眼睛都望穿了。形容对远地亲友的殷切盼望。
三教九流　旧指宗教或学术上的各种流派;也指社会上各行各业的人。
弄巧成拙　本想要弄聪明,结果做了蠢事。
长驱直入　指长距离不停顿的快速行进。形容进军迅猛,不可阻挡。
对牛弹琴　讥笑听话的人不懂对方说得是什么。常用于讥笑说话的人不看对象。
风流倜傥　形容人有才华而言行不受世俗礼节的拘束。
别有洞天　意指洞中另有一个天地。形容风景奇特,引人入胜。
沧海桑田　大海变成桑田,桑田变成大海。比喻世事变化很大。
按兵不动　指挥官命令军队暂不行动,等待战机。现也比喻暂不开展工作。
暴殄天物　原指残害天生万物;后指任意挥霍浪费,不知爱惜。
后生可畏　指青年人势必超过前辈,令人敬畏。
约定俗成　指事物的名称或社会习惯往往是由人民群众经过长期社会实践而确定或形成的。
望尘莫及　望见前面骑马的人走过扬起的尘土而不能赶上。比喻远远落在后面。
兵不厌诈　作战时尽可能地用假象迷惑敌人以取得胜利。
脍炙人口　指美味人人都爱吃。比喻好的诗文受到人们称赞和传诵。
迁怒于人　受甲的气向乙发泄或自己不如意时拿别人出气。
井井有条　形容说话、办事有条有理。
见异思迁　看见另一个事物就想改变原来的主意。指意志不坚定,喜爱不专一。
暗箭伤人　放冷箭伤害人。比喻暗地里用某种手段伤害人。
得天独厚　具备的条件特别优越,所处环境特别好。
不辞而别　没有告辞就离开了,或悄悄溜走了。
操之过急　处理事情,解决问题过于急躁。

优等生必玩的成语游戏——从此出口成章

快刀斩乱麻 比喻做事果断,能采取坚决有效的措施,很快就能解决复杂的问题。

先斩后奏 原指臣子先把人处决了,然后再报告帝王;现比喻未经请示就先做了某事,造成既成事实,然后再向上级报告。

黄粱美梦 比喻虚幻不能实现的梦想。

有备无患 事先有准备,就可以避免祸患。

先睹为快 以能尽先看到为快乐。形容盼望殷切。

子虚乌有 指假设的、不存在的、不真实的事情。

急中生智 形容事态紧急的时候,突然想出办法。

唇齿相依 嘴唇和牙齿互相依靠。比喻双方关系密切,相互依存。

吉人天相 好人会得到上天的帮助。多用作对别人的患病或遇到困难、不幸的安慰。

大智若愚 指有大智慧的人因超出常人而不被理解,其言语行为被人看作是愚钝的。

尺有所短,寸有所长 比喻各有长处,也各有短处,彼此都有可取之处。

英姿飒爽 形容英俊威武、精神焕发的样子。

窗明几净 形容房间干净明亮。

同床异梦 原指夫妇生活在一起,但感情不和。比喻同做一件事而心里各有各的打算。

得寸进尺 得了一寸,还想再进一尺。比喻贪心不足,有了小的,又要大的。

梦寐以求 做梦的时候都在追求。形容迫切地期望着。

含沙射影 比喻暗中诽谤与中伤,暗中攻击或陷害人。

绰绰有余 形容房屋或钱财非常宽裕,用不完。

美中不足 大体很好,但还有不足。

患难与共 共同承担危险和困难。指彼此关系密切,利害一致。

交头接耳 形容两个人凑近低声交谈。

时过境迁 迁:变动。随着时间的推移,情况发生变化。

患难之交 在一起经历过艰难困苦的朋友。

身临其境 临:到;境:境界,地方。亲自到了那个境地。

过犹不及 过:过分;犹:像;不及:达不到。事情做得过头,就跟做得不够一样,都是不合适的。

不耻下问 乐于向学问或地位比自己低的人学习,而不觉得不好意思。

战无不胜 形容强大无比,可以战胜一切。也比喻办任何事情都能成功。

如获至宝 表面指好像得到极珍贵的宝物,其实形容对所得到的东西非常珍视喜爱。

老生常谈 老书生经常说的话。比喻人们听惯了的没有新鲜意思的话。

话不投机 形容话说不到一起。

神色自若 神情脸色毫无异样。形容态度镇静。

笨鸟先飞 比喻能力差的人怕落后,做事比别人先动手。

拔苗助长 比喻违反事物发展的客观规律,急于求成,反而坏事。

呆若木鸡 呆得像木头鸡一样。形容因恐惧或惊异而发愣的样子。

妙手回春 比喻将快死的人救活。指医生医术高明。

如梦初醒 比喻过去一直糊涂,在别人或事实的启发下,刚刚明白过来。

第六部分　迷宫式接龙

高抬贵手　旧时恳求人原谅或饶恕的话。意思是您一抬手我就过去了。
妙趣横生　洋溢着美妙的意趣（多指语言、文章或美术作品）。
灰飞烟灭　比喻事物消失净尽。
化干戈为玉帛　比喻使战争转变为和平、友好。
欲擒故纵　故意先放开他，使他放松戒备，充分暴露，然后再把他捉住。
物以稀为贵　事物因稀少而觉得珍贵。
手到擒来　原指作战一下子就能把敌人捉拿过来，后比喻做事有把握，不费力就做好了。
可望而不可即　可以望到但无法接近。形容看似可以到达而实际上却很难达到或不能接近。
嗤之以鼻　用鼻子哼气，表示轻蔑或看不起。
独树一帜　比喻另创一家或另创局面。
天经地义　天地间历久不变的常道。指绝对正确，不能改变的道理。也指理所当然的事。
不见天日　比喻社会黑暗，见不到一点光明。
恩重如山　恩情深厚，像山一样深重。
玉洁冰清　像玉那样洁白，像冰那样清净。形容人心地纯洁，品行端正。
指鹿为马　指着鹿，说是马。比喻故意颠倒黑白，混淆是非。
胸有成竹　原指画竹子要在心里有一幅竹子的形象。后比喻在做事之前已经拿定主意。
激流勇进　在急流中要勇于前进。形容在险境中积极进取，不退缩。
令人发指　使人头发都竖起来了，形容使人极度愤怒。一般指别人的行动令某些人厌恶、恐怖。
为非作歹　做种种坏事。
罄竹难书　比喻罪恶很多，难以写完。

三、成 语 故 事

【名落孙山】

名落孙山指名字落在榜末孙山的后面，比喻考试或选拔不及格或没有被录取。

宋朝时期，在吴国的一个地方，有一个幽默风趣的人叫孙山，他在当地被人称为才子。有一年，他打算去京城参加科举，考取功名。同乡的一个人向他说："我儿子今年也要参加科举，要不你们一起上路去考吧。"孙山一口便答应了。

第二天，他和老乡的儿子便启程去往京城。考完试，大家都煎熬地等着放榜。几天后，到了放榜的时候，两人都很激动，纷纷挤向前看榜单，看自己考没考上。孙山在榜单的最后一名上看见了自己的名字，虽然是倒数第一名，但总算是考上了，孙山也就放心了。接着他找了一圈榜单，没有看见老乡儿子的名字，便得知他没有考上。之后老乡的儿子因为没有考中,心中感觉愧对家人,决定晚一点再回家。就这样,孙山独自一人先回到了家中。

村里的父老乡亲们听说孙山考中以后,都前来向他祝贺。这时,那位老乡问他:"不知道我儿子有没有考中?"孙山有些为难,不便直说,就幽默地说了两句话:"解元尽处是孙山,贤郎更在孙山外。"

这两句话的意思是:"在举人考取者名单上,我孙山排在名单的最后一名,而令郎的排名在我之后。"

老乡听完后,明白了孙山的意思,长叹一口气便离去了。

【杯酒释兵权】

释:解除。杯酒释兵权本指在酒宴上解除将领的兵权,泛指轻而易举地解除将领的兵权。

赵匡胤在陈桥黄袍加身,被部下拥立为皇帝,然后就废了后周小皇帝,建立了宋朝,这就是宋太祖。他当了皇帝之后,自感心里不安,于是便问宰相赵普:"这天下从唐朝末年以来,几十年里帝王都换了好多家,征战不息,是什么原因呢?"赵普说:"没有别的原因,节度使的势力太大,君王软弱而臣子强大而已。现在要治天下也没有别的好办法,只有稍稍削夺臣下的权力,控制他们的钱粮,收编他们的精兵,天下就能长治久安了。"话还没说完,宋太祖说道:"你不用继续说了,我已经明白了。"

过了不久,宋太祖与老朋友石守信、王审琦等人一起喝酒。到酒酣耳热的时候,太祖喝退左右,对他们说:"我如果不是依靠你们的力量,就不可能有今天的地位。当初我们一起起事的这些人,谁不想占据我现在这个位置呢?即使你们现在没有这种意图,但如果哪天你们的部下想图富贵,又怎么办呢?一旦黄袍披到了你们身上,虽想不干,也身不由己。"石守信等人连忙叩头流泪说:"我们都是粗人,没有想到这些,求陛下可怜我们,给我们指出一条生路。"太祖说:"人生如白驹过隙,时间非常短促。爱好富贵的人,不过是想多攒些钱,自己好好享福,也好让子孙不至于穷困而已。你们为什么不放弃兵权,乘机买些好的田地房产,为子孙多办些产业,多买些歌女舞女,每天喝酒玩乐,享享清福,让君臣之间也不会互相猜疑,这不也很好吗?"石守信等人向太祖拜了两拜,感激地说:"陛下为我们考虑得如此周到,真可以说是再生之恩啊!"

第二天,他们个个都称自己有病在身,请求放弃兵权,太祖欣然同意了他们的请求。

节度使拥兵自重,割据一方,这是唐朝中期安史之乱以来中央王朝一直不能解决的问题。同时,兵权也是皇权最有力的保障,因此如何处置手握兵权的大将们,向来都是每个开国皇帝不得不面对的问题。放任不管,使节度使和将军们手握重兵,必然是"养虎遗患";兔死狗烹,又未免落个不仁不义的讥病。赵匡胤"杯酒释兵权",不闻血腥,巧妙而又顺利地化解了这道难题。

【众口铄金】

众口铄金的铄是熔化的意思,形容舆论力量大,连金属都能熔化。比喻众口一词可以混淆是非。

人们还常常用"众口铄金,积毁销骨"来指众口所责,即使坚硬的犹如铁石之物,也会被熔化;毁谤不止,纵使是骨头,也会遭到毁灭。后来比喻舆论的作用极大,流言可畏。众口一词,积非成是,颠倒黑白,可置人于死地。

屈原,名平,字原,是楚武王熊通之子屈瑕的后代。屈原自幼勤奋好学,胸怀大志。开始时楚怀王对他很信任,常与他一起商议国事,还让他参与法律的制定。但是后来因为屈原不愿与朝中一些大臣同流合污,所以那些大臣便使计谋陷害屈原。慢慢地,在奸臣的挑拨之下,楚怀王开始疏远屈原。之后楚怀王更是听信谗言,把屈原逐出郢都,流放到了江南。

失去了忠臣在身边的楚怀王屡次中了秦国宰相张仪的计谋,抛弃了齐国这个有力盟友,转身投靠了秦国,最后落得个被囚于秦国,客死异乡的下场。

楚怀王死后,楚襄王即位,屈原依然没有被平反,继续自己的流放生活。公元前278年,秦国大将白起带兵南下,攻破了楚国国都。屈原虽怀有报国之心,但也无计可施。在这样痛苦的岁月里,屈原怀着复杂的心情写下了《九章》。其中有一节是大神的回答:"君可思而不可恃。故众口其铄金兮,初若是而逢殆。"大概意思是:国君可思念却不可仰仗。众口一致的诽谤能把金子给融化了,而你也只是遇到了这样的遭遇。

郁郁寡欢的屈原选择以死明志,在楚国国都被攻破的那年五月,屈原怀恨投入汨罗江自尽。老百姓听到噩耗之后,纷纷自发地前来打捞他的尸体,结果一无所获。后来,有人用苇叶包一些糯米饭,投进江中祭祀屈原。慢慢地,包粽子就成了一种祭祀活动,也成了一种习俗,流传至今,这就是我们现在的端午节。

【宝刀未老】

这个故事出自《三国演义》第七十回"猛张飞智取瓦口隘 老黄忠计夺天荡山"。形容人到老年还依然威猛,不减当年。

刘备得了益州之后,曹操手下的大将张郃从汉中率军攻打葭萌关,守将孟达、霍峻忙向成都告急。刘备急忙请军师诸葛亮召集众将议事。帐中诸将均认为张郃勇猛异常,除了张飞外,无人可挡。老将黄忠挺身而出,愿带兵退敌。诸葛亮故意激将他:"将军你虽然武勇,但毕竟年纪大了,恐怕不是张郃的对手。"黄忠闻言,白发倒竖,高声喝道:"我虽然年纪大了,但是两臂仍然能够拉开五百斤强弓,浑身还有千斤的力气,难道还不够跟张郃那一个匹夫斗吗?"说着,走下堂来,将大刀抡动如飞,又连着拉断两张硬弓。诸葛亮说:"将军要去,谁做副将?"黄忠说:"老将严颜,可以跟我一块儿去。如果有差错,愿意献上这项上白头。"刘备大喜,立刻发兵派黄忠、严颜前去救助。众将不以为然。

黄忠和严颜抵达葭萌关时,守将霍峻、孟达见孔明派来增援的是两位年已七十的老将,

优等生必玩的成语游戏——从此出口成章

不由又惊又奇,暗道:"军师一生精明,这一次怎么如此失策?派两位白发将军与曹操的猛将张郃对峙?"霍峻、孟达二人的失望神态当然瞒不过黄忠的眼睛,他私下对严颜说:"将军见到了么?军中人人笑我等年迈无用,我誓建奇功,以行动驳斥众将轻我之心。"严颜亦慨然道:"不错!我愿听黄将军指挥便是。"

两位老将商议完毕,黄忠领兵出关,与张郃对阵。张郃出马,见了黄忠,大笑说:"你这么大年纪,还不怕丢脸,想出来交战吗?"黄忠怒道:"小子欺我年老!我手中宝刀却不老!"拍马向前,两人战在一处。大约二十回合以后,忽然张郃的部队背后大乱。原来是严颜带兵从小路绕到了张郃军队的背后。两军前后夹攻,张郃大败,退了八九十里。

曹洪听说张郃大败,派夏侯尚和韩浩带兵前来援助。到了张郃军中,询问军情。张郃说:"老将黄忠,很是英雄了得,再加上有严颜为副将,不可轻敌!"韩浩说:"我在长沙的时候就知道黄忠这老贼的厉害。他和魏延献出了城池,害我亲兄,这次既然对上了,非报此仇不可!"于是与夏侯尚一起引兵前进。

而黄忠这边连日派人侦察,熟悉了周围的地形交通。严颜说:"这前面有座天荡山,是曹操囤积粮草的地方。若夺得此山,断其粮草,汉中就唾手可得了。"黄忠于是命严颜带领部分兵力,悄悄离开大营,独自行进。

夏侯尚和韩浩来攻黄忠大营,黄忠接连败退两次。蜀军众将大惊,唯独诸葛亮笑笑说:"这是老将军的骄敌之计。"果然,几天之后,黄忠夜袭曹营,夏侯尚、韩浩仓皇败退,连带张郃的部属也被卷入乱军的败退之中,一直退到汉水旁边,投守卫天荡山的夏侯德去了。

黄忠直追到天荡山下,连夜攻山。韩浩带兵来迎,只一回合,就被斩杀。加上严颜早已带兵埋伏在山后,此时趁机放火。夏侯德匆忙前来救火,被严颜手起刀落,斩落马下。曹军大乱,张郃、夏侯尚只得放弃天荡山,奔定军山夏侯渊处去了。

之后黄忠又在军师法正的帮助下,以逸待劳,计斩夏侯渊,勇夺定军山,为刘备夺得汉中而立下了汗马功劳。

黄忠在历史上是与廉颇齐名的老将。当日廉颇年老在家,赵王想要重新起用他。他虽然年纪已大,但仍身体强健、弓马娴熟。可惜奸臣从中作梗,使者回报赵王说廉颇"一饭三遗矢"(一顿饭的时间去了三次厕所)。于是赵王感叹"廉颇老矣",打消了起用廉颇的念头。而老将黄忠得到诸葛亮的信任,得建奇功,真是大幸。而他的"宝刀不老",更是老而弥坚之典范。

【义结金兰】

金兰原指友情契合,引申为结拜兄弟。意思是结为没有血缘关系的兄弟。

朋友之间,不论在思想或是感情上都很合得来,于是结为无血缘关系的兄弟或者姐妹。在古时候,按照习惯,两个人义结金兰之后,需要交换一份谱帖,就是所谓的"换帖"。这份谱帖又叫金兰谱或兰谱,是结拜之人在结拜的时候,在一沓红纸上写出每个人的姓名、生日、时辰、籍贯和父母、祖父母及曾祖父母三代的姓名。换帖完成以后,根据每人的年龄大小,在天地牌位前依次焚香叩拜,以祭告天地。最后共读结拜誓词,这样就结拜成了兄弟或姐妹。

历史上有一段流传千古的义结金兰的典故,那就是在《三国演义》中,刘备、关羽和张

飞三人在桃花盛开的桃园里结义,这就是脍炙人口的"桃园三结义"。

东汉末年,中央政府黑暗无能,地方权力混乱,出现了群雄割据的局面,彼此混战,百姓苦不堪言。加上连年灾害,人们的生活更是雪上加霜。

刘备本是东汉皇帝的远亲,汉中山靖王刘胜的后代。到了刘备这一辈的时候,成了涿郡的一个普通平民。公元184年,黄巾起义爆发,益州牧刘焉贴出告示大量征兵。刘备见到告示以后,觉得自己虽然是汉室后裔,却无力去挽救汉室,只能长叹一口气。正在此时一个人在他身后厉声问道:"大丈夫不与国家出力,为什么要在这里长叹?"此人正是张飞。刘备和他一见如故,结伴到酒馆谈论各自的志向,两人一拍即合。正当两人在酒馆交谈甚欢时,一个大汉走进酒馆,对酒保说:"赶快给我斟酒,我吃完要赶去城里投军!"那人身长九尺,髯长二尺,便是关羽。刘备邀他同坐一桌,并把自己的志向告诉了他,三人志同道合,便要结拜为兄弟。

张飞提出在自家庄后有一个桃园,正值茂盛时期,约定其他二人明天在园中祭告天地,大家结为兄弟,以后同心协力共图大事。第二天,在桃园里,三人准备了乌牛和白马作为祭品,焚香再拜而誓曰:"念刘备、关羽、张飞,虽然异姓,既结为兄弟,则同心协力,救困扶危;上报国家,下安黎庶。不求同年同月同日生,只愿同年同月同日死。皇天后土,实鉴此心,背义忘恩,天人共戮!"誓毕,按照年龄,刘备为兄,关羽次之,张飞为弟。

【班门弄斧】

班:鲁班,姓公输,名般,我国春秋时期鲁国人,古代著名的巧匠。他是一个善于制作精巧器具的能手,人们叫他"巧人",民间历来把他奉为木匠的始祖。在鲁班门前舞弄斧子。比喻在行家面前卖弄本领。多用于自谦,表示自己不敢在行家面前施展本领。

这个成语出自唐·柳宗元《王氏伯仲唱和诗序》:"操斧于班、郢之门,斯强颜耳。"宋·欧阳修《与梅圣俞书》也云:"昨在真定,有诗七八首,今录去,班门弄斧,可笑可笑。"

明朝梅之涣写了一首题李白墓诗。

采石江边一堆土,李白之名高千古;

来来往往一首诗,鲁班门前弄大斧。

李白,字太白,号青莲居士,又号"谪仙人",是唐代伟大的浪漫主义诗人,被后人誉为"诗仙"。

关于他的死,有种种神话似的传说。例如,有的人说李白晚年游览洞庭、岳阳和金陵(现在的南京)等地。一天,泊舟采石(采石,今安徽当涂县境内,北临长江)江边。晚上,月明如昼,李白在舟中对月畅饮,喝得大醉,见水中月影,竟探身去捉,便堕江而没。有的传说更神,说这时江中忽然风浪大作,有巨鲸奋鬣而起,仙童二人,手持旌节,请李白坐于鲸背,音乐前导,腾空而去。这些传说当然不能为信,但是在采石当地,后来却因此出现不少名胜。不但有李白墓,还有谪仙楼、捉月亭等,并引起了无数游人的兴趣。

而且有些文章不通，却想冒充风雅的游人更是在李白墓上胡诌乱题，十分可笑。

梅之涣的这首诗，就是讥讽这类游人的。他认为在大诗人的墓上乱题歪诗，简直是"鲁班门前弄大斧"——不自量力。

【指鹿为马】

赵高是秦朝的一个大奸臣。他的家族是赵国的宗室远亲，后来秦国灭了赵国以后，他们流亡至秦国。赵高的母亲因触犯刑法而被处刑，之后身体残缺，被放置在收容那些身体有残缺或受过宫刑的受刑者做工坊里。赵高和他的兄弟都是在这里出生的。这样的出身注定了他卑微的地位，但是他不甘屈于人下，在这样的环境中坚忍着，并去熟读刑狱法令、练习书法和提高文字造诣等。后来被秦始皇赏识，破格提拔为中车府令。

秦始皇死后，赵高开始为自己美好的将来做打算，他串通秦始皇的小儿子胡亥，把秦始皇立大公子扶苏的诏书及符玺扣押下来，然后软硬兼施拉拢丞相李斯伪造遗诏，使胡亥继位。赵高作为帮助秦二世上台的头号功臣，自然得到了胡亥的宠信，之后还被任命为中书令，身居列卿之位。但是朝中对于诏书的真伪问题却传得沸沸扬扬，大家觉得这一切都太奇怪了，引起了一阵骚动。赵高为了自己和胡亥的位子能坐得更稳，便向朝中反对自己的大臣们痛下杀手。

赵高认为最大的祸患是李斯，自己想要做朝中的掌权人，并且使诏书的秘密不被泄露出去，只能把李斯处死。最后在他的精心策划下，李斯被腰斩。之后赵高官拜中丞相，成了真正的掌权人。无论事情是大是小，都必须经由赵高裁决。野心勃勃的赵高大权在握，但他还是不甘心，贪婪的赵高想要的是整个大秦国。他想知道有多少人会受他摆布，支持他当皇帝，有多少人会出来反对，他想在有所行动前铲除异己，巩固自己的势力，为篡位扫清道路。

一天，在群臣朝贺之时，赵高命人牵上一头鹿，说道："陛下，臣要进献一匹好马供您赏玩。"胡亥看了看座下的鹿，笑着说："丞相，我还没有变糊涂，这明明是头鹿，你看它头上还有两根鹿角，怎么会是马呢？你搞错了。"

赵高不动声色地回答道："陛下，您看清楚了，这是一匹千里马，不是一头鹿。如果您不相信臣的话，你可以问问其他大臣，它到底是鹿还是马？"于是赵高指着大臣们问道："你们说这是匹马还是头鹿？"大臣们心里纷纷犯起了嘀咕，不知道这个阴险的赵高又在玩什么花样。但是大多数人畏惧他手中的权力，明知这是一头鹿，却为了讨好赵高，只好顺着他的意思说这是一匹马。有的人不敢得罪他，但自己的良心过不去，于是缄默不语；还有一些正直的人，不畏强权地坚持说这就是头鹿而非马。座上的胡亥被弄糊涂了，认为自己冲撞了神灵，所以才会连马和鹿都分不清，急忙招来太卜算卦。太卜说："陛下，您祭祀时没有斋戒沐浴，所以才会如此。"胡亥信以为真，便打着斋戒的幌子，躲进上林苑游猎去了。等胡亥一走，赵高便开始迫害那些和他作对的大臣。自此，大家就更加畏惧他了。

128

第六部分　迷宫式接龙

　　羽翼渐丰的赵高,渐渐不再把胡亥放在眼里,而胡亥也对赵高开始产生怀疑和不满。赵高决定先下手为强,派自己的亲信进入寝宫,逼迫胡亥自杀,传位给胡亥的儿子子婴,而自己接着做傀儡皇帝身后的操纵者。但他没有想到的是,子婴不是胡亥,子婴看尽了赵高所做的一切坏事,所以在他去宗庙受玺之时,故意不去,赵高前去催促,被子婴埋伏在屋子里的杀手杀死。

　　现在人们用指鹿为马来比喻那些故意颠倒黑白、混淆是非的行为。这个历史典故溯源于《史记·秦始皇本纪》:"赵高欲为乱,恐群臣不听,乃先设验,持鹿献于二世,曰:'马也。'二世笑曰:'丞相误邪?谓鹿为马。'问左右,左右或默,或言马以阿顺赵高。"

第七部分　看图猜成语

看图猜成语,即根据图中所画的意思猜一个成语。有的题目很简单,看到提示就可以直接说出答案;有的题目比较难,需要你转变思维方式认真思考。不管怎样,在你猜出答案之后,再回头细想,定会恍然大悟,会心一笑。

一、猜成语

1．根据下图的意思猜一个四字成语。

击　声

2．根据下图的意思猜一个四字成语。

兵 礼

3．根据下图的意思猜一个四字成语。

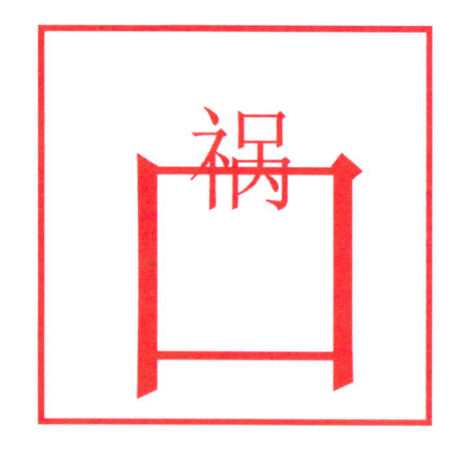

山　／ 　　虎

4．根据下图的意思猜一个四字成语。

祸 口

5．根据下图的意思猜一个四字成语。

6．根据下图的意思猜一个四字成语。

7．根据下图的意思猜一个四字成语。

8．根据下图的意思猜一个四字成语。

9．根据下图的意思猜一个四字成语。

10．根据下图的意思猜一个四字成语。

11．根据下图的意思猜一个四字成语。

12．根据下图的意思猜一个四字成语。

优等生必玩的成语游戏 ——从此出口成章

13．根据下图的意思猜一个四字成语。

17．根据下图的意思猜一个四字成语。

14．根据下图的意思猜一个四字成语。

18．根据下图的意思猜一个四字成语。

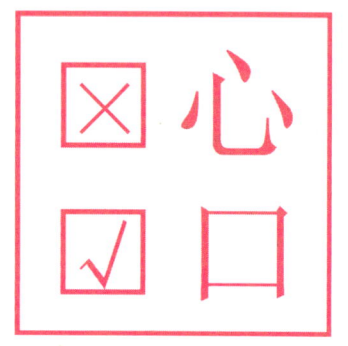

15．根据下图的意思猜一个四字成语。

19．根据下图的意思猜一个四字成语。

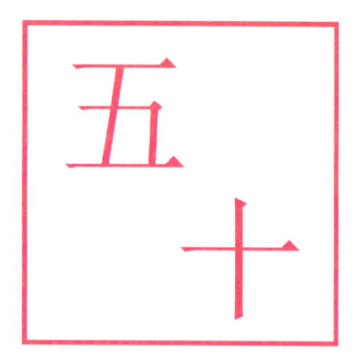

16．根据下图的意思猜一个四字成语。

20．根据下图的意思猜一个四字成语。

21．根据下图的意思猜一个四字成语。

25．根据下图的意思猜一个四字成语。

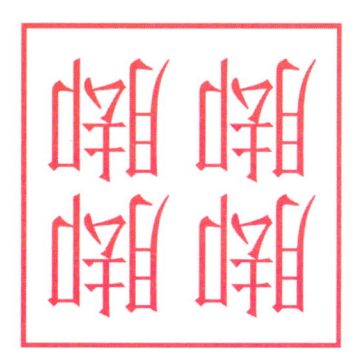

22．根据下图的意思猜一个四字成语。

26．根据下图的意思猜一个四字成语。

23．根据下图的意思猜一个四字成语。

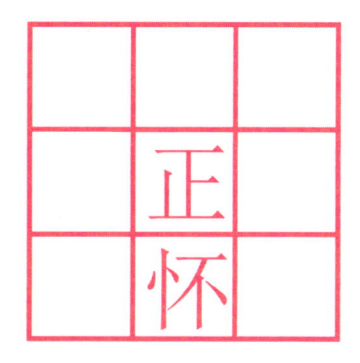

27．根据下图的意思猜一个四字成语。

24．根据下图的意思猜一个四字成语。

28．根据下图的意思猜一个四字成语。

29．根据下图的意思猜一个四字成语。

30．根据下图的意思猜一个四字成语。

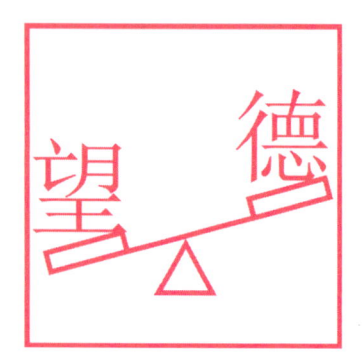

31．根据下图的意思猜一个四字成语。

32．根据下图的意思猜一个四字成语。

33．根据下图的意思猜一个四字成语。

34．根据下图的意思猜一个四字成语。

35．根据下图的意思猜一个四字成语。

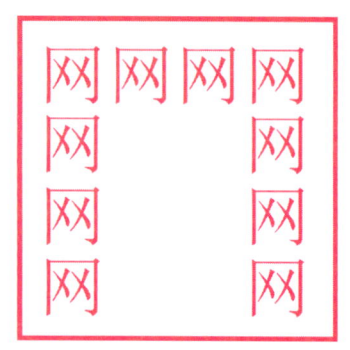

36．根据下图的意思猜一个四字成语。

第七部分　看图猜成语

37．根据下图的意思猜一个四字成语。

38．根据下图的意思猜一个四字成语。

39．根据下图的意思猜一个四字成语。

40．根据下图的意思猜一个四字成语。

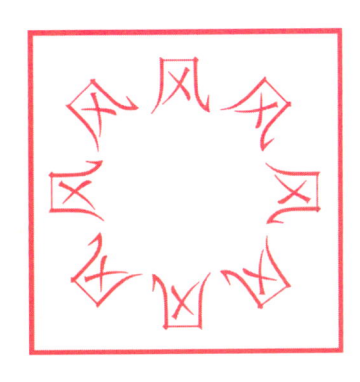

41．根据下图的意思猜一个四字成语。

42．根据下图的意思猜一个四字成语。

43．根据下图的意思猜一个四字成语。

44．根据下图的意思猜一个四字成语。

135

45．根据下图的意思猜一个四字成语。

49．根据下图的意思猜一个四字成语。

46．根据下图的意思猜一个四字成语。

50．根据下图的意思猜一个四字成语。

47．根据下图的意思猜一个四字成语。

51．根据下图的意思猜一个四字成语。

48．根据下图的意思猜一个四字成语。

52．根据下图的意思猜一个四字成语。

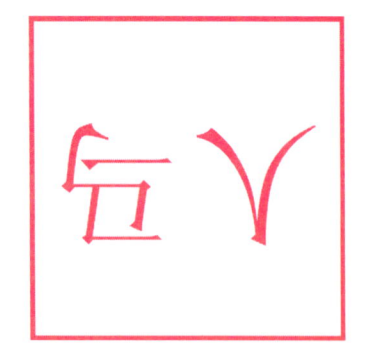

第七部分　看图猜成语

53．根据下图的意思猜一个四字成语。

材
　　用

54．根据下图的意思猜一个四字成语。

日
梁
日　　日

55．根据下图的意思猜一个四字成语。

君子
梁

56．根据下图的意思猜一个四字成语。

吁
　　吸

57．根据下图的意思猜一个四字成语。

是

58．根据下图的意思猜一个四字成语。

条
井　井
　　条

59．根据下图的意思猜一个四字成语。

井
蛤蟆

60．根据下图的意思猜一个四字成语。

难

优等生必玩的成语游戏 —— 从此出口成章

61．根据下图的意思猜一个四字成语。

（图：王 环 不 燕）

62．根据下图的意思猜一个四字成语。

（图：笑 刀）

63．根据下图的意思猜一个四字成语。

（图：宫 商 角 徵）

答案：

1．声东击西
2．先礼后兵
3．调虎离山
4．祸从口出
5．貌合神离
6．三长两短
7．空前绝后
8．羊入虎口
9．左右开弓
10．白纸黑字
11．异曲同工
12．自圆其说
13．四面楚歌
14．口是心非
15．一五一十
16．里应外合
17．非同小可
18．多此一举
19．天方夜谭
20．四大皆空
21．四脚朝天
22．三言两语
23．能屈能伸
24．比翼双飞
25．举一反三
26．正中下怀
27．马失前蹄
28．石破天惊
29．倾国倾城
30．德高望重
31．无与伦比
32．胆大包天
33．天外有天
34．头重脚轻
35．网开一面
36．东张西望
37．半夜三更
38．哭笑不得
39．偷天换日
40．八面来风
41．一心一意
42．一举两得
43．渐入佳境
44．引人入胜
45．粗茶淡饭

46．小鸟依人
47．官官相护
48．百里挑一
49．支离破碎
50．隔岸观火
51．无中生有
52．人仰马翻
53．大材小用
54．绕梁三日
55．梁上君子
56．长吁短叹
57．是非不分
58．井井有条
59．井底之蛙
60．左右为难
61．环肥燕瘦
62．笑里藏刀
63．五音不全

二、重点成语释义

声东击西　声：声张。指造成要攻打东边的声势，实际上却攻打西边。这是一种使对方产生错觉以出奇制胜的一种战术。

先礼后兵　礼：礼貌；兵：武力。先按通常的礼节同对方交涉，如果行不通，再用武力或其他强硬手段解决。

调虎离山　设法使老虎离开原来的山冈。比喻用计使对方离开原来的地方，以便乘机行事。

祸从口出　灾祸从口里产生出来。指说话不谨慎容易惹祸。

貌合神离　貌：外表；神：内心。表面上关系很密切，实际上却是两条心。

三长两短　指意外的灾祸或事故。特指人的死亡。

空前绝后　从前没有过，今后也不会再有。夸张性地形容独一无二。

羊入虎口　比喻弱者陷入险恶的境地，面临被残害的处境。

左右开弓　左右手都能射箭。比喻两只手轮流做同一动作或同时做几项工作。

白纸黑字　白纸上写下了黑字。比喻有确凿的文字凭据，不容抵赖或悔改。

异曲同工　工：细致，巧妙；异：不同的。不同的曲调演得同样好。比喻话的说法不一而用意相同，或一件事情的做法不同而都巧妙地达到了目的。

自圆其说　圆：圆满，周全。指说话的人能使自己的论点或谎话没有漏洞。

四面楚歌　比喻陷入四面受敌、孤立无援的境地。

口是心非　嘴里说得很好，心里想的却是另一套。指心口不一致。

一五一十　五、十：计数单位。五个十个地将数目点清。比喻叙述从头到尾，源源本本，没有遗漏；也形容查点数目。

里应外合　应：接应；合：配合。外面攻打，里面接应。

非同小可　小可：寻常的。指情况严重或事情重要，不能轻视。

多此一举　指多余的，没有必要的举动。

天方夜谭　比喻荒诞、离奇的议论。

四大皆空　四大：古印度称地、水、火、风为"四大"。佛教用语，指世界上一切都是空虚的。是一种消极思想。

优等生必玩的成语游戏——从此出口成章

四脚朝天　四脚：指四肢。形容仰面跌倒；也比喻躺下不干。
三言两语　几句话。形容话很少。
能屈能伸　能弯曲也能伸直。指人在失意时能忍耐，在得志时能大干一番。
比翼双飞　比翼：翅膀挨着翅膀。双飞：成双的并飞。比喻夫妻情投意合，在事业上并肩前进。
举一反三　反：类推。比喻从一件事情上类推而知道其他许多事情。
正中下怀　正合自己的心意。
马失前蹄　比喻偶然发生差错而受挫。
石破天惊　原形容箜篌的声音，忽而高亢，忽而低沉，出人意料，有难以形容的奇境；后多用来比喻文章议论新奇惊人。
倾国倾城　倾：倾覆；城：国。原指因女色而亡国；后多形容妇女容貌极美。
德高望重　德：品德；望：声望。道德高尚，名望很大。
无与伦比　伦比：类比，匹敌。指事物非常完美，没有能跟它相比的。
胆大包天　形容胆子极大。
天外有天　指某一境界之外更有无穷无尽的境界。多用来表示人的眼界受客观条件的限制，认识的领域需要不断扩大。也表示美好的境界阅历不尽。
头重脚轻　头脑发胀，脚下无力。形容身体不适；也比喻基础不牢固。
网开一面　比喻采取宽大态度，给人一条出路。
东张西望　张：看。形容这里那里地到处看。
半夜三更　一夜分为五更，三更是午夜十二时，即指深夜。
哭笑不得　哭也不好，笑也不好。形容很尴尬。
偷天换日　比喻暗中改变事物的真相，以达到蒙混欺骗的目的。
八面来风　比喻来自四面八方的信息、意见和其他资源。
一心一意　只有一个心眼儿，没有别的考虑。
一举两得　做一件事得到两方面的好处。
渐入佳境　原指甘蔗下端比上端甜，从上到下越吃越甜；后比喻境况逐渐好转或兴趣逐渐浓厚。
引人入胜　胜：胜境。引人进入佳境。现多用来指风景或文艺作品特别吸引人。
粗茶淡饭　粗：粗糙、简单；淡饭：指饭菜简单。形容饮食简单，生活简朴。
小鸟依人　依：依恋。像小鸟那样依傍着人。形容少女或小孩娇小可爱的样子。
官官相护　官员之间互相包庇。
百里挑一　一百个当中就挑出这一个来。形容人才出众。
支离破碎　支离：零散，残缺。形容事物零散破碎，不完整。
隔岸观火　隔着河看人家着火。比喻对别人的危难不去求助，却在一旁看热闹。
无中生有　道家认为，天下万物生于有，有生于无。把没有的说成有。比喻毫无事实依据，凭空捏造。
人仰马翻　人和马被打得仰翻在地。形容被打得惨败；也比喻乱得一塌糊涂，不可收拾。

140

大材小用	把大的材料当成小的材料用。比喻使用不当,浪费人才。
绕梁三日	形容音乐高昂激荡,虽过了很长时间,好像仍在回响。
梁上君子	窃贼的代称。现在有时也指脱离实际、脱离群众的人。
长吁短叹	吁:叹息。长一声、短一声不住地叹气。形容发愁的神情。
是非不分	分辨不出正确与错误。
井井有条	形容说话办事有条有理。
井底之蛙	井底的蛙只能看到井口那么大的一块天。比喻见识狭窄的人。
左右为难	左也不好,右也不是。形容无论怎样做都有难处。
环肥燕瘦	形容女子形态不同,各有各好看的地方;也借喻艺术作品风格不同,而各有所长。
笑里藏刀	形容对人外表和气,背后却阴险毒辣。
五音不全	唱歌时,唱得不搭调,常常走音。

三、成语故事

【调虎离山】

调虎离山即设法让老虎离开原来的山冈,用来比喻为了乘机行事,用计谋调动对方离开原来的有利地位,是"三十六计"中的一计。

俗话说:"龙游浅水遭虾戏,虎落平阳被犬欺。"深渊处的神龙,离开深渊到浅滩,就会连虾兵蟹将都对付不了;在森林中呼风唤雨的老虎,离开森林后还会被狗欺负。这都是调虎离山的精妙之处,历史上,在军事、政治斗争以及日常生活中,都能看到此计被灵活地运用,特别是在军事和政治斗争中,调虎离山被运用得最多。

公元239年,年仅八岁的曹芳继位登基,即魏少帝。因为新皇帝年纪太小,由大将军曹爽和太尉司马懿共同辅佐朝政。所谓"一山不能容二虎",曹爽自知自己的能力不能与司马懿相比,总是担心司马懿哪一天会造反,篡夺曹氏江山。曹爽想出一个办法,他建议魏少帝让司马懿晋升为太傅。实际上这是明升暗降,把司马懿的兵权剥夺。司马懿为了明哲保身,索性向皇上告病,请假在家休养。这样不用上朝,危险也就减少了许多。

曹爽怕司马懿这个老狐狸要什么把戏,就暗中派自己的亲信李胜去司马懿家探听虚实。李胜把查看到的情况一一和曹爽说道:"当时我站在他的屋外,看见他吃饭都需要仆人一口一口地喂他,而且会有粥从嘴角流出,把他的衣物都打湿了。"曹爽信以为真,一颗悬着的心终于放下了。其实司马懿早知道曹爽会派人来监视他,所以故意装疯卖傻,骗过了曹爽的耳目。

优等生必玩的成语游戏——从此出口成章

暗地里，司马懿一直在寻找翻身的机会。不久，到了祭祖的时候魏少帝带着曹爽等一些王族及亲信出城祭祖。司马懿得知魏少帝已经出了皇城后，马上连同他的两个儿子，率领军队占领了城门和兵库，并假传丘太后的诏令，撤了曹爽的军职。等到曹爽一行人回城之后，才发现皇城已经大乱。这些平时只知道吃喝玩乐的人，在司马懿的利诱和威逼下很快就举白旗投降了。司马懿以"谋反罪"杀了曹爽等人。就这样，魏国的军政大权全都掌握在司马懿一人手中了。

【舌战群儒】

舌战群儒，舌战：激烈争辩；儒：指读书人。现在这个成语已经成为褒赞能言善辩者的口头词汇。出自明·罗贯中《三国演义》第43回："诸葛亮舌战群儒，鲁子敬力排众议。"

曹操得了荆州大部之后，便开始训练水军，准备一举灭吴。为了抗御曹军，保全东吴，鲁肃向孙权提出联刘抗曹的主张。孙权遂派他去刘备那里探听情况。早在隆中即洞察天下形势，建议刘备"外结好孙权"的诸葛亮夙有联孙抗曹之意，所以，与鲁肃不谋而合。在得到刘备的同意之后，诸葛亮便与鲁肃结伴到柴桑来劝说孙权。但东吴内部以张昭为首的众多谋士极力主张投降，为阻止诸葛亮而劝说孙权，打算找出诸葛亮的破绽，抓住他的把柄，杀杀他的锐气。于是，就有了这样一场辩论。

张昭首先发难："听说先生自比管仲、乐毅，当真？"诸葛亮答："不错，不过那只是我自谦之比罢了。""那为何刘豫州得了你，荆州反而被曹操占了呢？""取荆州易如反掌。我家主公仁义，不忍夺同宗基业。而刘琮听信佞言，暗自投降。""刘豫州未得先生之前，尚且能够割据称雄；得先生之后为何反而弃新野，走樊城，败当阳，奔夏口，无容身之地？先生自比管仲、乐毅，才能只是这样么？"诸葛亮笑道："群鸟安知大鹏之志？比如人得了重病，需要慢慢调养，哪有立刻就用猛药的？我家主公原来兵不满千，手下将领只有关羽、张飞、赵云，粮草不足，城不坚固，而能火烧博望坡，使夏侯惇、曹仁等人心惊胆战，私以为管仲、乐毅用兵也未必能如此。刘豫州兵败，是因为他大仁大义。更何况寡不敌众，胜负是平常之事。从前汉高祖数次败于项羽，然而垓下一战成功，难道不是靠韩信的计谋吗？韩信在高祖手下很久了，也不能使汉军每战皆胜，然而对于国家大事，是有主见的。而不像某些夸夸其谈之辈，真有大事了，啥都做不了。真是为天下人所耻笑！"张昭无话可答。

接着虞翻问道："刘豫州惧怕曹操大军么？""不怕，一群乌合之众而已。""然则为何兵败当阳，退守夏口？""寡不敌众是常理。退守夏口是为了等待时机。不像你们东吴有长江之险，且兵多将广，却想着投降。相比之下，我家主公当然是不怕曹操的了。"虞翻无言以对。

步骘发难："你是要效仿苏秦、张仪，游说东吴吗？"诸葛亮回答："苏秦、张仪不仅是辩士，更有治国大略，不是欺善怕恶的人可比的。你们听到曹操领兵而来，就吓得要投降，还敢取笑苏秦、张仪吗？"步骘默然。

薛综发问："汉室天数将终，曹操已得天下三分之二，人皆归心。刘豫州不知天命，勉强与之争战，不过是以卵击石而已。"诸葛亮厉声道："此话真是无父无君！人以忠孝为本，曹操奸贼，你却说他得了天命，我不屑与你这无父无君之人说话！"薛综满面羞愧，不能作答。

陆绩说道："曹操是汉初相国曹参之后，刘备虽然自称是中山靖王之后，却无据可考，看起来不过是贩卖草席、草鞋的罢了，如何能与曹操抗衡！"诸葛亮笑道："曹操既然是曹相国的后代，那么就是世代为汉朝臣子。如今专权，不仅是汉朝的乱臣，也是曹氏的贼子。我家主公的宗室身份，是当今皇帝按家谱赐爵的，怎么说无据可考呢？何况当初高祖不过是个小亭长，最后得了天下；贩卖草席、草鞋，又有什么可耻辱的？"陆绩也无言可对。

严峻问道："不知道你研究学习什么儒家经典呢？"他的意思是：要治国安邦就要学习儒家经典，你不学习儒家经典，就没资格讨论国家大事。诸葛亮说："在文章词句上下功夫，那是酸腐文人做的事情。商的伊尹，周的姜尚，前汉的张良、陈平，后汉的邓禹、耿弇，都有举世无双的才略，没听说他们有研究学习什么儒家经典啊。数黑论黄，舞文弄墨，不过是书生们做的事情，我不屑为之。"严峻垂头丧气，不能应对。

最后又有程德枢大声说道："你爱说大话，未必有真才实学，恐怕要为儒者所笑。"诸葛亮回答："儒有君子之儒和小人之儒之分。小人之儒就比如杨雄，文章虽然写得好，但却侍奉谋国篡位的王莽。像这样的儒者，就算文才再好，又有什么值得说的！"程德枢也无话可说了。

东吴众人见诸葛亮对答如流，无不大惊失色。

舌战也是心战。诸葛亮能以少胜多，一连辩倒东吴七位谋士，其原因之一就是能够充满自信，以势夺人，从心理上压倒对方。客观上刘备确实无法与曹操抗衡，张昭等人也正是就此发难，但诸葛亮并没有因此气馁，而是站在战略的高度上，取高屋建瓴之势，对东吴诸儒表现出不屑一顾，不屑与语的轻蔑，"哑然而笑"对张昭，"厉声"喝问对薛综，调侃揶揄对陆绩。其原因之二是能够以他渊博的知识、超群的见解，灵活运用举例论证、比喻论证、引言论证、对比论证、归谬反驳、反唇相讥、揭悖反驳等多种论辩方式，有理有据地进行反驳并给予痛击。

【空前绝后】

空前绝后指从前没有过，今后也不会再有。夸张地形容独一无二、举世无双。

东晋顾恺之，出身士族，才华出众，诗词文赋样样精通，绘画尤为出色，闻名于世。顾恺之画人物，有一个很奇特的习惯，从来不先画眼珠。有人很疑惑地问他原因何在。他认为画人物，最传神的地方就在眼珠，只有把它画好了，才能使人物看起来形态逼真、生动。后来他被人称有三绝：才绝、画绝、痴绝。

当时在南京新建了一座寺庙，和尚们邀请众人来捐款。有一天，来了一位年轻人，在寺庙捐款簿上的数额一栏写下"百万"，和尚和周围的人们都很惊讶。虽然一直都有人来捐款，但是还没有一个人的捐款数额是超过十万的。和尚觉得这位年轻人是来捣乱的，打算把数字抹去，但是这位年轻人却说道："相

信我,只要你给我一面空白墙壁,我就能做到。"和尚半信半疑地在寺院给他找了一面墙壁,年轻人把门关上开始画维摩诘菩萨,全身都画完了,唯独没画眼睛。年轻人对和尚说:"第一天来看画的人,每人要捐出十万给寺庙;第二天则要捐出五万,第三天之后,则由你们随意制定数额。"

第二天一早,寺门打开,这位年轻人当众点画维摩诘的眼珠,顿时如同神光显耀,人们都啧啧称奇。一时间满城轰动,大家都抢着来寺庙观画。每天看画的人络绎不绝,所以没过多久,就凑足了之前约定的百万数额。这位年轻人就是顾恺之。

在南北朝时期,也出了一位大画家,名叫张僧繇,在当时美名远扬。梁武帝命他在许多寺庙佛塔里作画。有一次,他正在给某一个寺庙的墙上画龙,旁人疑惑地问道:"你为什么不给这四条龙点上眼睛呢?"他解释道:"如果我给它点上眼珠,那这些龙就会破壁飞去。"众人都笑他大言不惭,要他给众人试一试。于是他用画笔在其中两条龙的眼睛部位点了两下,正当众人要看他笑话时,突然电闪雷鸣,墙壁被击穿,只见被画上眼睛的两条龙穿壁而出,往天上飞去。

当然这个故事只是一个传说,但这也说明了张僧繇的画技已经出神入化。

唐朝也出了一位大画家,叫吴道子。他不仅绘画了得,还写得一手好字,有书圣之称。一次,他被邀请到景玄寺中去画地狱变相图。本来应该充斥许多鬼怪的图里,他偏偏不画鬼怪,但是完成的图画却显得更加阴森逼人。据说看过这幅画后,大恶人也会改过自新。

宋徽宗在评价这三人时,说:"顾恺之的画能超越前人的成就,张僧繇的画成就后人莫及,而吴道子则把前两人的长处融合在一起了。"

【暗度陈仓】

陈仓,古县名,在今陕西省宝鸡市东,为通向汉中的交通孔道。该成语指正面迷惑敌人,而从侧翼进行突然袭击;也比喻暗中进行某些别人不知道的活动。

出自元·尚仲贤《气英布》第一折:"孤家用韩信之计,明修栈道,暗度陈仓,攻完三秦,劫取五国。"

秦朝被推翻的时候,项羽、刘邦以及其他参加反秦战争的各路将领,齐集商议胜利以后该如何割据国土。当时势力最强的项羽企图独霸天下,他表面上主张分地封王、分配领地,心里却早已开始盘算,将来怎样一个个地消灭他们。

项羽对一般将领都没有什么顾忌,唯独对刘邦很不放心,他知道刘邦是最难对付的对手。早些时候,曾经约定:谁先攻下秦都咸阳(今陕西西安附近),谁就在关中为王。结果,首先进入咸阳的偏偏就是刘邦。关中是秦的本土,由于秦的大力经营,关中不但物产丰富,而且军事工程也有强固的基础。项羽不愿意让刘邦当"关中王",也不愿意他回到家乡(今江苏沛县)一带去,便故意把巴、蜀(今四川一带)和汉中(今陕西西南)三个郡分给刘邦,封为汉王,以汉中的南郑为都城。想借此把刘邦关进偏僻的山里去。而把关中划为三部分,分别封给秦朝的降将章邯、司马欣和董翳,以便阻塞刘邦向东发展的出路。项羽自封为西楚霸王,封地九郡,占领长江中下游和淮河流域一带广大肥沃之地,以彭城(今江苏徐州)为都城。

刘邦和其他诸位将领对此很不服气，但是慑于项羽的威势，大家都不敢违抗，只得听从支配，各就各位去了。刘邦领兵西上开往南郑，并且接受张良的计策，一路上把走过的几百里栈道全部烧毁。目的是便于防御，而且可以迷惑项羽，让他以为刘邦真的不打算出来了，从而松懈对刘邦的戒备。

刘邦到了南郑，发现部下有一位才能出众的军事家——韩信。刘邦就拜韩信为大将，请他策划向东发展、夺取天下的军事部署。

韩信的第一步计划是先夺取关中，打开东进的大门，建立兴汉灭楚的根据地。于是派出几百名官兵去修复栈道。这时，守着关中西部的章邯听到了这个消息，不禁笑道："谁叫你们把栈道烧毁的！你们自己断绝了出路，现在又来修复，这么大的工程，只派几百个士兵，看你们哪年哪月才能修完。"因此，章邯对于刘邦和韩信的这一行动，根本没有重视。

可是，不久章邯便接到紧急报告，说刘邦的大军已攻入关中，陈仓（在今陕西宝鸡市东）被占，守将被杀。章邯起初还不相信，以为是谣言，等到证实的时候，慌忙领兵抵抗，已经来不及了。章邯被逼自杀，驻守关中东部的司马欣和北部的董翳也相继投降。号称三秦的关中地区于是一下子就被刘邦全部占领了。

原来韩信表面上派兵修复栈道，装作要从栈道出击的姿态，实际上却和刘邦统率主力部队，暗中抄小路袭击陈仓，趁章邯不备取得了胜利。

这就是"明修栈道，暗度陈仓"的历史故事。

【四面楚歌】

四面楚歌比喻陷入四面受敌、孤立无援的窘迫境地。

四面楚歌的故事关系着一个历史上著名的战役：垓下之战。这场战役是楚汉战争的最后一场大战，也是刘邦成就大业的关键。

公元前202年，经历几场战役后，项羽和刘邦议和。两人商定以鸿沟为界，中分天下，西面归刘邦，东面归项羽，并协定两家从此互不侵犯。在这重大的转折之际，张良以一个精明的政治谋略家的眼光看出，项羽正处于腹背受敌的处境，此次让项羽东归如同放虎归山，将来必定后患无穷，于是他与陈平一同建议刘邦趁项羽衰弱时背约出兵。刘邦觉得很有道理，决定亲率大军追击项羽，并让韩信、彭越前来支援，合围项羽。

但是在关键之时韩信、彭越两人没有守信前来，结果刘邦被项羽击败。但是刘邦并没有放弃，他一边依然尽力追击，另一边利诱韩信等人前来支援，最后几队大军终于会合，将项羽部队围困在垓下。

项羽坚守，刘邦军队粮草日渐减少，士兵们的士气也受到了很大的影响。这时韩信想出一个办法能加速瓦解楚军的士气，便让士兵们夜晚在包围圈外吟唱楚地的歌谣。项羽的士兵都是楚军，听到四周都是楚歌，思乡之情涌入心头，加上连年作战，已经身心俱疲的士兵士气更加低下。

优等生必玩的成语游戏 —— 从此出口成章

　　项羽在军帐中听到了四面都响起了楚歌,很吃惊地说:"难道刘邦已经占领楚地了吗?"心绪已被打乱,睡不着的项羽爬起来在军帐中喝酒。看着身旁自己深爱的虞姬还有帐外自己的坐骑骓,心中郁结,唱道:"力拔山兮气盖世,时不利兮骓不逝。骓不逝兮可奈何,虞兮虞兮奈若何!"他唱了一遍又一遍,侍奉在旁的虞姬,怆然拔剑起舞,并以歌和之:"汉兵已略地,四方楚歌声;大王意气尽,贱妾何聊生。"唱完之后,为避免连累项羽,拔剑自刎。

　　悲愤的项羽率几百骑兵连夜突围。等到天亮,汉军才察觉,于是派骁勇善战的灌婴带领五千骑兵去追击。项羽到达东城山头时,身边只剩下28个骑兵,这时又误入一沼泽地中,被敌军包围。他把28个骑兵分成四个小队,命他们往四个方向突围,最后他逃离到乌江边。乌江的亭长给项羽准备了一艘渡船,劝他赶紧渡江,并劝慰他:"现在江上只有这一艘船,他们追不上你。虽然江东不是很大,但千里土地和民众数十万也足可以称王了。"项羽笑着答道:"天要亡我,我为什么还要渡江呢。想当初八千江东子弟随我渡江西行,现在无人生还,就算是江东父老因怜爱我而拥我为王,我又有什么脸面去见他们呢。纵使他们不说,难道我就不会感到惭愧吗?"项羽接着说道:"我知道您是一位品德高尚的长者。这匹马我骑了五年,它日行千里,所向无敌,我不忍心把它杀了,就送给您吧。"说完便让随行的骑兵皆下马步行,手持短小轻便的武器与汉军交战,身受十几处伤。突然项羽看见敌军骑兵中有一个叫吕马童的旧部下,问道:"难道你是我的故人?"吕马童看到项羽,马上向王翳示意道:"这是项羽。"项羽说道:"我听说汉军用千两黄金、万户封邑来悬赏我的头颅,那我就把这好处给你了。"说完拔剑自刎。

第八部分 成语小游戏

这里汇集了各式各样的成语接龙小游戏,它们形式多样,内容丰富多彩。不是简单地将成语首尾相接,而是按照特定的规则组合在一起,花样百出,非常有趣。

一、接 龙 游 戏

1. 在图 8-1 所示每一个成语的空白处分别填上一对反义词。
2. 补齐图 8-2 所示成语中缺少的字,它们都是一对对反义词。
3. 补齐图 8-3 所示成语中缺少的字,它们都是一对对反义词。

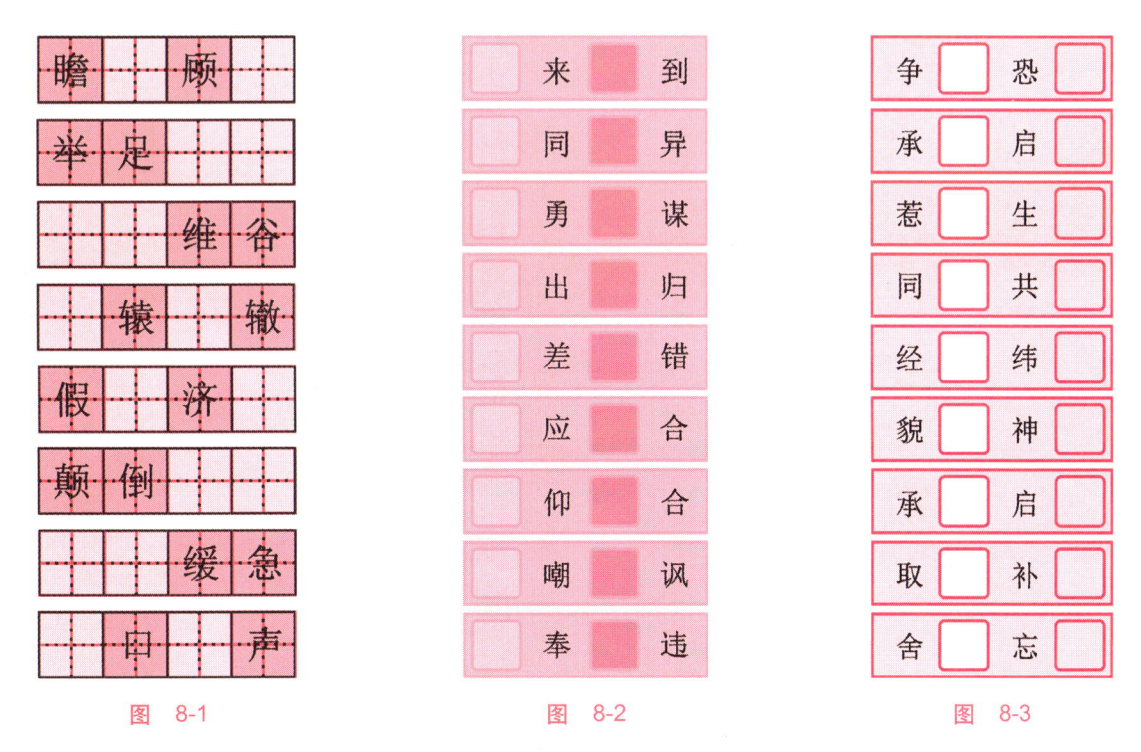

图 8-1

图 8-2

图 8-3

4. 如图 8-4 所示的每一个成语都是由两对反义词构成的,请在空白处填上合适的字。
5. 补齐图 8-5 所示带有颜色的成语中缺少的字。
6. 补齐图 8-6 所示带有颜色的成语中缺少的字。
7. 补齐图 8-7 所示带有颜色的成语中缺少的字。
8. 补齐图 8-8 所示带有颜色的成语中缺少的字。

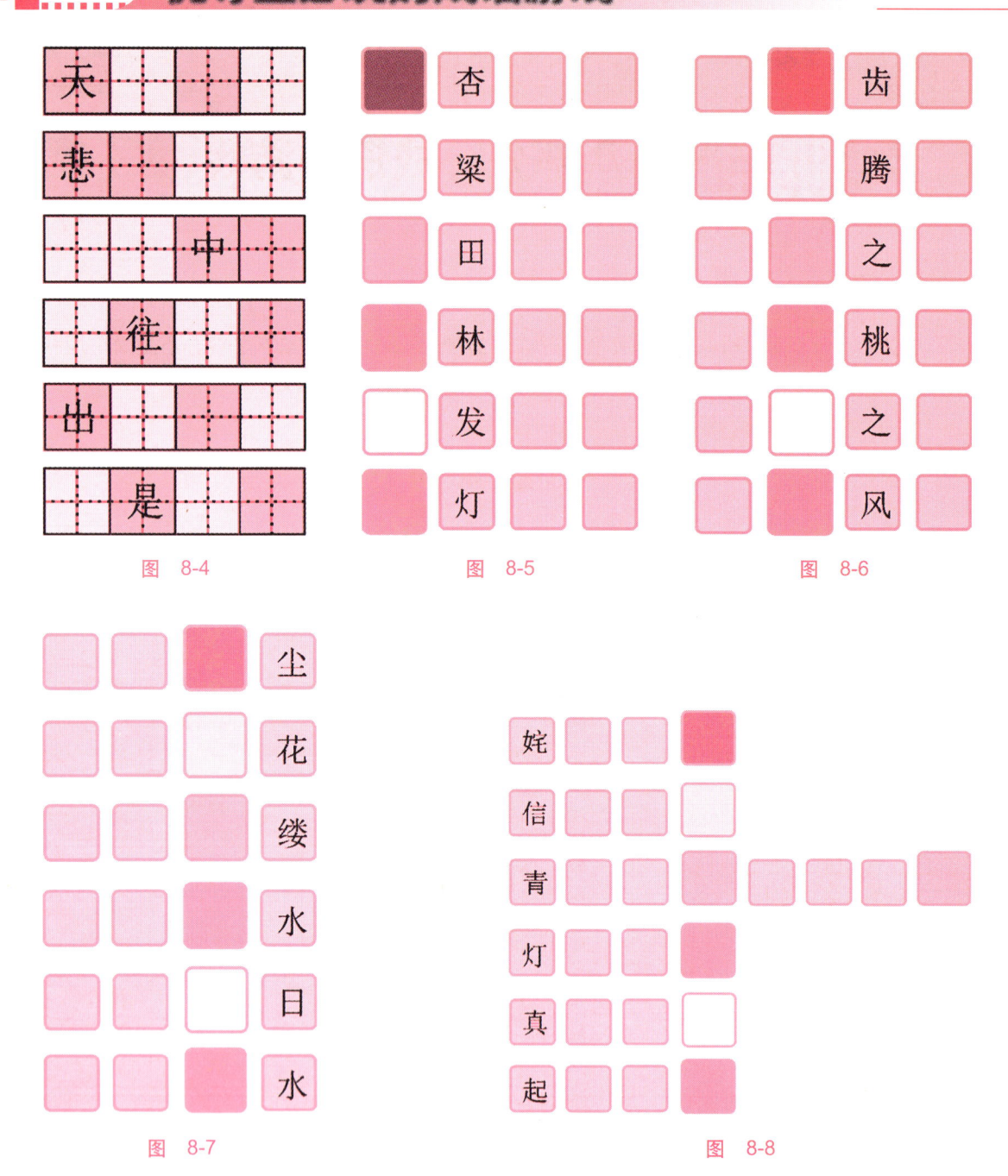

优等生必玩的成语游戏 —— 从此出口成章

图 8-4

图 8-5

图 8-6

图 8-7

图 8-8

9. 图 8-9 是一个用 12 生肖相连的接龙游戏，试着把它们补齐吧。
10. 图 8-10 是一个用 12 生肖相连的接龙游戏，试着把它们补齐吧。
11. 图 8-11 是一个用 12 生肖相连的接龙游戏，试着把它们补齐吧。
12. 图 8-12 是一个用 12 生肖相连的接龙游戏，试着把它们补齐吧。
13. 如图 8-13 所示每一阶台阶上都有一个成语，请将这个接龙游戏补齐。
14. 如图 8-14 所示每一阶台阶上都有一个成语，请将这个接龙游戏补齐。

148

第八部分　成语小游戏

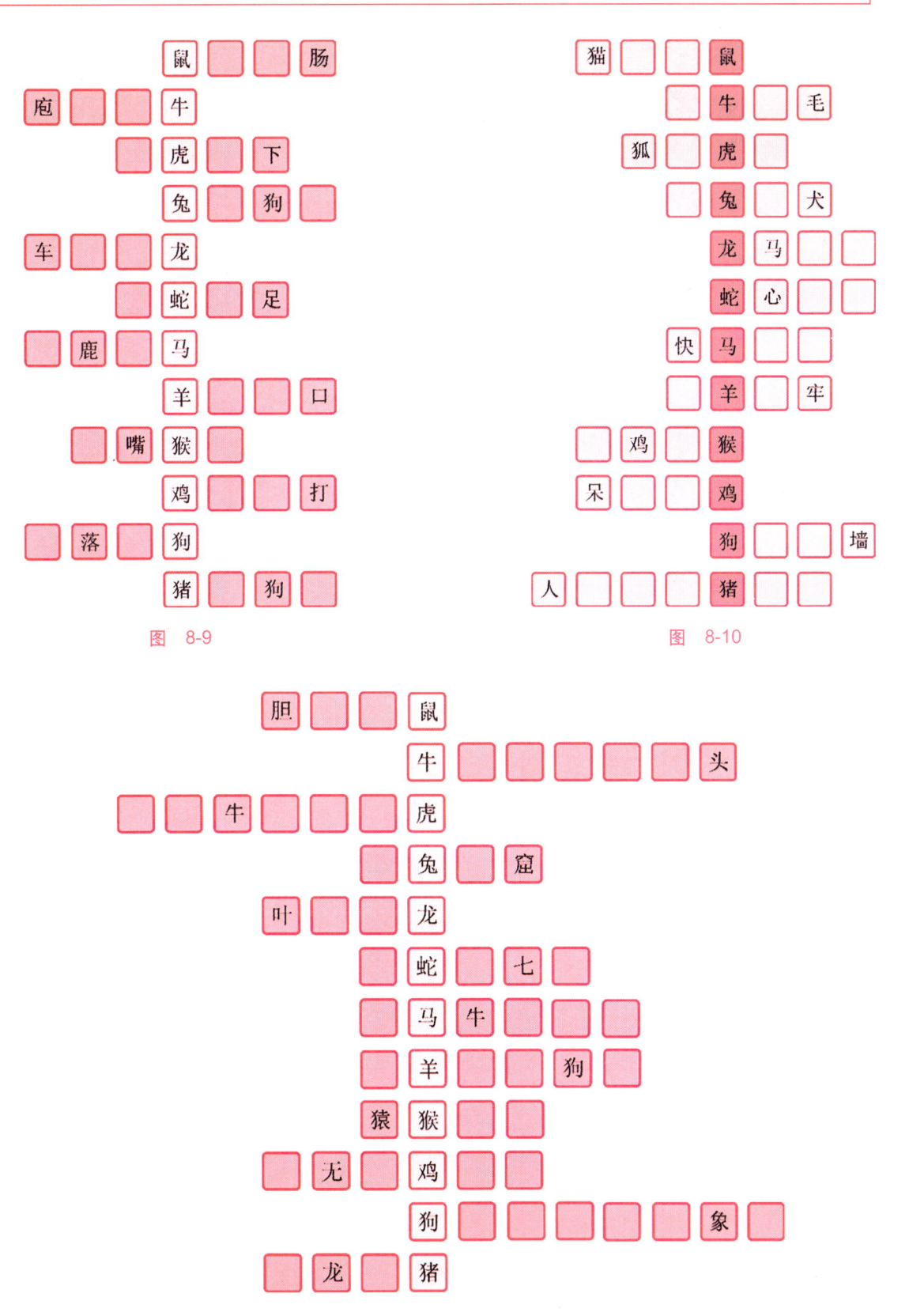

图 8-9

图 8-10

图 8-11

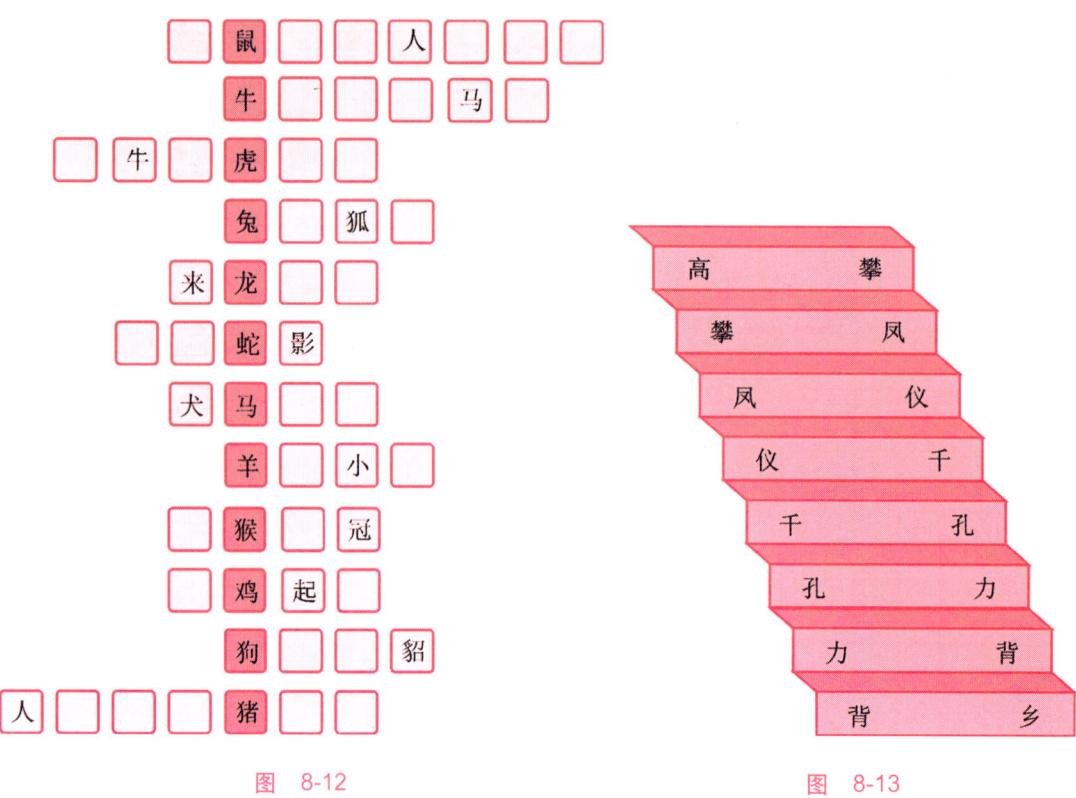

优等生必玩的成语游戏——从此出口成章

图 8-12

图 8-13

图 8-14

15. 以左上角的"三"字开始，找出九个成语组成的接龙，见图 8-15。
16. 以左上角的"路"字开始，找出九个成语组成的接龙，见图 8-16。

三	之	儒	战		路	人	尚	达
寡	路	多	言		往	冲	威	霄
失	所	敌	流		明	不	上	仪
众	闻	我	见		气	之	来	官
风	无	向	离		如	易	珠	宝
广	识	开	少		掌	反	汉	光
群	雅	舌	寸		知	书	皆	礼

图 8-15　　　　　　　　　　图 8-16

17. 请将图 8-17 所示的接龙方阵补齐。

			方	不		
刻		容				谀
				克		
金	如	大				承
			制			
	不	失			友	云
	手	东			抒	见

图 8-17

18．请将图 8-18 所示的接龙方阵补齐。

图 8-18

19．从上到下，从左到右完成图 8-19 所示的接龙，里面的龙眼有可能会用到谐音字。

20．将图 8-20 所示接龙游戏中的成语补全。

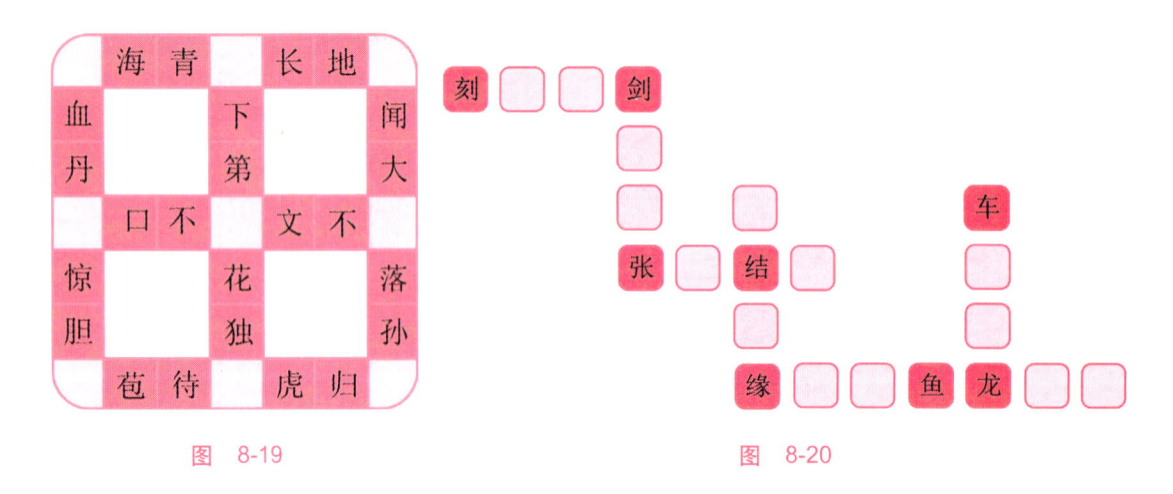

图 8-19

图 8-20

21．将图 8-21 所示的包含若干种动物的接龙游戏中的成语补全。

22．将图 8-22 所示接龙游戏中的成语补全。

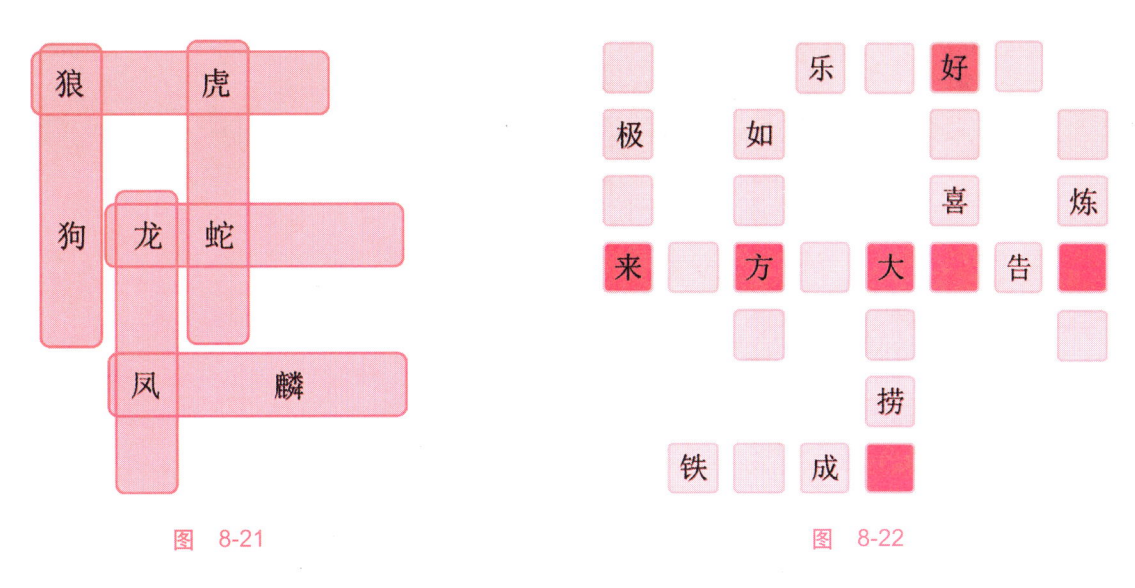

第八部分　成语小游戏　08

图 8-21

图 8-22

23．将图 8-23 所示接龙游戏中的成语补全。

24．将图 8-24 所示接龙游戏中的成语补全，里面有可能会用到谐音字。

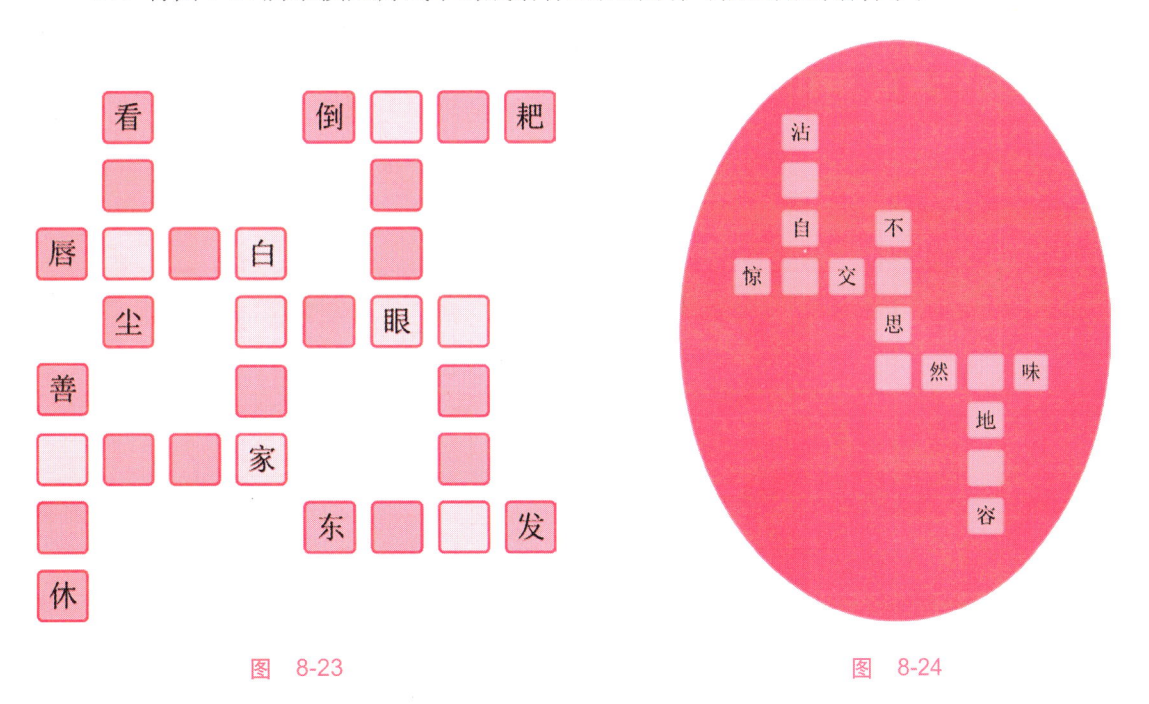

图 8-23

图 8-24

25．将图 8-25 所示接龙游戏中的成语补全。

26．将图 8-26 所示接龙游戏中的空白处补齐，有的成语可能不是四个字。

27．将图 8-27 所示接龙游戏中的空白处补齐。

28．这是一个迷宫，沿着迷宫的出口方向，将沿途的成语补齐，见图 8-28。

153

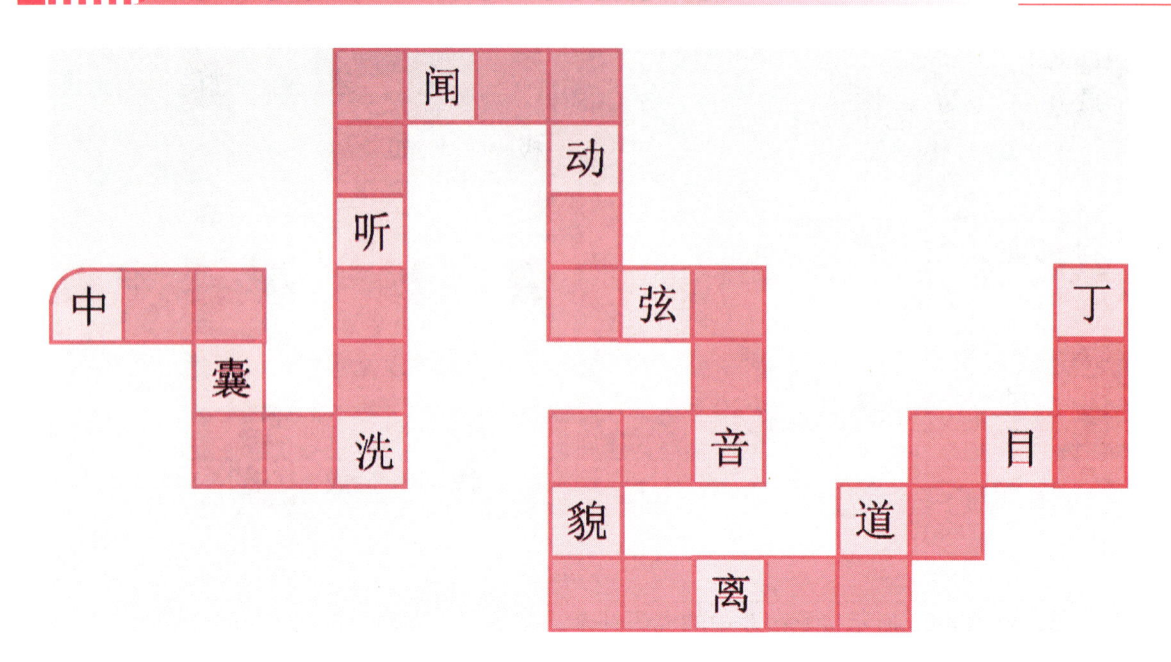

优等生必玩的成语游戏 —— 从此出口成章

图 8-25

图 8-26

第八部分　成语小游戏

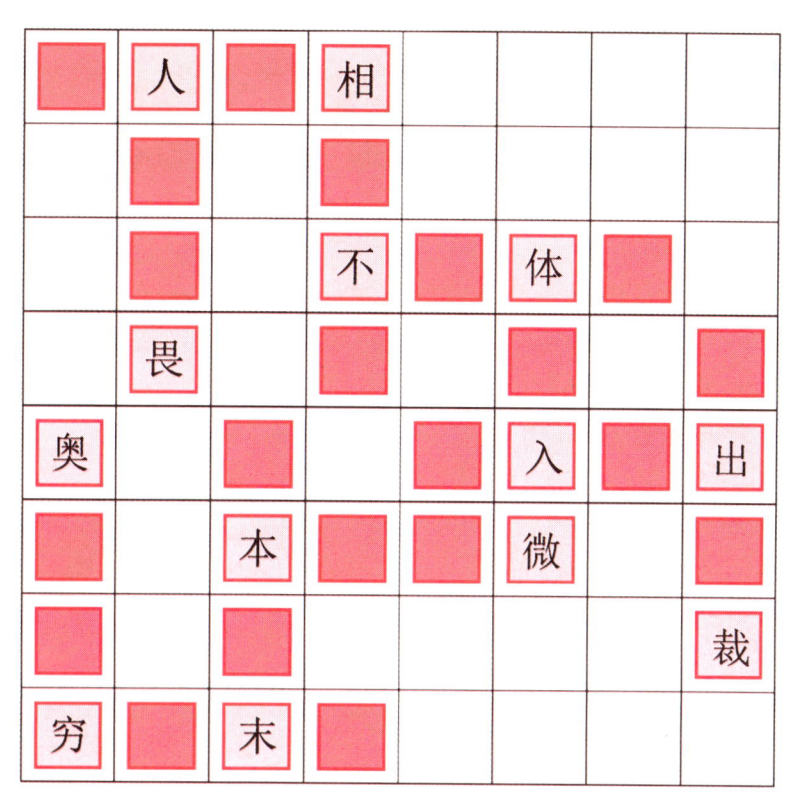

图　8-27

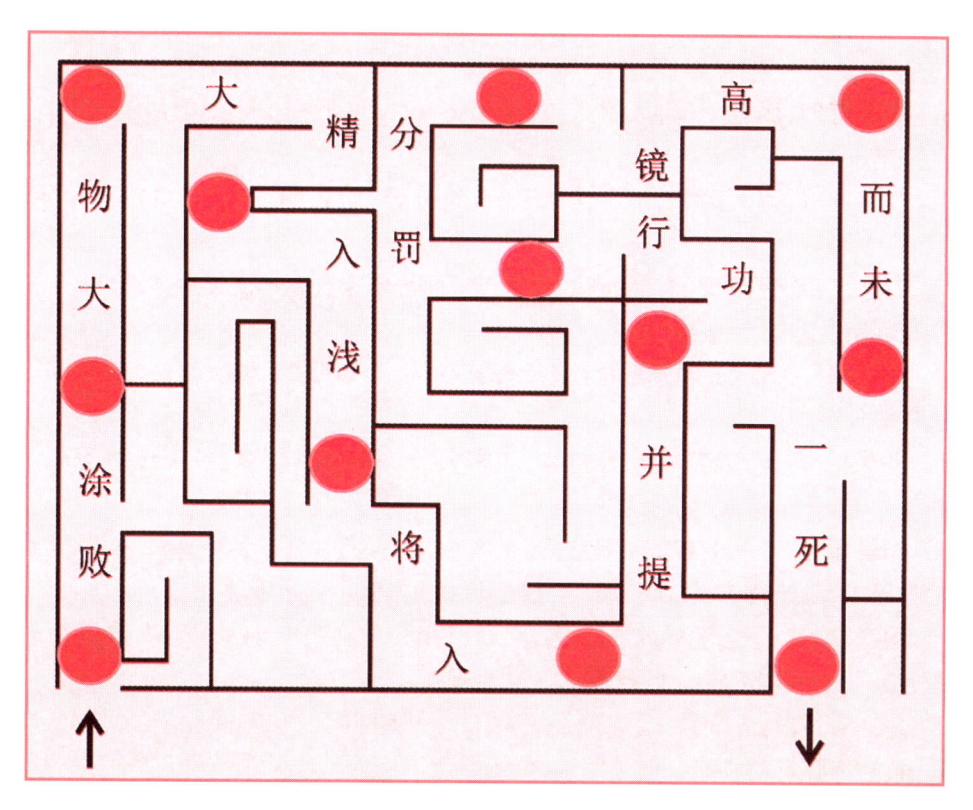

图　8-28

优等生必玩的成语游戏——从此出口成章

答案：

1．瞻前顾后，举足轻重，进退维谷，南辕北辙，假公济私，颠倒黑白，轻重缓急，异口同声。

2．先来后到，大同小异，有勇无谋，早出晚归，阴差阳错，里应外合，前仰后合，冷嘲热讽，阳奉阴违。

3．争先恐后，承前启后，惹是生非，同甘共苦，经天纬地，貌合神离，承上启下，取长补短，舍生忘死。

4．天南地北，悲欢离合，古今中外，古往今来，出生入死，今是昨非。

5．红杏出墙，黄粱美梦，蓝田生玉，绿林好汉，白发千丈，黑灯瞎火。

6．唇红齿白，飞黄腾达，金兰之交，柳绿桃红，不白之冤，月黑风高。

7．看破红尘，明日黄花，筚路褴褛，青山绿水，青天白日，白山黑水。

8．姹紫嫣红，信口雌黄，青出于蓝而胜于蓝，灯红酒绿，真相大白，起早贪黑。

9．鼠肚鸡肠，庖丁解牛，骑虎难下，兔死狗烹，车水马龙，画蛇添足，指鹿为马，羊落虎口，尖嘴猴腮，鸡飞蛋打，打落水狗，猪朋狗友。

10．猫哭老鼠，九牛一毛，狐假虎威，见兔顾犬，龙马精神，蛇心佛口，快马加鞭，亡羊补牢，杀鸡儆猴，呆若木鸡，狗急跳墙，人怕出名猪怕壮。

11．胆小如鼠，牛不喝水强按头，初生牛犊不怕虎，狡兔三窟，叶公好龙，打蛇打七寸，风马牛不相及，挂羊头、卖狗肉，猿猴取月，手无缚鸡之力，狗嘴里吐不出象牙，一龙一猪。

12．老鼠过街，人人喊打，牛头不对马嘴，九牛二虎之力，兔死狐悲，来龙去脉，杯弓蛇影，犬马之劳，羊肠小道，沐猴而冠，闻鸡起舞，狗尾续貂，人怕出名猪怕壮。

13．高不可攀，攀龙附凤，凤凰来仪，仪态万千，千疮百孔，孔武有力，力透纸背，背井离乡。

14．乡书难寄，寄人篱下，下车伊始，始乱终弃，弃暗投明，明哲保身，身怀六甲，甲冠天下。

15．三寸之舌，舌战群儒，儒雅风流，流离失所，所向无敌，敌众我寡，寡闻少见，见多识广，广开言路。

16．路人皆知，知书达礼，礼尚往来，来之不易，易如反掌，掌上明珠，珠光宝气，气冲霄汉，汉官威仪。

17．一刻千金，刻不容缓，从容自如，如临大敌，克敌制胜，克己奉公，阿谀奉承，方正不阿，胜友如云，云开见日，各抒己见，机不可失，爱不释手，失之东隅。

18．作奸犯科，作茧自缚，自不量力，量入为出，大打出手，手到擒来，束手就擒，来龙去脉，大势已去，势如破竹，长风破浪，醉生梦死，娇生惯养，见死不救。

19．碧海青天，天长地久，久闻大名，名落孙山；碧血丹心，心惊胆寒，含苞待放，放虎归山；心口不一，一文不名；天下第一，一花独放。

20．刻舟求剑，剑拔弩张，张口结舌，广结良缘，缘木求鱼，鱼龙混杂，车水马龙。

21．狼心狗肺，狼吞虎咽，虎头蛇尾，龙蛇混杂，龙飞凤舞，凤毛麟角。

22．否极泰来，来日方长，如梦方醒，乐善好施，好大喜功，大功告成，百炼成钢，大海捞针,铁杵成针。

23．看破红尘,唇红齿白,白手起家,罢黜百家,善罢甘休,倒打一耙,打马虎眼,手疾眼快,快人快事,东窗事发。

24．沾沾自喜,惊喜交加,不假思索,索然无味,无地自容。

25．中饱私囊,囊空如洗,洗耳恭听,听而不闻,闻风而动,动人心弦,弦外之音,音容笑貌,貌合神离,离经叛道,道路以目,目不识丁。

26．才子佳人,子虚乌有,人以群分,群起而攻之,莫须有,有过之而无不及,而立之年,度日如年,大度包容,义不容辞,深明大义。

27．吉人天相,人言可畏,相持不下,不成体统,体贴入微,深入浅出,别出心裁,本小利微,舍本求末,穷途末路,奥妙无穷。

28．一败涂地,地大物博,博大精深,深入浅出,出将入相,相提并论,论功行赏,赏罚分明,明镜高悬,悬而未决,决一死战。

二、重点成语释义

瞻前顾后 瞻：向前看；顾：回头看。表示看看前面,又看看后面。形容做事之前考虑周密而慎重；也形容顾虑太多,犹豫不决。

举足轻重 只要脚移动一下,就会影响两边的轻重。指处于重要地位,一举一动都足以影响全局。

进退维谷 无论是进还是退,都是处在困境之中。形容进退两难。

南辕北辙 想往南而车子却向北行。比喻行动和目的正好相反。

假公济私 假借公家的名义,谋取私人的利益。

颠倒黑白 把黑的说成白的,白的说成黑的。比喻歪曲事实,混淆是非。

轻重缓急 指各种事情中有主要的和次要的,有急于要办的和可以慢一点办的。

先来后到 按照到来的先后来确定次序。

大同小异 大体相同,略有差异。

有勇无谋 只有勇气,没有计谋。指做事或打仗只是猛打猛冲,缺乏计划,不讲策略。

早出晚归 早晨出动,晚上归来。

阴差阳错 比喻由于偶然的因素而造成了差错。

里应外合 应：接应；合：配合。表示外面攻打,里面接应。

前仰后合 身体前后晃动。形容大笑或困倦得直不起腰的样子。

冷嘲热讽 用尖刻辛辣的语言进行讥笑和讽刺。

阳奉阴违 阳：表面上；奉：遵守,听从；阴：暗地里。指玩弄两面派手法,表面上遵从,暗地里却违背。

争先恐后 抢着向前,唯恐落后。

承前启后 承：承接；启：开创。表示承接前面的,开创后来的。指继承前人事业,为后人开辟道路。

优等生必玩的成语游戏 —— 从此出口成章

惹是生非 惹:引起;非:事端。招惹是非,引起争端。

同甘共苦 甘:甜。表示共同享受幸福,共同担当艰苦。

经天纬地 规划天地。形容人的才能极大,能做非常伟大的事业。

貌合神离 貌:外表;神:内心。表面上关系很密切,实际上却是两条心。

取长补短 吸取别人的长处来弥补自己的不足之处;也泛指在同类事物中吸取这个的长处来弥补那个的短处。

舍生忘死 不把个人的生死放在心上。

天南地北 一在天之南,一在地之北。形容地区各不相同;也形容距离极远。

悲欢离合 悲伤、欢乐、离散、聚会。泛指生活中经历的各种境遇和由此而产生的各种心情。

古今中外 指从古代到现代,从国内到国外;泛指时间久远,空间广阔。

古往今来 从古到今。

出生入死 原意是从出生到死去;后形容冒着生命危险,不顾个人安危。

今是昨非 现在是对的,过去是错的。指认识过去的错误。

红杏出墙 形容春色正浓,情趣盎然。

黄粱美梦 黄米饭尚未蒸熟,一场好梦已经做醒。原比喻人生虚幻;后比喻不能实现的梦想。

蓝田生玉 旧时比喻贤父生贤子。

绿林好汉 指聚集山林反抗封建统治阶级的人们。旧时也指聚众行劫的群盗股匪。

白发千丈 形容头发既白且长,表示人因愁思过重而容颜衰老。

黑灯瞎火 形容黑暗没有灯光。

唇红齿白 嘴唇红,牙齿白。形容人容貌俊美。

飞黄腾达 飞黄:传说中神马名;腾达:上升,引申为发迹,宦途得意。形容骏马奔腾飞驰。比喻骤然得志,官职升得很快。

金兰之交 像金石般坚固的交情。

不白之冤 白:搞清楚。没有得到辩白或洗刷的冤屈。

看破红尘 旧指看透人生,把生死哀乐都不放在心上的消极生活态度;现也指受挫折后消极回避、无所作为的生活态度。

筚路褴褛 筚路:柴车;褴褛:破衣服。表示驾着简陋的车,穿着破烂的衣服去开辟山林。形容创业的艰苦。

青山绿水 泛称美好山河。

青天白日 指大白天。也比喻明显的事情或高洁的品德。

白山黑水 长白山和黑龙江。泛指我国东北地区。

姹紫嫣红 姹、嫣:娇艳。形容各种花朵娇艳美丽。

青出于蓝而胜于蓝 青从蓝草中提炼出来,但颜色比蓝草更深。

灯红酒绿 形容奢侈糜烂的生活。

真相大白 大白:彻底弄清楚。表示真实情况完全弄明白了。

起早贪黑 起得早,睡得晚。形容辛勤劳动。

第八部分 成语小游戏

鼠肚鸡肠　比喻气量狭小,只考虑小事,不顾大体。

庖丁解牛　庖丁：厨工；解：肢解分割。比喻经过反复实践,掌握了事物的客观规律,做事得心应手,运用自如。

兔死狗烹　烹：烧煮。表示兔子死了,猎狗就被人烹食。比喻给统治者效劳的人在事成之后被抛弃或杀掉。

车水马龙　车像流水,马像游龙。形容来往车马很多,连续不断的热闹情景。

画蛇添足　画蛇时给蛇添上脚。比喻做了多余的事,非但无益,反而不合适。

指鹿为马　指着鹿,却说是马。比喻故意颠倒黑白,混淆是非。

羊落虎口　比喻处于险境,有死无生。

尖嘴猴腮　形容人相貌丑陋粗俗。

打落水狗　比喻继续打击已经失败的坏人。

猫哭老鼠　比喻假慈悲。

狐假虎威　假：借。表示狐狸假借老虎的威势。比喻依仗别人的势力来欺压人。

见兔顾犬　看到了兔子,再回头叫唤猎狗去追捕。比喻动作虽稍迟,但赶紧想办法还来得及。

龙马精神　龙马：古代传说中形状像龙的骏马。比喻人精神旺盛。

蛇心佛口　佛的嘴巴,蛇的心肠。比喻话虽说得好听,但心肠却极狠毒。

快马加鞭　跑得很快的马再加上一鞭子,使马跑得更快。比喻快上加快,加速前进。

杀鸡儆猴　杀鸡给猴子看。比喻用惩罚一个人的办法来警告别的人。

狗急跳墙　比喻坏人在走投无路时豁出去,不顾一切地捣乱。

人怕出名猪怕壮　人怕出了名招致麻烦,就像猪长肥了就要被宰杀一样。

牛不喝水强按头　比喻用强迫手段使就范。

初生牛犊不怕虎　比喻青年人思想上很少有顾虑,敢作敢为。

狡兔三窟　狡猾的兔子准备好几个藏身的窝。比喻隐蔽的地方或方法多。

叶公好龙　叶公：春秋时楚国贵族,名子高,封于叶（古邑名,今河南叶县）。比喻口头上说爱好某事物,实际上并不真爱好。

打蛇打七寸　比喻说话做事必须抓住主要环节。

风马牛不相及　风：走失；及：到。本指齐楚相去很远,即使马牛走失,也不会跑到对方境内。比喻事物彼此毫不相干。

挂羊头,卖狗肉　比喻以好的名义做招牌,实际上兜售低劣的货色。

猿猴取月　比喻愚昧无知。也比喻白费力气。

手无缚鸡之力　连捆绑鸡的力气都没有。形容身体弱、力气小。

狗嘴里吐不出象牙　比喻坏人嘴里说不出好话来。

一龙一猪　一是龙,一是猪。比喻同时出现的两个人,高下判别极大。

老鼠过街,人人喊打　比喻害人的东西,大家一致痛恨。

牛头不对马嘴　比喻答非所问或两下不相合。

九牛二虎之力　比喻很大的力气。常用于很费力才做成一件事的场合。

兔死狐悲　兔子死了,狐狸感到悲伤。比喻因同类的死亡而感到悲伤。

优等生必玩的成语游戏 —— 从此出口成章

来龙去脉 本指山脉的走势和去向。现比喻一件事的前因后果。
杯弓蛇影 将映在酒杯里的弓影误认为是蛇。比喻因疑神疑鬼而引起恐惧。
犬马之劳 愿像犬马那样为君主奔走效力。表示心甘情愿受人驱使,为人效劳。
羊肠小道 曲折而极窄的路（多指山路）。
沐猴而冠 沐猴：猕猴；冠：戴帽子。表示猴子穿衣戴帽，究竟不是真人。比喻虚有其表,形同傀儡。常用来讽刺投靠恶势力窃据权位的人。
闻鸡起舞 听到鸡叫就起来舞剑。后比喻有志报国的人及时奋起。
高不可攀 攀：抓住高处的东西向上爬。高得手也攀不到。形容难以达到；也形容人高高在上,使人难接近。
攀龙附凤 指巴结投靠有权势的人以获取富贵。
凤凰来仪 仪：容仪。凤凰来舞,仪表非凡。古代指吉祥的征兆。
仪态万千 仪态：姿态,容貌。形容容貌、姿态各方面都很美。
孔武有力 形容人很有力气。
力透纸背 形容书法刚劲有力,笔锋简直要透到纸张背面；也形容诗文立意深刻,词语精练。
背井离乡 离开家乡到外地。
乡书难寄 乡书：家书。表示家书很难寄回家中。比喻与家乡消息隔绝。
寄人篱下 依附于他人篱笆下。比喻依附别人生活。
始乱终弃 乱：淫乱,玩弄。表示先乱搞,后遗弃。指玩弄女性的恶劣行径。
弃暗投明 离开黑暗,投向光明。比喻在政治上脱离反动阵营,投向进步方面。
明哲保身 明智的人善于保全自己。现指因怕连累自己而回避原则斗争的处世态度。
身怀六甲 六甲：传说为上帝造物的日子。指妇女怀孕。
甲冠天下 甲冠：第一。表示称雄天下。形容人或事物十分突出,无与伦比。
三寸之舌 比喻能说会辩的口才。
舌战群儒 舌战：激烈争辩；儒：指读书人。指同很多人辩论,并驳倒对方。
儒雅风流 文雅而飘逸。也有风雅醇正的含义。
所向无敌 敌：抵挡。表示力量所指向的地方,谁也抵挡不住。形容力量强大,无往不胜。
寡闻少见 听的少,见的少。形容学识浅薄,见闻不广。
见多识广 见过的多,知道的广。形容阅历深,经验多。
广开言路 言路：进言的道路。指尽量给下面创造发表意见的条件。
路人皆知 比喻人所共知的野心。
知书达礼 知、达：懂得。表示有文化,懂礼貌；形容有教养。
礼尚往来 指礼节上应该有来有往；现也指以同样的态度或做法来回答对方。
来之不易 来之：使之来。其意思是得到它不容易。表示财物的取得或事物的成功是不容易的。
气冲霄汉 形容魄力非常大。
汉官威仪 原指汉朝官吏的服饰制度；后常指汉族的统治制度。

第八部分　成语小游戏

一刻千金　一刻时光,价值千金。形容时间非常宝贵。
从容自如　不慌不忙,得心应手。
如临大敌　临:面临。好像面对着强大的敌人。形容把本来不是很紧迫的形势看得十分严重。
克敌制胜　制服敌人,取得胜利。
克己奉公　克己:约束自己;奉公:以公事为重。表示克制自己的私心,一心为公。
胜友如云　胜友:良友。表示许多良友聚集在一处。
各抒己见　抒:抒发,发表。表示各人充分发表自己的意见。
机不可失　机:机会,时机。表示好的时机不可放过,失掉了不会再来。
爱不释手　释:放下。表示喜爱得舍不得放手。
失之东隅　东隅:日出的地方。比喻这个时候遭到损失或失败。
作奸犯科　奸:坏事;科:法律条文。表示为非作歹,触犯法令。
自不量力　量:估量。表示自己不估量自己的能力。指过高地估计自己的力量。
大打出手　比喻逞凶打人或殴斗。
手到擒来　擒:捉。原指作战一下子就能把敌人捉拿过来;后比喻做事有把握,不费力就做好了。
束手就擒　束手:自缚其手,比喻不想方设法;就:受;擒:活捉。表示捆起手来让人捉住。指毫不抵抗,乖乖地让人捉住。
大势已去　大势:事情发展的趋势。表示有利的形势已经丧失,前途已经没有了希望。
势如破竹　势:气势,威力。形势就像劈竹子,头上几节破开以后,下面各节顺着刀势就分开了。比喻节节胜利,毫无阻碍。
醉生梦死　像喝醉酒和做梦那样,昏昏沉沉,糊里糊涂地过日子。
娇生惯养　从小就被溺爱,娇养惯了。
碧海青天　原是形容嫦娥在广寒宫夜夜看着空阔的碧海青天,心情孤寂凄凉;后比喻女子对爱情的坚贞。
天长地久　跟天和地存在的时间那样长。形容时间悠久;也形容永远不变(多指爱情)。
久闻大名　闻:听到。早就听到对方的盛名。多用作初见面时的客套话。
名落孙山　名字落在榜末孙山的后面。指考试或选拔没有录取。
碧血丹心　满腔正义的热血,一颗赤诚的红心。形容十分忠诚坚定。
心惊胆寒　形容十分害怕。
含苞待放　形容花朵将要开放时的形态;也比喻将成年的少女。
放虎归山　把老虎放回山去。比喻把坏人放回老巢,留下祸根。
一文不名　一个钱都没有。
天下第一　形容没有人能比得上。
一花独放　一种花独自开放。与"百花齐放"相对,常比喻缺少各种不同形式、风格的艺术作品。
张口结舌　结舌:舌头不能转动。表示张着嘴说不出话来。形容理屈词穷,或因紧张害怕而发愣。

161

优等生必玩的成语游戏 —— 从此出口成章

广结良缘	多做善事，以得到众人的赞赏。
鱼龙混杂	比喻坏人和好人混在一起。
狼心狗肺	形容心肠像狼和狗一样凶恶狠毒。
狼吞虎咽	形容吃东西时又猛又急的样子。
虎头蛇尾	头大如虎，尾细如蛇。比喻开始时声势很大，到后来劲头很小，有始无终。
龙蛇混杂	比喻好人和坏人混在一起。
凤毛麟角	凤凰的羽毛，麒麟的角。比喻珍贵而稀少的人或物。
否极泰来	逆境达到极点，就会向顺境转化。指坏运到头了好运就来了。
来日方长	将来的日子还长着呢。表示事有可为或将来还有机会。
如梦方醒	像刚从梦中醒来。比喻过去一直糊涂，在别人或事实的启发下，刚刚明白过来。
乐善好施	喜欢做善事，乐于拿财物接济有困难的人。
好大喜功	指不管条件是否许可，一心想做大事立大功。多用于形容浮夸的作风。
大功告成	功：事业；告：宣告。指巨大工程或重要任务宣告完成。
百炼成钢	比喻经过长期锻炼，变得非常坚强。
铁杵成针	比喻只要有毅力，肯下苦功，事情就能成功。
白手起家	白手：空手；起家：创建家业。形容在没有基础和条件很差的情况下自力更生，艰苦创业。
罢黜百家	罢黜：废弃不用。原指排除诸子杂说，专门推行儒家学说；也比喻只要一种形式，不要其他形式。
倒打一耙	比喻自己做错了事，不仅拒绝别人的帮助，还反而指责对方。
打马虎眼	故意装糊涂蒙骗人。
手疾眼快	形容机灵敏捷。
快人快事	爽快人办爽快事。
东窗事发	比喻阴谋已败露。
沾沾自喜	形容自以为不错而得意的样子。
惊喜交加	两种事物同时出现或同时加在一个人身上，又惊又喜。
不假思索	假：假借，依靠。形容做事答话敏捷、熟练，用不着考虑。
索然无味	索然：没有意味、没有兴趣的样子。形容事物枯燥无味（多指文章）。
无地自容	没有地方可以让自己容身。形容非常羞愧。
中饱私囊	中饱：从中得利。指侵吞经手的钱财使自己得利。
囊空如洗	口袋里空得像洗过一样。形容口袋里一个钱也没有。
听而不闻	闻：听。表示听了跟没听到一样。形容不关心，不在意。
音容笑貌	指死者生前的声音容貌和神情。
离经叛道	原指违反封建统治阶级所尊奉的经典和教条；现泛指背离占主导地位的理论或学说。
道路以目	在路上遇到不敢交谈，只是以目示意。形容人民对残暴统治的憎恨和恐惧。
目不识丁	连最普通的"丁"字也不认识。形容一个字也不认识。

第八部分　成语小游戏

才子佳人　泛指有才貌的男女。
人以群分　人按照其品行、爱好而形成团体，因而能互相区别。指好人总跟好人结成朋友，坏人总跟坏人聚在一起。
群起而攻之　大家都起来攻击他，反对他。
莫须有　原意是也许有吧。后指凭空捏造。
有过之而无不及　过：超过；及：赶上。表示相比之下，只有超过而不会不如。
而立之年　人到三十岁可以自立的年龄。后为三十岁的代称。
度日如年　过一天像过一年那样长。形容日子很不好过。
大度包容　形容气量大，能宽容人。
义不容辞　容：允许；辞：推托。表示道义上不允许推辞。
深明大义　指识大体，顾大局。
吉人天相　好人总能得到上天的保佑（多用作遭遇危险或困难时的安慰语）这是一种宿命论者的观点。
人言可畏　人言：别人的评论，指流言蜚语；畏：怕。指在背后的议论或诬蔑的话很可怕。
相持不下　双方对立，彼此相持，不肯让步。
不成体统　体统：格局，规矩。指言行没有规矩，不成样子。
体贴入微　形容对人照顾或关怀非常细心、周到。
深入浅出　指讲话或文章的内容深刻，语言文字却浅显易懂。
别出心裁　别：另外；心裁：心中的设计、筹划。表示另有一种构思或设计，指想出的办法与众不同。
本小利微　微：薄。本钱小，利润薄。指买卖很小，得利不多。
舍本求末　抛弃根本，追求枝节。比喻不抓根本环节，只在小问题上下功夫。
穷途末路　形容到了无路可走的地步。
奥妙无穷　奥：深奥。指其中不易为人所知而奇妙有趣之处极多。
相提并论　相提：相对照；并：齐。表示把不同的人或不同的事放在一起谈论或看待。
赏罚分明　该赏的赏，该罚的罚。形容处理事情严格而公正。
悬而未决　一直拖在那里，没有得到解决。
决一死战　对敌人拼死决战。

三、成语故事

【狡兔三窟】

狡兔三窟指狡猾的兔子会准备好几个藏身的窝。比喻隐蔽的地方或方法多，做好了充分的准备。

春秋战国时期，诸侯国的贵族大臣们或多或少的会养"士"（包括学士、策士、方士或术士以及食客），这些"士"又被称为"门客"。他们的存在就是为贵族大臣出谋划策，提升

优等生必玩的成语游戏 ——从此出口成章

他们在国家中的声望和地位,让自己的势力得到扩大和发展。这种行为在一时间成为一种风气,而其中最有代表性的是著名的"战国四公子":魏国的信陵君、齐国的孟尝君、赵国的平原君、楚国的春申君。

狡兔三窟讲的便是齐国孟尝君的故事。孟尝君对待门客不论贵贱都以客相待,很快他就声名远播,别的国家的贤士甚至犯人都纷纷前来投奔他,为他办事。

有一天,一个身上穿着到处都是破洞的衣服、脚上穿着草鞋、腰间还系着一把没有剑鞘的剑的人来拜见孟尝君:"我的生活已经落魄到快饿死的地步了,希望能在您这里找口饭吃。"孟尝君看了看他的衣着打扮,心想他应该是穷苦人家出身。孟尝君问他:"你叫什么名字?""我叫冯谖。""那你有什么过人的本领呢?""我什么也不会。"孟尝君想了想,便还是留下了他。

过了几天,孟尝君问手下的人冯谖每天都在做什么事情,手下回答道:"他每天都练剑,边练边说:'宝剑啊,在这里连鱼虾肉都吃不到,我看我们还是回去好了。'"孟尝君一听便每天安排鱼虾肉给他吃。

又过了几天,他又在庭院说道:"宝剑啊,每天出门都需要走路,没有车马。"孟尝君又再一次满足了他的愿望。隔了几天他又说道:"宝剑啊,在这里都赚不到钱,也就不能养家了。"孟尝君很快便给冯谖家送去了钱财。之后冯谖便闭上了嘴巴。

孟尝君手下的门客越来越多,经济压力也越来越大,开始有点力不从心了。他左思右想,突然想到自己曾在薛城放高利贷,已经很久没有去收钱了,应该派谁去收呢?这时他想到了能说会道的冯谖,于是把冯谖叫来说:"先生,我希望你替我去薛城收账,你可愿意?"

冯谖便一口答应了,在临行前,冯谖问孟尝君:"我收完账回来后,要顺便买点什么东西回来吗?"孟尝君回答:"你看我家还缺点什么你就买回来。"

薛城的欠债人一听孟尝君派人来收账,那些手头宽裕能还钱的人都找冯谖来把利息一一奉上,而那些没有钱还的欠债人,打算立马收拾包袱逃走。冯谖邀请所有的债权人来参加他用收上来的利息钱办的酒席。在酒席上,冯谖当着所有的欠债人说:"有钱的还钱,暂时还不起的就定下个日期,实在还不起的就把债券收回,并一把火烧掉。"冯谖说到做到,当场就把那些穷的已经还不起账的人的债券给烧了。那些欠债人都很惊讶,冯谖解释道:"其实孟尝君把这些钱借给大家,只是看在大家做生意或种田都需要一些成本,于是帮助一下大家。他也没想着要收大家的利息,只是现在他要养活手下一大堆门客,所以才派我来收利息。我烧债券的事情也是他吩咐的,大家都要知道这是他对大家的恩德。"

冯谖回到孟尝君家,孟尝君听完他所说之后,顿时火冒三丈。冯谖向他解释道:"先生家不论是金银财宝还是山珍海味都不缺,独缺情义,所以我帮您买回来。"孟尝君被他堵得一句话都说不出,拂袖而去。

之后,齐王听信谣言,认为孟尝君的声望已经超过了他,并且独揽齐国大权,于是罢了孟尝君的官位。而孟尝君的门客看到他落魄了，也都纷纷离开了他。都城是待不下去了，于是孟尝君去往薛地。薛地的百姓知道孟尝君来了后，老老少少都出来热情迎接他，这让孟尝君很吃惊，也领悟到当时冯谖的良苦用心，便对一直待在自己身旁的冯谖表示感谢。这时冯谖对他说道："狡猾的兔子，为了躲避猎人，都会挖三个洞用来躲藏，而现在的你只挖一个洞，还不是放松的时候，就看我帮你挖其他两个洞吧。"

之后冯谖跑到魏国，说服魏国的魏惠王用千斤黄金聘孟尝君做相国。而孟尝君也听从冯谖的建议，三次推辞。齐王听到这个消息后，马上派人带着千斤黄金和一封道歉书给孟尝君。这时冯谖提醒孟尝君："您现在就请求齐王赐给你先王祭祀祖先用的礼器，并在薛地建立宗庙。"很快宗庙便建成，冯谖对孟尝君说道："躲藏的'三个洞'都已经挖好了，现在你可以放下心了。"

【画蛇添足】

画蛇添足指画蛇时给蛇添上脚。比喻做多余的事，反而容易把事情搞砸，应该适可而止。

楚国有一家人准备祭祀祖先，寻求村上的左邻右舍帮忙。举行完祭祀后，这家主人从用来摆祭祀用品的桌上拿出一壶酒，送给那些热心前来帮忙的邻居。这几个邻居看了看酒壶里的酒，发现酒没有多少，大概给每人喝一口也不够。于是，几个人商量不如想个办法比赛，赢的人可以独占这一壶酒。那怎么决定谁喝酒呢？一个人提出一个办法："要不我们大家一起在地上画蛇，谁先把蛇画好，谁就能一个人喝酒。"大家都觉得这个办法不错。

于是大家都奋力在地上画蛇，其中一个人先把蛇画了出来，他看了看四周的其他人，发现他们都还没有完成，觉得自己很了不起。于是他左手端起酒壶，右手重新捡起地上的树枝，为完成的蛇又画上一双脚。正当他画完脚，又有一个人画好了，他看了一眼第一个画完蛇的人，一把夺过他手上的酒壶。

第一个画好的人生气道："是我先画好的蛇，这壶酒应当是我的，你不能耍赖。"第二个画好蛇的人笑道："本来你是第一个画好蛇的，但是你不知道蛇是没有脚的吗？你偏偏要卖弄聪明给蛇画上脚，那它又怎么会是一条蛇呢？现在我画好了，酒自然就是我的了。"说完便一口气把酒壶里的酒喝光了。

【道路以目】

道路以目指人们在路上相遇，不敢相互交谈，只能用眼神示意。形容人民对残暴统治的憎恨和恐惧。

为什么大家都不敢说话了呢？这就要从西周的第十位帝王周厉王说起。周厉王在位期

优等生必玩的成语游戏——从此出口成章

间,实行残暴政策,对百姓横征暴敛,弄得百姓怨声载道。后来一个叫荣夷公的大臣,教唆周厉王把山林川泽统统划为国有,并且不许百姓随意进出,这就等于变相阻断了百姓的谋生之路。周厉王很满意这个建议,很快就把这项政策公布于众。一时间民怨沸腾,百姓纷纷咒骂。

这时另一个大臣召穆公向周厉王谏言:"这个政策把百姓们压得快要受不了了,现在百姓们都对这项政策议论纷纷,还请您三思啊。"周厉王听完后,不仅没有听劝,还召集当地的一些巫师去偷听和监视百姓的言行举止。只要是他们指认谁发出不满或者怨言的,谁就会被下狱甚至处死。这样一来,全国上下的百姓就连在街道上碰到亲朋好友也不敢打招呼,更别说交谈了,只能用眼神交流。

周厉王觉得这项行动取得了很好的效果,很高兴地对召穆公说道:"我能阻止那些人来诽谤我,你看他们现在都不敢说话了。"召穆公说:"这是因为您强行堵住了他们的嘴,这样做比因为堵塞河流而引起的水患还要严重。一旦决口,会伤害到很多人。如果也这样对百姓,最后的结果也只会是一发不可收拾。所以治水之人只能以疏通为主,治民要引导百姓说话。从这些话语中采纳好的,这样君王在处理政务时就不容易犯错。"可周厉王听后置若罔闻,依然施行暴政,百姓们敢怒不敢言。但时间一长,百姓们的怨气就像一股洪水,什么都挡不住。三年后,百姓们自发集结起来,手持任何能做武器的东西,直扑向都城王宫,誓要为那些冤死的人们报仇雪恨。周厉王慌忙命令下属去调兵镇压,但是臣子说道:"我们周朝的兵就是百姓,百姓就是兵,现在百姓都暴动了,我们还能调集谁来去镇压呢?"

这时周厉王才知道大祸临头,急忙携眷和亲信步行逃出都城,一直往东北方向逃去,逃到了一个叫作彘的地方,直到死也没有离开此地。大臣召穆公等人则留在都城安抚百姓,最后在他们的极力劝解下,愤怒的百姓纷纷离开。这次事件被后人称为"国人暴动"。

俗话说朝廷不能一日无主,于是在大家的推举下,召穆公和周定公暂为代理政务,而一些重要的决定则需要六卿合议,史称"周召共和"或"共和行政"。

【铁杵成针】

铁杵成针比喻只要有毅力,肯下苦功,事情就能成功。

唐代大诗人李白在年少时,和同龄的男孩一样活泼好动,读起书来三天打鱼两天晒网,一点都不刻苦,学业一直没有长进。老师找他谈话,他却说读书太难了,而且没有意思,便准备离开不读书了。

在学堂附近有个象耳山,下面有一条小溪。这天,李白又偷懒跑去那里玩耍。在溪边看到一位老婆婆蹲在那里,手里拿着一根很粗的铁棒,在一块石头上不停地来回磨。李白非常好奇地问道:"老婆婆,您在做什么呢?为什么要磨这个铁棒呢?"

老婆婆回答道:"我女儿需要一根绣花针,家中没有,我打算用这根铁棒磨成一根绣花针。"

李白听后,认为这位老婆婆在开玩笑,于是笑着说:"老婆婆,您就不要和我开玩笑了,这么粗的铁棒怎么可能磨成绣花针呢?就算它可以磨成绣花针,这么粗的铁棒,要到什么时候才能磨成呢?"

老婆婆笑道:"为什么不可以呢?我每磨一天,它就会细一点,只要我不停地磨下去,总有一天它会被磨成绣花针的。功到自然成嘛!"

李白听后若有所思,看着年事已高的老婆婆还在坚持不懈、持之以恒地做着看似没有希望的事情,而自己这么年轻,却因为畏惧学业上的困难而放弃读书,这怎么行!想到这里,他便马上跑回书院,请求老师的原谅,希望老师能再次接纳他,让他重新读书。

后来李白发奋努力,终于成为一位著名的大诗人,他所写的诗篇都流芳千古。

参 考 文 献

[1] 《成语大词典》编委会. 成语大词典 [M]. 北京：商务印书馆国际有限公司，2013.
[2] 在线成语词典，http://chengyu.itlearner.com.
[3] 成语接龙吧，http://tieba.baidu.com/f?Kw=%B3%C9%D3%EF%BD%D3%C1%FA&fr=ala0.